宋子文家事

杨菁　著

全国百佳出版社·江西人民出版社

图书在版编目(CIP)数据

宋子文家事/杨菁著. —南昌:江西人民出版社,2002.8(2013.6 重印)

ISBN 978-7-210-02587-0

Ⅰ.宋... Ⅱ.杨... Ⅲ.宋子文(1894~1971)—家族—史料 Ⅳ.K820.9

中国版本图书馆 CIP 数据核字(2002)第 044298 号

宋子文家事

杨菁 著

江西人民出版社出版发行

南昌市红星印刷有限公司印刷 新华书店经销

2002 年 8 月第 1 版 2013 年 6 月第 3 次印刷

开本:880 毫米×1230 毫米 1/32 印张:9.5 字数:250 千

ISBN 978-7-210-02587-0 定价:19.00 元

江西人民出版社 **地址**:江西省南昌市三经路 47 号附 1 号

邮政编码:330006 **传真**:86898825 **电话**:86898893(发行部)

E-mail:jxpph@tom.com web@jxpph.com

目录

第一章 父亲的传奇生涯

宋子文的祖先姓韩,“宋”姓自他父亲开始。其父宋耀如在美国闯荡了十年之后,于1886年以一名传教士的身份回到了祖国,被派在上海任职。宋耀如是集牧师、工商业者、革命党人三种身份于一体的传奇人物,孙中山说他是“从事于教会及实业,而隐侧传革命之道,是世之隐君子也”。

第二章 独特的家教

宋耀如常常对人说:“只要一百个孩子中有一个成为超人式的伟大人物,中国就有四百个超人,还怕不能得救?现在中国大多数家庭还不能全心全意培养子女,我要敢于为天下先。”为了这个理想,宋氏夫妇设计了不同于中国传统的全新的教育模式,在让孩子们充分施展美好天性的同时,有意识地对他们进行各种技能的训练。

大姐霭龄16岁时只身赴美留学。霭龄求学的成功,增强了宋耀如的信心。此后,他将所有子女一一送出国留学深造。

第三章 三姐妹的"世纪婚姻"与"两朝国舅"

宋霭龄在即将成为孔夫人之前，把妹妹庆龄介绍给孙中山做秘书。而宋庆龄无疑"是宋家最重要的人物，因为如果她不和革命之父结婚，宋家其他的人不会和政治发生这样密切的关系"。宋美龄与蒋介石结合后，蒋、宋、孔结为一体。三姐妹的婚姻,为宋氏家族的"飞黄腾达"提供了契机,也使宋子文成了"两朝国舅"。

第四章 家庭的分裂

“宋家在1927年的分裂，绝不是偶然的事。”有人说宋霭龄是宋氏家族的核心人物，在大姐宋霭龄的带领下，宋子文、宋美龄、宋子良、宋子安诸兄弟姐妹先后成为蒋记南京政权的风云人物，唯有宋庆龄坚决地站在蒋介石的对立面，成为南京政权的重要政敌。宋子文从此与他最亲的二姐分道扬镳。作为当朝“国舅”，宋子文再次拥有了施展抱负的场所和政治“保护伞”。

第五章 横跨政经界的显赫家族

1927年以后，宋氏家族以宋氏三姐妹而闻名中外。三姐妹以她们不同的品质与性格，凭藉各自不同的地位、权力，在不同的领域展示了她们不凡的才能，得到了世人不同的评说。与此同时，宋家长子宋子文以其出色的理财本领，奠定了他在南京国民政府中的地位。在蒋介石眼里，宋子文的整理财政、筹措军费的才干“决非他人所能望其项背”。

第六章 姊妹兄弟走到一起来

抗战期间，宋庆龄在致好友的一封信中说：“你也许知道我们三姐妹都在这个城市里，各自为反法西斯战争而工作。……我的两个姐妹比我更忙，她们有许多社会工作和官方职务。……我的三个弟弟现在在华盛顿，他们为我们输送抗战物资。这样我们全家都在为抗战而工作。”

第七章 豪门恩怨

你方下台我上台，此乃蒋记政权执掌大

陆时期，宋氏家族在中国政坛上的一个突出现象。20年来，宋子文与孔祥熙轮流在国民政府中位居高位。有人这样概括蒋、宋、孔之间的关系："委座之病，唯夫人可医。夫人之病，唯孔可医。孔之病则无人可医。"最后，随着蒋记政权的垮台，树倒猢狲散，宋氏姊妹兄弟各奔东西。

第八章 恨也悠悠，念也悠悠

1949年以后，宋家姊妹兄弟异路东西，失意、落寞取代了昔日的辉煌与风流，政治依然无孔不入地介入他们的感情交流，手足间的亲情依旧、恩怨依旧。唯一留在大陆的宋庆龄，从此与兄弟姐妹失去了联系，她思念他们，并托人打听他们的消息。

第一章 父亲的传奇生涯

他的祖先姓韩，"宋"姓自他开始。在美国闯荡了10年之后，他于1886年以一名传教士的身份回到了祖国，被派在上海任职。宋耀如是集牧师、工商业者、革命党人三种身份于一体的传奇人物，孙中山说他是"从事于教会及实业，而隐侧传革命之道，是世之隐君子也"。

1. 祖上姓韩

以"宋氏三姐妹"闻名于世的宋氏家族，在近代中国历史上是一个颇具传奇色彩的大家族。这一显赫家族的祖先并不姓宋，而是姓韩，祖籍山西（一说河南安阳）。"宋"姓始于宋氏六姐弟（蔼龄、庆龄、子文、美龄、子安、子良）的父亲宋耀如①。

传说宋氏家族的先人可追溯到春秋战国时期的韩国。秦灭韩后，一位韩国公子不愿臣服秦国，转而经商，从此韩姓族人以经商为业。韩姓商人与别的商贾世家不同，子弟从小皆须受儒家文化的教育，使其能知书达礼。韩姓商人因此历代有儒商雅称。至明代，韩姓商人在山西已享有盛名。清兵入关后，韩姓族人举族南迁，最后渡过琼州海峡来到海南岛。到宋耀如出生时，韩姓族人在文昌已有二百年的历史。文昌位于海南岛东北角的最前沿，它背靠黎山，濒临大海。文昌县治所在的文昌市，地方不大，人口不多，是地地道道的僻壤，但非穷乡，也不闭塞。由于独特的地理位置，文昌早就成了航海家和远洋商人理想中的中歇港，小小的文昌市因此而逐渐繁荣起来，与外界的交流及人员的往来也较为频繁。文昌很早就是全国闻名的侨乡，分布在南洋、印度、澳洲、南美洲、北美洲及欧洲的文昌籍华侨，早已经超过文昌本地的人口。文昌还是明代清官、敢于冒犯龙颜的海瑞（号称海青天）的故乡，海瑞刚直不阿的精神，一代又一代地激

---

① 关于宋耀如的名字，说法较多，归纳多本书上的介绍，大致情况是：原名韩教准，乳名阿虎，跟舅舅改姓宋后，取名嘉树，后自取西名查理·琼斯·宋，回国后不久，据说《万国公报》主笔沈毓桂给他改名曜如，曜、耀二字相通，意为普照大地之明辉。

励着家乡的后人。历史上的文昌的确是一个不同凡响的地方，令今天的文昌人引以为自豪的还有另一位杰出的人物，他就是曾经号称近代中国第一家族宋氏家族的奠基人宋耀如。

一个能将子女全部培养成有学识、有思想之人才的父亲，一定是位了不起的人物。但长久以来，人们对他的子女知道的很多，对这位了不起的父亲却知之甚少。事实上，他的一生比他的任何一个孩子都更具传奇色彩。

宋耀如出生于1863年2月，乳名阿虎，大名韩教准，他的父亲韩鸿翼，是当时广东海南文昌县的一位颇有文化修养的商人，以热心公益而著称。因经办赈务，他几乎耗尽了祖传的积资。人到中年后，又不幸染上久治不愈的慢性病，家境因此日渐窘迫，家庭生活的重担全部压在了母亲韩王氏的身上。丈夫病倒后，韩王氏既要照顾3个年幼的孩子和病中的丈夫，又得想法谋生、维持生计，还得对付官府的勒索、地痞的敲诈。据《宋氏家族第一人》中描述："有一次，一个土匪到韩家纵火，妄想乘机劫夺'黄货'——当地人知道韩家祖上富裕，总以为藏有金银财宝。母亲临危不惧，护卫着父亲，安置好子女，迅速地叫醒乡邻，呼唤亲友，并挥舞木棍亲自与土匪厮斗还机智地敲响一面大锣……土匪很快被逮住，火焰也很快被扑灭。韩家保住了。韩王氏由此声名鹊起。人们纷纷翘起大拇指，称其为'女中之杰'。"

在宋耀如的记忆中，母亲韩王氏温柔而又坚强，是一位不平凡的家庭主妇，她不仅持家有方，而且颇有文化修养，能够背诵唐宋诗词，并写得一手娟秀的好字。宋耀如颇见功力的书法，及对诗词韵仄的熟谙，最早便得益于母亲的教育。当宋耀如八岁时，母亲因积劳成疾，也像父亲一样，病倒在床上，但她一如既往，非常镇定，脸上没有流露出一丝的痛苦与愁云。母亲的坚强给了孩子们极大的信心和力量，也给幼小的宋耀如留下了极为深刻的印象。日后，宋耀如曾经不止一次地向他的孩子们描述他们的奶奶，每一次都是那么的动情："她身负重荷，仍高雅高贵；她饱经折磨，仍端庄美丽。我见过许多描绘崇高女性的画像,我相信,没有任何一个画家能画出她那崇高的神韵。”从母亲身上,宋耀如直观而朦胧地感受到知识对于女性乃至对于她的家庭的重要性。

1875 年,宋耀如的舅舅(其实是其婶婶宋氏之弟)从美国回乡“招兵买马”,以扩大他在美国的经营事业。舅舅对海外生活的生动描述,深深地吸引了年仅十岁的阿虎。舅舅原已聘定了阿虎的哥哥韩政准,阿虎想和哥哥一起去,他恳求父母让他随同舅舅出洋谋生。舅舅起初也嫌阿虎还小,怕他经不起大风大浪,但阿虎以他的勇敢打动了舅舅。据说有一天,文昌市被一伙从洋船上下来的寻欢作乐的水手闹得鸡犬不宁,文昌人鸣锣罢市,与洋人展开了激烈的械斗。年幼的阿虎加入了这次行动。混战中,一支竹箭误射中了阿虎的肩膀,他不叫一声疼,请旁边的舅舅将箭头拔出,草草包扎一下,继续冲上去。这件事促使舅舅下决心答应了阿虎的请求,并郑重向其父母提出,希望能让他把阿虎带去美洲。他对阿虎的父母说:“我看准了。一岁看十岁。这小仔有出息,将来决非等闲之辈。”父母虽万般的舍不得,但家境的困窘,儿子的再三恳求,加以舅舅的保证——“要像爱护自己的亲生儿子一样照料好阿虎”,终于使他们狠狠心同意了儿子的请求。舅舅的确不负承诺,将阿虎弟兄俩作为自己的继承人来培养。宋耀如后成为舅舅的嗣子,改姓为宋。

2. 冒险加机遇——宋耀如海外生活掠影

当时,跨越太平洋到美国东部,必须经由秘鲁、智利海域向南航行,经过拉丁美洲南端的麦哲伦海峡或合恩角进入南大西洋,再沿阿根廷海岸北上直至北大西洋。这比凿通巴拿马运河以后的航线要长近一倍的路程。在交通尚不发达的 19 世纪,从东半球颠簸到西半球,对一个从未出过远门的 10 岁孩子来说,的确是一段漫长而艰难的旅程。更糟的是他们乘坐的船还在半路上遇了难,使他们经历了一场生死磨难。熬过了一路上的劫难,他们终于抵达了目的地。

宋耀如的舅舅在美国波士顿开着一家丝茶号,生意兴隆,声誉良好,它是当时波士顿市内唯一的一家中国丝茶号。宋耀如到波士顿后不久,舅舅为其举行了隆重的过继仪式。随后为其聘请了一位有经验的英语教师,并亲自教他打算盘、结账查账、盘货验货等等,希望将来嗣子能顺利继承宋姓的这份家业并将其发扬光大。"要别人尊重你,就必须比别人干得出色!"宋耀如牢牢铭记着母亲的这句教诲,凭着他的勤奋、坚强与好学,很快赢得了人们的赞叹与喜爱。

英语教师是林肯总统的崇拜者,通晓美国革命史,他不仅教授宋耀如英语,还常常给他讲述他所了解的人与事,包括林肯的伟大主张——"民有、民享、民治",并带宋耀如参观了波士顿——这个打响美国独立战争第一枪地方的几乎所有的革命纪念地。年少的宋耀如在这里受到了民主思想的启蒙教育,并在内心逐渐萌生了祖国独立、民族革命的朦胧意识。与此同时,他也直观而敏锐地看到了美国社会的两面性——平等与歧视、民主与奴隶制、光明与黑暗、正义与罪恶,在仰慕美国的民主与自由的同时,他也深深地憎恶那些丑恶的现象。

转眼三年的学徒生涯过去了,好强的宋耀如在耳闻目睹了许许多多的现象,体验了异国他乡的艰辛生活后,产生了进大学接受高等教育的想法。这时,两位中国留学生的来访,打破了宋耀如平静的生活,促使了他以后的冒险行动。他们一个叫牛尚周,一个叫温秉忠,是中国派出的官方留学生。三人一见如故,谈得非常投机。牛、温二人热情地鼓励与支持宋耀如出外求学。深藏内心的求学欲望被两位青年朋友点燃后,日益强烈而无法遏止。终于,他向养父提出了进大学念书的请求。养父虽也望子成龙,但嗣子的愿望显然违背了养父的意愿,而且老人对西学毫无兴趣。宋耀如非常感激养父的培育之恩,但正如他日后所说的:"当时别无办法,为了追求,只有出走。"1878 年初冬的一个深夜,宋耀如毅然放弃稳定良好的生活、现成的家业,从养父的丝茶号出走去追求自己的梦想。在养父的追踪下,他东躲西藏,就在他到了山穷水尽的地步时,一位善良、宽厚的长者向他伸出了援助之手。老人名叫查理·琼斯,原是美国联邦海军军官,他是林肯的崇拜者。宋耀如在他家藏匿时,他不厌其烦地向这位中国少年解释林肯的三民主义,使宋耀如的整个身心都受到了林肯思想的熏陶。这一老一少很快成了忘年之交。老人很愿意资助他上大学,但宋耀如表示不能在波士顿念书,怕被养父知道带回去。为了帮助宋耀如实现他的梦想,老人推荐他到隶属于马萨诸塞州的名为“阿尔贝特·加伦汀”的一艘缉私艇上服役,以便暂时摆脱困境。老人对宋耀如说:“当几年水兵也好。服兵役后,你会获得美国国籍,成为美国公民。这对你进大学有利。”虽然宋耀如并不在乎成为美国公民,日后他也始终未入美国国籍,但在当时,他觉得当水兵是摆脱养父的追踪,离开波士顿的唯一出路。

宋耀如因此成了美国海岸警备队的一名水兵。服役期间,年少的宋耀如表现得非常勇敢、出色,不久即博得了船长艾里克·加布里尔逊上尉的欣赏与喜爱,他给予了宋耀如父亲般的关怀,坚决支持并帮助他上大学。在加布里尔逊上尉的影响下,宋耀如于1880年在美国南部的维尔明顿市接受洗礼,皈依了基督教,为了纪念曾经给予他极大的精神与物质帮助的那位慈祥的老人,宋耀如给自己取教名为查理·琼斯·宋。从此,虽然不能说一帆风顺,但宋耀如凭着他的自信与坚毅逐一赢得了周围人们的好评与帮助。

1880年,因南方海岸走私更为猖獗,艾里克·加布里尔逊上尉被调到南部北卡罗莱纳州海岸警备队的一艘缉私艇上任舰长。宋耀如请求跟随加布里尔逊上尉,被允准。热心的加布里尔逊上尉一直惦记着宋耀如想上大学的事,一到南部,他即令宋耀如脱下军装,告别军舰,并很快帮他办好了退役手续。在北卡罗莱纳州最大的海运港维尔明顿,宋耀如接受了洗礼。第二天,当地的一份报纸对此事作了报道:“这个中国的皈依者,也许是在北卡罗莱纳州第一个遵从领圣餐洗礼的中国人。”这是在当地引起轰动的一件事，一位名叫南希·爱琳的姑娘因此闯进了宋耀如的生活。爱琳的家是该州著名的热心于慈善事业的世家。经过几个月的相处，两个年轻人的友情迅速燃烧、升华，爱琳成了宋耀如的红粉知己，不幸的是爱琳英年早逝。众所周知，宋耀如三个千金的名字中皆有一个“龄”字，不知是因为宋耀如崇拜林肯，还是为了纪念美国亡友爱琳，抑或是二者皆有。宋耀如的长女出生时，正当爱琳去世不久，“霭龄”与“爱琳”本是谐音。

1881 年，受北卡罗莱纳州监理会的委托，达勒姆最著名的实业家，也是圣三一学院董事会董事的朱利叶斯·卡尔将军担任了宋耀如的监护人，他于同年安排宋耀如进入达勒姆附近的圣三一学院（后改名杜克大学）。虽然该院在当时只是一所不起眼的“三等学院”，对宋耀如来说，他毕竟迈出了跨入大学校门的第一步。这一年六月，宋耀如怀着兴奋的心情从达勒姆寄出了第一封家信。之后他又给养父写信，将自己的现状告诉他。而这时养父已经结束了海外谋生的生涯，返回故乡文昌了。只用了一年时间就念完大学预科的宋耀如，于 1882 年转到田纳西州的万德毕尔特大学神学院就读。宋耀如开朗的性格，他与同学们的友好相处，以及他的见义勇为、嫉恶如仇的行为，得到了同学们普遍的喜爱与尊敬。他的幽默诙谐，让他的同学记忆犹新。据宋耀如的次女宋庆龄 1924 年给友人的一封信中所谈：“在神户时……另外一件令人愉快的意外是，我亲爱的父亲的一位老朋友刚从美国到此，当他从报上看到我在日本时，特地从另外一个城市来看我。我从他那里知道了许多父亲的事，当他还是小男孩时所说的漂亮俏皮的话，在美国田纳西州的纳什维尔，他是如何跟老师开玩笑的，以及他提出了什么论点来羞辱哲学老师……”

在校期间，宋耀如的勇敢更给大家留下了深刻的印象。神学院附近有一座兵营，有些年轻的军官常常以欺负、作弄神学院学生来取乐。同学们慑于军威，敢怒而不敢言。有一次，一名军官在街上戏弄宋耀如的好友威廉·比·伯克(中文名叫步惠廉,他是一个中国迷),宋耀如气愤不过,便上去与他评理,对方举起马刀威胁他,宋耀如神色自若地提出对等较量,凭借当年在海岸警备队练就的拳术,宋耀如最后将对方打倒在地。宋耀如的行动大长了神学院学生的威风,步惠廉更是成了宋耀如的至交。宋耀如回国后,他主动申请来中国传教,两家关系非常亲密,这是后话。但当时宋耀如的行为得罪了他的两位顶头上司,他们一个是神学院代院长乔治·温顿博士,一个是田纳西州监理会主教兼万德毕尔特大学校董事会董事长马克谛耶。宋耀如毕业时,乔治·温顿博士在他的评语中故意大加贬低,说他"不是一个很好的学生","看不出他对宗教有任何特殊的兴趣,对传教更是如此"。1885 年宋耀如以优异的成绩结束学业,被授予监理会见习牧师称号。北卡罗莱纳州监理会派宋耀如回中国传教,听候美国监理会中国布道区教长林乐知的调遣。

3."不中不西"的传教士回来了

临回国前,宋耀如本想先回一趟日夜思念的故乡文昌,看望已十几年不见的父母,但马克谛耶主教不许他先回乡探亲,他只得直接赴上海任职。1886 年 1 月,宋耀如乘海轮回到了久别的祖国,抵达上海陆家嘴码头。这时的宋耀如一头短发,一身西装革履,在留着长辫、身着长袍马褂的国人眼里,他俨然是一个外国人;而在林乐知等美国传教士的眼里,他是一地地道道的中国人,一个有资格取得美国国籍的中国人。

回国后,宋耀如立即投入工作。本着唤醒民众的理想,他满怀热情地进行传教活动,先是在街上公开讲道,但民众根本不懂他在讲些什么,他的美好愿望只能是一厢情愿,他的讲解只是对牛弹琴。为了便于在国内传教,宋耀如不久即改换了装束,完全一副中国人打扮,脑后留着一条辫子,身着短褂小袄,头戴布帽,脚蹬布鞋,他的外观已让人看不出他是出洋回来的牧师。尽管宋耀如一直以最虔诚的宗教热情在传教、讲道,但他的工作不但不为民众所理解,而且由于和林乐知的矛盾,他甚至在美国监理会布道团中未被委以任何职务。不久,林乐知派宋耀如去苏州牧区的昆山任职,并责成他在当地建一座教堂,经费须自筹。对宋耀如来讲,在当地民众普遍憎恨洋人、洋教的情况下,传教本已是件艰难的事,建洋教堂更得不到人们的支持,甚至还成为乡民攻击的目标。正如有人对他说的:"你要造教堂,我们就来拆!"为了筹措经费,宋耀如在传教之余,"重操旧业",进行了经商活动,很快他就赚到了一大笔钱。之后宋又被派到上海西南的七宝镇,通过经商得来的资金,他在传教的同时又在当地筹办了一所教会学塾、一个儿童乐园及一间医药所。1888 年 9 月,美国监理会中国教区第三届年议会决定宋耀如由见习牧师转为正式牧师。

在教会学塾,宋耀如向学生们讲述美国的独立战争、林肯总统和他的有关民主与自由的主张,号召人们起来反对封建专制。宋耀如的言行不仅得罪了清廷,也为美国监理会所不容,林乐知为此对宋耀如进行了种种刁难与限制,每月给宋耀如的薪水不足以他维持生活。为了能够自由地开展传教工作,不受制于外国教会和传教士,真正地为中国的教徒和国民做出有益的贡献以达开启民智的目的,同时也为了养活妻儿,1892 年,宋耀如剪掉了为利于传教而留起的辫子,辞去布道团的职务,转而经商。"从此,我同中国的半奴隶制决裂,同你们——不公正的监理会教会决裂!"并声明:虽然脱离美国监理会,辞去该会牧师,但仍是卫斯理信条的崇奉者,仍是传播福音的基督教牧师。

自开始经商,宋耀如以他精明的头脑、灵活的经营方式、良好的信誉,总是能赚到大笔的钱,他将它们用在了传教布道、帮助当地民众的事业上。1889 年宋耀如回到上海后,为了干一些自己想干的、有利于国家和民众的事情,他同时出任了几家洋行的买办,因为头脑灵活,很快他就腰缠万贯了。有了一定财力后,宋耀如于 1890 年 2 月开办了一家印书馆,取名"华美",他打破常规，大胆地用廉价的中国纸张印刷《圣经》，价格因此大大降低，销量则迅猛上升。仅此一招，就使宋耀如发了财。他还大量翻印西学书刊，介绍西学。以后他又筹建了面粉厂等一些生产性事业，渐渐地成了一个富有的资本家。美籍作家海伦·斯诺说："在历史上，新教原是工业革命的先驱，查理宋这位新教徒，比他的支持者更有作为，他深深感到中国工业的贫乏和劳动力的惨况，便亲手帮助建立面粉厂和纺织厂，成为上海第一个外国机器的代理商。查理宋对中国工业化的兴趣，影响到他整个家庭。"的确，在宋耀如的 6 个儿女中，3 个儿子日后均从事经济活动，长子宋子文更是在较长的时期内直接掌握中国的财经大权。宋耀如的 3 个女儿虽不在经济界任职，但她们所从事的活动直接间接地与经济、与中国的工业化发生过密切的关系。抗战时期，三姐妹共同参与的"中国工业合作运动"就是一典型的例子。

在当时的中国，既传教又经商的人并不多见，宋耀如更是"出类拔萃"，他不仅是个虔诚的基督徒，而且是个成功的资本家；他不仅经营有道、财运亨通，而且热心慈善事业，具有强烈的爱国心。1892 年 5 月当美国国会通过了一项排华法案时，宋耀如毅然放弃赢利的机会，联络一些爱国的商人，组织了一次小规模的抵制美货行动。面对前来求情的美国商人，宋耀如说了这么一段话："一个是国家、民族的利益，一个是私人交谊、私人感情。如果可能，请电告你们的政府，它的失去理智的政策会引起东方巨狮更猛烈的反扑的！"在美国人眼里，"一个在美国长大的具有美国作风的中国牧师在使美国商人头痛了"。

4. 结识孙中山

宋耀如热心传教和实业，同时也向往革命，结识了不少革命志士。1894 年，经朋友的介绍与牵线，宋耀如在上海结识了正取道上海准备北上天津上书李鸿章的孙中山，二人一见如故。孙中山从天津回到上海后，宋耀如联系中文版《万国公报》编辑部，把孙中山的上李鸿章书改成短论形式，在《万国公报》第9、10号上发表。这期间，孙中山、陆皓东和宋耀如三人在宋耀如家里“屡作终夕谈”，宋耀如与孙中山等革命志士还经常聚集在宋耀如的印刷厂里通宵达旦地交换有关革命问题的意见。对清廷专制统治的不满，对西方民主与富强之学的崇尚，使二人很快结为密友，孙中山成了宋耀如家的常客。就在这一年的12月，宋家的第一个男婴在上海同仁医院呱呱落地。宋耀如给孩子取名“宋子文”，(其名字的英文缩写 T. V. Song 为宋子文所常用，也为人们所熟悉)希望他将来像民主革命先行者孙文(中山)一样在中国传播西方的民主政治与富强之学。

在父亲的影响下，宋家的孩子都非常喜欢孙中山，视他为可敬可亲的叔叔，霭龄与庆龄还常常参与大人们的活动。有一回，宋耀如和孙中山正在家讨论建造20万里铁路的计划，谈到兴浓处，二人不禁动手制作起来，他们搬开了客厅里的东西，在地板上画出全国地图，标上各省各城的名称，然后叮叮当当制作小铁轨和小机车，在场的霭龄、庆龄开心得不得了，手舞足蹈地过来帮忙。经过一番摆弄，他们居然搭出了自己能行走的小机车。当这列小机车从地板上的这个省驶入那个省，从这个城市到达那个城市时，大人和孩子们一样欢呼雀跃起来。宋耀如得意地称它为“二十万里铁路模型”，霭龄马上接口说：“长大了，我要造很长很长的铁路。”没想到20年后，她真当上了全国铁路督办孙中山的秘书，参与制订营建20万里铁路的计划。

宋耀如不仅赞同孙中山的思想，与他共同探讨救国方法，而且尽其所能地支持孙中山领导的资产阶级民主革命。他曾多次冒着砍头的危险，在他的华美印书馆以印刷中文圣经为掩护，秘密印刷反清和传播革命思想的宣传品。为了支持革命，宋耀如不止一次地倾囊而出，坚持不懈地向孙中山提供经费，将其视为自己责无旁贷的事。在孙中山的早期革命活动中，宋耀如的捐助曾在较长时期内成为其重要的经费来源。这是宋氏家族与孙中山及其领导的资产阶级民主革命之渊源关系的有力佐证，也是宋耀如的后代日后引以为骄傲的资本。1988 年 7 月，国民党在台北召开第十三次全国代表大会，当时蒋氏父子均已离开人世，作为元老派代表的宋美龄在会上发表了题为“创新而不忘旧，前进而不忘本”的意味深长的谈话讲词，其中回顾了他父亲及其全家与国民党及国民革命的渊源关系，她说：“国父九十四年前革命创党，先俨耀如公为总理密切伙伴，掩护同志筹助经费，余家为秘密集会处所之一，因而遭致清室悬赏通缉，被迫举家仓促逃避东瀛。”

长期以来，宋耀如一直保持着秘密革命者的身份。以何种身份从事革命活动，宋耀如和孙中山之间曾就此问题进行过一次推心置腹的讨论。那是在 1905 年孙中山在东京发起成立全国性的革命团体——中国同盟会之后，宋耀如应孙中山之请抵达日本，二人就宋耀如是否加入同盟会领导层进行了一场交谈。《宋氏家族第一人》一书对此事有这样一段描述：

“查理兄，我请你来，是想请你加入同盟会的领导层。”——这很出乎宋耀如的意料，他从来没有想过当一名政治领袖。

见宋耀如默不作声，孙中山解释道：现在同盟会的多数成员反清的怒火虽极为炽烈，但真正有远见卓识的并不多。特别是一些二十岁上下的留学生，对三民主义、三权分立的思想，兴趣很淡薄，一心所想只在推翻满清。“对美国最了解的是你。你不仅知道美国的好处，也深悉它的弊病。我们都懂得中国革命一定要取欧美之长，避欧美之短，前车之辙，后车可鉴。欧美现在陷于重重矛盾，面临社会革命。所以我常对党内同志讲，吾党应高瞻远瞩，不能只注目种族、政治两大问题，应当毕其功于一役，将最困难的社会问题一并解决，方才可能建设一个世界上最美好富强的国家。”孙中山停了一停，苦笑笑，又说：“可是，有人当面说我理想太高。意思是我空想，放大炮，他们认为只要推翻满清，革命就算成功了。”

“所以你就想有理解你的人进入领导圈子？”

“对，查理兄，我想请你任总部的评议长。”

宋耀如现在已经从刚刚的惊奇转入平静的思考了。进入同盟会的指挥机构，这对他这样忠贞的革命党人，热心于社会活动的救世主，无疑是有魅力的。因为这可以直接领导反清革命的潮流，是人生的大快事呀。但是……

“问题是我以什么身份出现对革命大业更为有利？同盟会已经不要秘密革命家了？”

“当然需要。只要革命没有成功，就需要秘密的革命家。”

“那我就做这样的秘密革命家吧。上帝赋于我们不同的使命。上帝选择我当一名牧师，当一名爱国的牧师，拯救国人的灵魂才是我的天职。”

孙中山见他主意已定，知道强留是不成的。况且，同盟会确实也仍然需要他这种特殊身份的人。因此就将这个话题放下了，开始与他讨论起正在草拟的同盟会章程来。

此后，宋耀如一如既往地以秘密革命者的身份辅助孙中山，支持革命运动。

在孙中山的革命生涯中，他领导的资产阶级革命曾屡遭挫折，但宋耀如始终相信他、支持他，认为实现共和，非孙莫属。1911 年 12 月 25 日，孙中山在海外得知武昌起义的消息后，回国抵达上海，宋耀如和长女霭龄到码头把孙中山接到自己家里，与诸革命党领袖人物秘密集会，磋商要事。接着，宋耀如夫妇带着霭龄、子文等子女到南京参加 1912 年元旦举行的临时大总统孙中山的就职典礼，并将这一消息写信告诉了正在美国读书的宋庆龄、宋美龄姐妹俩。袁世凯窃取革命政权后，孙中山于 4 月搬出南京总统府来到上海，宋耀如坚留孙中山住在自己家里。孙中山十分感慨宋耀如 20 年来不变的革命信念，他在 4 月 17 日《致李晓生函》中说：宋耀如乃“二十年前曾与陆烈士皓东及弟初谈革命者，二十年来始终不变……弟今解职来上海，得再见故人，不禁感慨当年与陆皓东三人屡作终夕谈之事。”宋耀如担任铁路总监后，宋耀如也去铁路系统任职，宋霭龄则任孙中山的秘书。孙中山计划第一步要在10年内修筑20万里的铁路，宋耀如与女儿霭龄随同孙中山一起坐火车到全国各地周游勘察，制定规划。1913年2月，宋耀如随孙中山赴日本考察铁路事业。不久，孙中山领导的“二次革命”失败，在北洋政府的大肆追捕下，孙中山于8月逃亡到了日本。随后，宋耀如也被迫举家避难日本，先在东京，后在横滨租赁了一幢别墅式的寓所。1914年宋耀如夫妇率儿女回到上海，住霞飞路。当时，像宋家这样举家与革命发生直接或间接关系的，实属凤毛麟角。

当然，宋耀如与孙中山之间也有过矛盾，主要体现在两件事上。一是关于宣誓效忠问题。“二次革命”失败后，孙中山痛感革命党人内部意见之分歧，人员之涣散，为团结中华志士，再图革命，他决定筹建中华革命党，并重新规定，凡欲入党者，均须在誓约上写明“服从孙中山再举革命”，并加盖指模。当时，许多人反对这种做法，宋耀如也认为此举过于极端，但为了革命大业，最后他还是让步了，虽不赞成这种行为但还是帮着孙中山去说服别人；二是反对女儿庆龄嫁给孙中山。当宋庆龄背着父母与孙中山完婚后，当时的上海盛传宋耀如与孙中山绝交的消息，并说得有眉有眼。时值袁世凯准备复辟帝制，革命形势十分低落，宋耀如的情绪日益变坏，不知个中底蕴的人便传出各种流言蜚语，有人甚至说宋耀如正在逼着自己的女儿与孙中山离婚。为了阻止别有用心者继续造谣生事，也为了维护孙中山和宋庆龄的声誉，宋耀如夫妇特意定制了一套精美的家具，置办了丰足的嫁妆，并故意张扬地将这些东西寄送给新婚不久的女儿。只是宋耀如与孙中山、宋庆龄夫妇之间的关系似乎从此有了一些隔膜。

1916年以后，宋耀如因种种原因，不再参与革命活动，之后身体越来越坏，及至不能行动。病危之际，三个女儿一道在父亲病榻旁“随侯在侧”。1918年5月3日，宋耀如在上海病逝，享年55岁。

宋耀如是集牧师、工商业者、革命党人三种身份于一体的传奇人物,孙中山说他是"从事于教会及实业,而隐恻传革命之道,是世之隐君子也"。他做每一样事情都是那么的认真而尽心,遗憾的是,他未能在有生之年看到革命成功的曙光,故有人说"最终置他死命的,恐怕正是他那颗破碎的心"。不过,令其欣慰的的是,他倾心教育与栽培的儿女都已长大成人,在父亲的教导与影响下,他们先后参加了中国的革命运动,并在日后建立起了闻名中外的"宋家王朝"。应该说,这是宋耀如一生最大的成就,而他本人无疑是"宋家王朝"的奠基人。

5. 大脚倪桂珍

俗话说,成功男人的背后往往有一个贤惠的妻子。宋耀如对孙中山革命事业的奉献,造就"一代王朝"的成就,皆离不开他的爱妻倪桂珍的支持。倪桂珍生于1869年,出身于士大夫家庭,是一位端庄、贤淑、有知识、有主见的女子。她4岁开始跟老师练习写字,尔后进私塾,8岁念小学,14岁那年以优异的成绩被推荐升入上海西门的培文女子高等中学,17岁毕业。她擅长数学,喜爱弹钢琴,曾在教会办的培文女校任教员。她的父亲倪韫山和宋耀如一样,是一中国籍的牧师。她的母亲姓徐,是明末大学士、《农政全书》的编著者徐光启的后代,上海徐家汇就是因徐家住在此地而得名。受父母的影响,倪桂珍自小便接受洗礼,成为一名基督教教徒。

宋耀如与倪桂珍的结识,是经由昔日波士顿的二位朋友牛尚周与温秉忠的牵线。宋耀如回国后,很快与牛尚周、温秉忠取得了联系。当时牛尚周和温秉忠已分别和倪家的大女儿倪桂清、小女儿倪桂姝结为夫妻,他们有心介绍宋耀如与倪家二女儿倪桂珍认识。关于他们的第一次相见,有不同的传说。一说相见于教堂,当倪桂珍在教堂"唱诗班唱赞美诗"的时候,宋耀如一见倾心,倪桂珍对宋耀如也是一见钟情;一说相见于培文女校,那是1886年7月下旬的一天,几位中国籍牧师和教徒相约在培文女校搞一次聚餐会。走进培文女校,迎面传来悦耳的钢琴声,宋耀如忍不住径自朝琴声传来的地方寻觅而去。在琴房外面,他透过窗户看见了一个美丽而气质不凡的年轻姑娘,最引起他注意的还是那双无拘无束踩在踏板上的天足,在推崇"三寸金莲"的时代,拥有一双天足实为不易之举,他不由得暗暗钦佩这位姑娘的胆识和勇气,她就是倪桂珍。经朋友们的介绍,宋耀如与倪桂珍很快就相识相知,彼此倾心。期间,发生了一件不大不小的事。据说倪桂珍曾有一门娃娃亲,虽然当年只是一句玩笑话,两家也早已断绝往来,但她的"未婚夫"家却很认真,几次来"抢亲完婚",每一次都被倪桂珍坚决而义正辞严地拒绝。这一小小的插曲曾令他们烦恼,却也不失为对他们爱情的一次考验,它令宋耀如看到了倪桂珍自主而坚强的个性。

在宋耀如回国初期,因美国监理会中国布道区教长林乐知的刁难,他不断地被指派到各个落后、穷困的地方进行传教。为了能和宋耀如在一起,倪桂珍果敢地提出与宋耀如订婚,令前来主婚者也不禁赞叹她"真是个不寻常的女性!"此后,倪桂珍便一路跟着宋耀如到各地传教,与他分担各种困难与险阻,共享成功的喜悦。正如她自己所说:"我遵从上帝的启示,上帝指引我来到查理身边,我要辅佐他,支持他,为他的事业献出我的一切!"她甚至为宋耀如而背弃自己的教派,脱离倪家信奉的宗派伦敦会而转入宋耀如所属的美国监理会。据说当时倪桂珍的父亲正准备劝说宋耀如转到倪家所属的伦敦会,倪桂珍却出人意料地宣布她决定"脱离伦敦会转入美国监理会",令她的父亲震惊不已,宋耀如再一次地被深深感动并为之钦佩。

在传道的过程中,宋耀如与倪桂珍皆热心地帮助、接济穷人,并萌动了创办儿童福利事业的设想。共同的理想与事业将这对恋人紧紧地连在一起,他们互相依赖与支持,感情日趋炽烈。1887年夏,宋耀如与倪桂珍在美国监理会新教堂举行了热烈而隆重的婚礼。宋耀如曾这样评价他的爱妻:"桂珍是生活在东方的坚强女性，她的伟大在于敢自己选择爱人，这在东方、在中国简直是不可思议。”婚后，倪桂珍继续跟随宋耀如到各地传教，过着不稳定却有着美好憧憬的生活，直至1890年宋耀如在上海虹口郊区建造了自己设计的一幢房子，他们才有了安定的居所。

倪桂珍嫁给宋耀如后，先后生有6个孩子，他们是3个女孩，3个男孩。倪桂珍是一个善持家务、又具有先进思想、乐于助人的家庭主妇。据她儿女的回忆：那时“母亲料理家务，设法量入为出。凡是省吃俭用节余下的钱，她即捐赠给革命事业。她也接济穷人，并且是学校和教堂的赞助人。”“虽然，父母并不十分富裕，但母亲仍然让全家人都生活得快活和舒适，在最困难的日子里，她也始终保持这样。”

有人说，“宋夫人是早期新式中国妇女的样板”，她对6个子女都视为掌上明珠，细心照料，传授知识。倪桂珍对子女的教育，有两个与众不同的特点：一是管教甚严，俗话说“养不教父之过”，倪桂珍却常说“养不教父之过，也是母之过”，她一反“严父慈母”的习俗惯例，对子女始终严加管教，严禁孩子们做有失体统的事情，宋氏三姐妹始终盘着发，即是谨守母训——女孩永不剪发的典型例子；二是重视女孩的教育，古语说“女子无才便是德”，接受过西学的倪桂珍不相信封建的孔孟之道，她认为女子与男子一样，都可以成为有作为的公民，为国家作贡献，她与丈夫共同决定要把子女都送到美国去读书。《宋氏家族》的作者埃米莉·哈恩说，宋夫人的“做法之所以与传统观念更加背道而驰，是因为她简直像对待男孩那样对待女孩，她们的女儿们是首先被送出国的”。有如此先进思想的父母，实在是宋氏三姐妹的造化与幸福。宋耀如夫妇的“男女平等”思想及他们对中国慈善事业的贡献，更使他们的3个女儿感受至深。日后，性格迥异、立场不同的三姐妹皆热心于中国的妇女运动，并程度不同地从事中国的慈善事业，不能不说受她们父母潜移默化的影响。

三个姐妹中，大姐霭龄自成为孔夫人后，即从台前退居幕后。两个妹妹庆龄、美龄则始终活跃在中国政治舞台的前台,她们发表了许多有关妇女解放的论著,更直接从事或领导了中国的妇女运动。1939年7月,宋庆龄、宋美龄两姐妹与毛泽东、朱德、周恩来等一同被推为刚刚成立的延安中国女子大学主席团名誉成员。周恩来在讲演中特别提到了宋庆龄,说:今天的中国妇女,在抗战中已经发挥了积极作用,“如妇女界领袖宋庆龄、何香凝的热心救亡工作均有极大贡献”,她们“都是抗战洪炉中锻炼出来的新女性,因此,妇女地位也大大提高。这个提高,是由于妇女努力参加革命造成的”。台湾有学者称宋美龄“是近代变动社会中自觉的女权主义者”。宋霭龄虽然不像她的两个妹妹活跃,但她曾经参与的一些活动颇能反映出她在这一领域的地位与影响。宋霭龄自嫁给孔祥熙后,极少在公众面前出现,出席政治性的集会就更少了。1938年5月,全国各党各派、各团体及无党派的妇女领袖、妇女工作者40余人在江西庐山举行座谈会,会议的宗旨是广泛动员妇女参加抗战。时为国民政府行政院长夫人的宋霭龄以国民党方面的代表身份出席会议。中共著名的妇女领袖邓颖超和救国会方面的著名妇女活动家史良等人出席了这次会议。1941年底,宋霭龄、宋庆龄一起自香港抵达重庆后,三姐妹更是经常一道出席妇女界的活动。

在中国的慈善事业方面,福利事业是宋庆龄与宋美龄长期从事的一项事业。众所周知的中国福利基金会即由宋庆龄创办与领导,从1946年7月开始,宋庆龄将中国儿童福利工作作为自己的一项主要事业,直至去世,她为中国的儿童福利事业作出了巨大的贡献。宋美龄自成为蒋夫人以后,保育孤儿工作就成了她从事社会慈善事业的一个重心,取得了相当的成效。宋霭龄在这方面的作为是阶段性的,主要是在抗战时期。抗战爆发初期,宋霭龄在上海为伤兵和难民做了不少工作。宋美龄领导的中国妇女慰劳总会筹设了战时儿童保育会后,宋霭龄一方面认领了100名战时难童的生活费用,一方面亲自创办全国儿童福利会,动员各界捐款解决儿童福利,并出资购买礼品赠送战时儿童保育会的难童。虽然这点钱财对她来说犹如九牛一毛，但“爱财”的宋霭龄能够参加这些公益活动，不仅显示了她的“善心”，更有利于中国的抗战事业。宋氏三姐妹在上述两方面的作为与贡献，若她们的父母泉下有知，定会感到无比的欣慰，因为他们的女儿继承了他们的事业并将之发扬光大。

倪桂珍不仅是位良母，更是位通情达理的贤妻。对于丈夫与孙中山等革命党人的交往及他们所从事的活动，倪桂珍虽不甚了解，但她始终坚信丈夫、支持丈夫。宋耀如去世后，倪桂珍非常伤心，从此更加专心于教会工作，而很少过问别的事。后来，宋老夫人的健康状况一直不佳。1931 年 7 月 23 日，倪桂珍在青岛别墅去世，享年 62 岁。

第二章 独特的家教

宋耀如常常对人说："只要一百个孩子中有一个成为超人式的伟大人物，中国就有四百个超人，还怕不能得救？现在中国大多数家庭还不能全心全意培养子女，我要敢于为天下先。"为了这个理想，宋氏夫妇设计了不同于中国传统的全新的教育模式，在充分施展孩子们的美好天性的同时，有意识地对他们进行各种技能的训练。

长女霭龄16岁即只身赴美留学。霭龄求学的成功，增强了宋耀如的信心。此后，他将所有子女一一送出国留学深造。

1. 启蒙教育

宋氏家族以"宋氏三才女"而闻名，她们的三个兄弟同样不同程度地闻名于民国政坛，特别是大哥宋子文，在旧中国的财界、政界、外交界皆发挥过相当的作用。对于一个家族来说，六个子女中有四个成为一度影响中国政坛的著名人物，这的确是少见的。奇迹的产生源于宋耀如夫妇对子女用心良苦的培养。"望子成龙，望女成凤"是每个父母的心愿，宋耀如夫妇做到了，不仅因为他们的言传身教，而且在于他们制订了一套严格而独特的教育方式。

首先，他们给孩子创造了一个良好的生活环境。宋耀如不仅是个成功的商人，而且是个能干的父亲。1890 年他在虹口的东有恒路（靠近乡村的地方）买下了一块面积不小的地皮。他自己设计，并亲手建造房屋。房屋的正前方横亘一条小河，河上架有一座小桥。四周筑有一圈不高的石墙，墙外即是绿色的田野。他的孩子们常常翻出石墙，到附近农民的田里玩耍。墙内有一前一后两幢住房，前面一幢是两层楼房，包括书房、中西式客厅、餐厅、卧室和浴室。后面一幢平房用作厨房、储藏室及佣人住房等。最特别的是，宋耀如在屋后开辟了一个菜园，自己种植蔬菜。在这所中西结合、风格独特的建筑里，留下了宋氏兄妹孩童时代无限的乐趣。

其次，他们非常重视对孩子的教育与培养。与传统的"慈母严父"不同，在宋家是"慈父严母"。倪桂珍作为母亲，在生活方面对子女的照顾可说是无微不至，正如宋氏兄弟姐妹所说：我们的母亲"即使在最困难的时候仍给我们以快乐而舒适的生活”。但她对孩子的管教比较严厉，她从不放纵孩子们的任何越轨行为，哪怕仅仅出于儿童的顽皮。宋耀如虽对孩子有很高的期望，但更尊重孩子们的意愿，重视他们天性的发挥，对儿女的管教，他是慈中有严，严中带着爱与希望。夫妇俩的教育方式虽然有所不同，但颇能互相尊重，配合默契。在宋耀如的心中一直有一个宏大的心愿，希望中国能出林肯、华盛顿式的人物。他就是抱着这样的心愿来培养儿女，正如他常对人说的：“只要一百个孩子中有一个成为超人式的伟大人物，中国就有四百个超人，还怕不能得救？现在中国大多数家庭还不能全心全意培养子女，我要敢于为天下先。”

为了这个理想，宋氏夫妇设计了不同于中国传统的全新的教育模式，在充分施展孩子们的美好天性的同时，有意识地对他们进行各种技能的训练。

自孩子牙牙学语起，宋耀如夫妇便对他们进行中、英文的双语训练。宋耀如常对孩子们说，学英文是为了睁开眼睛看世界，留学海外长知识学本领，再来报效祖国，所以中文一定要更好。他坚信未来中国的领袖一定要学贯中西。在父母的教导下，孩子们在入学前便学习过古文和进行过中文写作技能训练，还认真练习了毛笔字。习写毛笔字，这不仅是中国传统文化的一项内容，也是锻炼人的耐性与毅力的一种好方法。为帮助孩子们学英语，宋耀如从美国购来了大量幼儿读物，夫妇俩轮流教孩子们读写。宋耀如还常用中、英文两种语言给他们讲故事，在讲故事的过程中适时并深入浅出地向他们传输了科学道理与民主、革命的思想。为鼓励孩子们的学习积极性与自信心，宋耀如把客厅里原本挂装饰画的一面墙壁当作孩子们展览作品的场所，那上面有绘画，有习写的毛笔字，有用中、英文写的文章。每当有熟悉的客人来访时，这些文章或字画的作者就会被请出来与读者见面，有时也需说明一下自己的构思。这时，身为父亲兼总设计师的宋耀如就会快乐地坐在一边，欣慰地注视着他的儿女。

除了传授知识，培养学习兴趣外，宋氏夫妇还十分重视孩子们各种技能的训练与意志的锻炼。宋耀如坚信,要成为一个伟大人物,必须有比钢铁更坚强的意志。为此,他以各种方式,诸如野外徒步、忍饥挨饿等来训练他年幼的儿女,并身体力行,以自己的行动来教育、影响子女。在技能训练方面,宋耀如同样采取了各种各样的方式,如办报、举办家庭演讲会等等。1898 年,宋耀如和他的长女宋霭龄一起编了一份《上海儿童报》。这是一份英文打字小报,主要文章都由孩子们自己写作,渐渐地,打字的任务也从父亲转由孩子们自己完成。这份独特的家庭小报一直办到宋家的最后两个孩子宋子良、宋子安进入中学才停刊。在这种创造性的自立活动中,宋家的兄弟姐妹不仅提高了英文写作技能,也增长了其他才干。在大女儿上了一年学、已能做讲演练习时,宋耀如便不时地召开小型讲演会,在大姐霭龄的影响下,弟妹们先后开始试着做讲演。宋氏三姐妹的演讲口才皆堪称一流。宋子文的演讲口才也由此锻炼出来。中学时代的宋子文在学校属年龄较小的学生,平时讲话又有点口吃,但演讲起来却是自然流畅,而且能用中、英文两种语言讲演,着实令老师们惊叹。

在这样的家庭教育下,孩子们的知识自然是迅速增长,但宋耀如并不满足于此。他认为教育应当是社会的、全方位的,不管家庭教育多好,也不能取代正规的学校教育,更无法代替集体生活的训练。而且,孩子们长大了总要走上社会,独立地面对社会,他们不应当是笼中的金丝鸟,而应当是弄潮儿。为此,还在长女 5 岁时,宋耀如就执意将她送到上海的一所教会学校住宿求学。他的其他 5 个儿女也先后入教会学校读书。教会学校虽以传播宗教信仰为主旨,但同时也讲授一些现代科学文化知识,其课程设有天文、地理、数学、物理、化学、哲学、体育等,兼顾德、智、体三育教育。

在让孩子们接受西式教育的同时,宋耀如更重视培养他们的爱国情感。他曾告诉孩子们说:

美国有发达的工业、农业、科学、技术,这是事实。可是美国的繁荣也有中国人的一份功劳。十几年前,在美国的华工就有三四十万。他们为开发美国西部付出的血汗,连美国历史学家也不得不承认。

在当时民族危机日益加重,国内维新运动、革命运动先后蓬勃开展之际,宋耀如更是常常以孙中山所宣扬的民主与革命思想来教导孩子们。

一旦我们革新中国的伟大目标得以完成,不但在我们的美丽的国家将会出现新纪元的曙光,整个人类也将得以共享更为光明的前景。普遍和平必将随中国的新生接踵而至,一个从来也梦想不到的宏伟场面,将要向文明世界的社会经济活动而敞开。

这是孙中山的一篇名文《中国问题的真解决》中的一段,也是宋耀如常常领孩子们朗读的一段文字。

宋耀如不仅对孩子们进行爱国主义的文字教育,他还有意识地带领他们参加各种有意义的政治集会,希望孩子们在实践中受到更深切的爱国主义的熏陶。1904 年 4 月 30 日,上海市民在张园举行拒俄大会,抗议沙俄霸占中国东北,声援留日学生的拒俄运动。这一天,宋耀如带着霭龄、庆龄、子文、美龄 4 个孩子一起去参加了大会。孩子们平生第一次见到如此宏大的场面。目睹国人如火如荼的爱国热情,他们那幼小的心灵被深深地震撼了。特别是蔡元培在会场上宣读了东京留日学生要求组织义勇军奔赴战场的电报后,会场上热烈、激动的情绪更极大地感染了孩子们。这一次活动,无疑给宋家姐弟上了一堂生动的爱国主义教育课。

第二年,他们便以实际行动投入了全国性的抗议运动行列。1905 年,由于美国政府迫害华工而引发了全国性的反美爱国运动。宋耀如虽深受美国文化的影响，一向把美国看成理想国的楷模，但他对祖国的爱是忠诚的，他也了解并痛恨美国政府野蛮残酷的种族歧视政策。当这种种族偏见使在美华人深受迫害与侮辱时，他便毫不犹豫地参加了全国性的反美运动。宋家姐弟也积极地投入了反美行列。当时大姐霭龄已出国，庆龄、子文、美龄跟着父亲一起上街散发传单，搞宣传，并以实际行动抵制美货。在上海的广东人中，宋耀如是以做美国生意出了名的。抵制美货，无疑会使他的利益受到损失，但为了反对美国的暴行，为了在美侨胞的利益和尊严，宋耀如坚决地采取了抵制美货行动。在父亲的影响下，宋子文和他的姐妹不仅毫不吝惜地把心爱的美国玩具、文具等丢进了废物箱，而且还在他们的住地虹口挨家挨户地劝大家抵制美货，他们甚至还发起组织了一个"中国童子抵制美约会"。

在宋氏六个姊妹兄弟中，从小受到父亲精心栽培的唯有三姐妹和宋子文，宋家的二个幼子宋子良与宋子安，没有他们的哥哥姐姐幸运，因为随着革命形势的日益严峻，宋耀如已没有太多的精力与心思来培养子女，也没有充裕的时间与他们相处。宋子良与宋子安更多的是受哥哥姐姐榜样的影响。宋耀如的6个孩子先后赴美留学并全部学成归国，只是宋子良与宋子安日后的影响与作为逊色于他们的哥哥姐姐。宋子良毕业于美国凡顿贝特大学，宋子安毕业于美国哈佛大学，二人皆学经济。他们回国时，大哥宋子文已在政府中位居高位，姐夫孔祥熙也在经济、金融界担任了数项要职，在哥哥或姐夫的"关照"下，他们顺利获得了商界或金融界的有利职位。宋子良历任国民政府外交部秘书、总务司司长、六河沟煤矿公司常务董事兼协理、中国国货银行董事兼总经理、中国建设银公司理事兼总经理、中国银行董事、中央银行理事、交通银行常务理事、广东财政特派员和广东省政府委员兼财政厅厅长等职，抗日战争期间，任滇缅路总办。他是大姐霭龄早年从事证券交易的主要帮手，又是大哥子文在金融实业方面的主要助手。宋子安历任松江盐务稽核所经理、松江运副、中国建设银行公司经理、国货银行董事、广东银行董事等职,甚少涉足政坛。

2. 宋家的"领头羊"——大姐宋霭龄

作为宋家的长女,宋霭龄得到的父爱似乎是最多的。大凡一个家庭,对第一个子女都会特别地喜爱。宋霭龄是宋耀如夫妇婚后三年才迎来的第一个小生命,她出生于 1889 年 7 月 15 日,宋耀如给她取名"霭龄"。宋霭龄是六个兄弟姐妹中与父亲相处时间最长、受父亲影响最大的一个孩子。作为宋家的"领头羊",儿时的宋霭龄给弟妹们起到了很好的表率作用。

宋霭龄的童年是无比快乐的。宋耀如自己设计建造的乡村别墅给宋霭龄提供了嬉戏玩耍的最为理想而广阔的空间。在这里,她可以爬树、抓鸟、摘花,尽情地发挥她的天性而不受任何约束。她甚至常常带领弟妹翻墙而出,在附近村民的田地里追逐戏耍。身为父亲的宋耀如并不想限制儿女们的活动和乐趣,他宁愿自己去向邻居赔礼道歉,补偿他们的损失。令宋霭龄记忆最深也最为激动的是,在她 10 岁那年,父亲送了她一辆自行车作为她的生日礼物。20 世纪初的中国,自行车是一件非常稀罕而奢侈的物品,父亲的珍贵礼物使宋霭龄感到无比的自豪和兴奋。从此以后,父女二人常常各骑一辆自行车走街串巷,在行人惊奇而羡慕的神情中,宋霭龄那幼小的心灵体会到了"人无我有"的满足感,也隐隐萌动了拥有别人没有的东西的欲望。

在父亲的"纵容"下,天性活泼、性格外向的宋霭龄更加任性调皮、敢作敢为。严谨而传统的母亲认为女孩子除了读书,还应学会刺绣、烹饪等女红活计,为此她特别为女儿们聘请了专门教女红活计的家庭教师。刺绣对生性好动的宋霭龄来说,简直是一件无聊乏味而难以忍受的事,但她又不敢公开对抗母亲,只有拿家庭教师寻开心,结果遭到母亲的训斥。最后,在父亲的保护下,宋霭龄非但没有受到更严厉的惩处,母亲也不再逼她学诸如此类的活儿了。

在娱乐方面,宋耀如对女儿是“放纵”的,在学习上则是相当严格的。宋霭龄还只有5岁时,应她本人的要求,父亲毅然送她去住校读书。对一个尚不具备独立生活能力的5岁幼童来讲,去过一种寄宿式的读书生活,其面临的困境是可想而知的。在宋家,祖母和母亲都持反对态度,认为这简直是一种残忍,但宋耀如坚持认为孩子得到的将比失去的多得多。宋霭龄进的是南方卫理教会于1892年在上海设立的一所教会学校,该校以当年任命宋耀如为牧师的一个主教的名字马克谛耶为名。学校自成立以来,还从未收过像宋霭龄这么小的学生。校长海伦用英语问宋霭龄是否真的想上学,宋霭龄用英语作了坚决、肯定的回答:我想上学的愿望胜过一切。5岁女童的强烈的求学欲望令海伦校长十分感动,他决定破例收她入学,并亲自为她单独开课,两年后再跟班学习。宋霭龄读书的愿望终于如愿以偿了,但接下来面对的实际困难也是令人沮丧的。首先她得忍受没有亲人围绕在侧的孤独和寂寞,骤然离开温暖的大家庭,去过一种独立的生活,这对一个5岁的孩子来说,一时是无法适应的。尤其到了漫长而冷清的夜晚,她特别想念一家人围着火炉听父亲讲故事的情形,也想念母亲慈祥亲切的叮咛。其次,还是孩子的她将独自面对生活和学习上的一切问题。因为年龄小,个子小,和同学们一起吃饭时,她常常因够不到桌子中间的菜肴、吃饭速度慢而来不及填饱肚子。上课时,因为短胳膊短腿,双脚无法着地而只能悬空挂着,时间一长,两腿常常发麻。

尽管生活和学习上有着当初不曾料想到的种种困难,但这一切都未能动摇她求学的欲望和决心。渐渐地,她适应了学校里的一切,争强好胜的个性重新焕发出来,她积极参加各种活动,诸如唱诗班、表演节目等等,凡是出人头地的事都有她一份,由此她赢得了老师的好评和同学们的尊敬。宋霭龄在马克谛耶学校生活了10年,这是一个人的一生中最易受外界影响、也最容易受塑造的重要阶段。在这里,她失去了童年和少年时期的许多欢乐，也少了许多儿时的天真与浪漫，但得到了许多宝贵的人生经验，最重要的是，她由一个顽皮的小女孩成长为一个成熟、独立的少女，养成了顽强的进取精神，无论遇到多大的困难，不达目的，决不退缩、罢休。宋霭龄的自立行为进一步鼓舞了父亲宋耀如，也给弟妹们起到很好的表率作用，在她的影响下，宋家的子女一个个都小小年纪地离开家庭，到学校去过独立的生活。

从马克谛耶学校毕业后，宋耀如马上托好友步惠廉牧师为长女联系美国的学校，准备送宋霭龄去美国留学深造。在20世纪初的中国，送一个未成年的女孩子出洋留学，这是件非常稀罕的事情，可见宋耀如在培养子女上的大胆与先进。经过一番周密、妥善的准备与安排，1904年5月，只有16岁的宋霭龄随同步惠廉一家乘坐“高丽”号轮船离沪赴美。虽然事先宋耀如作了精心的安排与虔诚的祈祷，但这一路并非顺顺利利，倒是让年轻的宋霭龄经受了一次次严峻的考验。

首先，轮船开出不久途经日本神户港时，发生了一件不幸的事件。日本检疫官因怀疑船上刚刚死去的一个乘客患的是淋巴腺鼠疫，令所有乘客和船员上岸进行检疫，轮船则用熏剂进行灭菌处理。“高丽”号因此在神户耽搁了10天时间，才重新起航。这一番折腾对宋霭龄尚无大的影响，步惠廉太太却因此一病不起。本来，步惠廉太太在中国刚患了一场严重的伤寒症，原不宜作长途旅行，因要陪同宋霭龄赴美留学，才提前出发。经过这一番折腾与惊吓，同时又要照顾4个孩子，结果旧病复发，以致到了病入膏肓的地步。步惠廉牧师不得不暂停旅行，把妻子送往医院抢救。他本想让宋霭龄与他们一家一同在日本停留一段时间后再走，但宋霭龄决定单独一人先期航行，以尽快到达美国入学。步惠廉牧师尊重霭龄的选择，把她托付给同船的一对南方卫理公会的传教士夫妇，请他们代为照顾霭龄。但这对夫妇并不在意教友步惠廉牧师的托付，没有对宋霭龄负起照料的责任。当宋霭龄无意中听到他们以“肮脏的中国佬”字眼来称呼中国人时，强烈的民族自尊使她毫不犹豫地决定不接受这对夫妇的帮助，她下决心要凭自己的力量抵达美国。

接着，"高丽"号到达旧金山时，宋霭龄的护照又出了问题。临出国前，宋耀如给女儿买了一张葡萄牙护照，原因是美国有一个排华法案，不久前美国政府又对它作了严格的修正，宋耀如怕女儿受委屈，没让她使用中国护照。不料父亲的这一举措非但没给女儿以任何帮助，反而害了她。旧金山国家移民局的官员认定宋霭龄的葡萄牙护照不符合要求，对她的态度非常粗野，威胁要把她关进拘留所，然后驱逐出境。初来乍到一个陌生的国度，面对态度粗暴、拒人于千里之外的政府官员，年仅16岁、初次单独远离国门的宋霭龄没有表现出一丝的恐惧，她大声勇敢地为自己辩解，她不是企图移民美国的中国劳工，她是来美国求学的，美国移民局不应以这种粗暴的态度对待她，更不应将她驱逐出境。美国官员的颐指气使的态度，和宋霭龄毫不屈服的大胆表现，使途中与霭龄萍水相逢而成为好朋友的年轻的女传教士兰曼小姐毅然决定伸出援助之手。她一方面立即在旧金山码头打电话把霭龄的不幸遭遇告诉了自己的好朋友克拉伦斯·里德博士，请里德博士尽快通过教会的渠道与白宫联系，一方面则坚定地表示她将与宋霭龄呆在一起，直到她能进入美国为止。移民局的另一个官员做出了一个变通的办法，让宋霭龄留在"高丽"号轮船上，如果"高丽"号起航，她可以转到停泊在旧金山港的另一艘空船上。就这样，换了4艘船，经过了三周等待而备受煎熬的日子，宋霭龄终于可以上岸了。旧金山港口的遭遇对宋霭龄的影响是深刻的，她因此感受到了美国普通人民给予她的"诚挚的友谊"，同时也深深地体会到了权力的重要性。

宋霭龄在旧金山呆了不及两天，步惠廉牧师就赶到了。步惠廉太太因病重在日本不治身亡了。为履行对好友的承诺，步惠廉牧师不顾丧妻之痛，立即护送宋霭龄前往她就读的威斯里安学院。威斯里安学院位于美国佐治亚州梅肯市，当宋霭龄一行到达梅肯时，步惠廉牧师的密友、威斯里安学院的格里院长已亲自到车站迎接。因为宋霭龄是到威斯里安学院念书的第一个中国姑娘，当地的新闻界对她表示了异乎寻常的热情，专门报道了宋霭龄的情况，这使宋霭龄感到无比的自豪与骄傲，也使她恢复了一度丧失的自信。

到美国不久，宋霭龄很快就适应了那儿的一切。生活方面，因从小受父亲的影响及出国前父亲为她安排的专门培训，宋霭龄从心理到饮食起居都感到生活在美国没什么困难；学习方面，有了教会学校的10年学习经历，她已得到了各方面的训练，语言对她来说更不是障碍。宋霭龄在美国的高度适应性进一步鼓励了她的父亲，促使他把子女一个个地都送出国深造。宋霭龄的两个妹妹也先后在威斯里安学院就读。作为大姐的宋霭龄照例成为妹妹的监护人。1909年，宋霭龄以优良的成绩毕业于威斯里安学院，校方对她的评价是："学习成绩出色，待人坦率友善，在音乐方面和表演方面，也很有才华。"在梅肯的5年，宋霭龄不仅得到同学和老师的好评，也受到当地居民的欢迎。

在美国期间，宋霭龄还有幸见到了美国总统，面对总统，她大胆地谈了自己对美国的印象。那是在宋霭龄到达美国的第二年，即1905年，霭龄的姨夫温秉忠受清政府委派，率代表团赴美考察。他把霭龄接到华盛顿，并带她一同出席美国第26届总统西奥多·罗斯福在白宫举行的宴会。席间，总统问这位来自中国的小客人，对美国的印象如何？原本以为会得到赞赏美国的满意答复，不想宋霭龄直言不讳地对总统说："我一直认为美国是一个自由之邦，对异国的客人一定会十分友好，可是你们的官员却把我这样一个16岁的姑娘拒之于国门之外。这同我们中国的待客之道太不相同，这使我失望。"接着她述说了在旧金山码头的遭遇。最后她以一种外交辞令表达了她在美国的感受，说："美国可以说是美极了，是一个美丽的国家。我在这里生活很快乐，如果不是我初来美国的痛苦回忆，我还会更快乐。"面见美国总统时的落落大方和直率、犀利而不失友好的言辞，令罗斯福总统大为吃惊，也引起了新闻界的极大兴趣，当地的一家报纸第二天即登载了一条抢眼的新闻：中国少女抗议美国政府的排华政策。在宋氏家族中，宋霭龄成为会见美国总统的第一人，它拉开了宋氏家族与美国政界接触、交往的序幕。

回国以后，宋霭龄立即投入了她向往已久的革命事业，协助父亲共同帮助孙中山。当时她的公开职业是主日学校的教师，也当家庭教师。同时还应青年会之邀参加演出剧目，赈济灾民。宋霭龄的精明能干，使得宋耀如的许多朋友都深为羡慕，她工作的高效率，更给了孙中山极大的帮助，并赢得了孙中山的信任与赞赏。

15 年的离家求学经历，对宋霭龄的影响是巨大的。第一，使宋霭龄成为当时中国少有的知识女性，特别是多年受到的西式教育，使她对现代先进的科学文化知识有了较深的了解，对东西方政治、经济、文化和社会的差异有了更深切的体会与认识。第二，西方文明的熏陶，加之长期独立的学习生涯，强化了她从小即有的叛逆意识和争强好胜的个性。第三，少小离家、独自闯荡的经历，将她磨炼得较为早熟，也使她积累了较为丰富的人生经验，学会了察言观色，熟谙了人情世故，而现实的冷峻与复杂进一步塑就了她复杂世故的性格和较深的城府。如此的经历和性格，使宋霭龄在父亲宋耀如去世后，自然地成了家庭的核心人物，以大姐的身份负责主持家庭的内外事务。

3. 温柔而好思的二姐宋庆龄

在宋氏三姐妹中最受世人景仰的，当属宋耀如的次女宋庆龄，她被列为 20 世纪世界十大杰出女性之一。儿时的宋庆龄与她的两个姐妹有两个明显的不同：一是她的外形，她的两个姐妹儿时是圆圆胖胖的身材，而她则娇小玲珑，体形优美，皮肤白皙，被认为是个美人儿；二是她的性格，霭龄和美龄都是性格外向、活泼调皮，办事风风火火，一看就是干练好强的人，而庆龄则文静、腼腆而听话，最得母亲的疼爱，她讲话轻柔，举止端庄，却不失主见与个性，也不乏勇气与毅力，属于典型的外柔内刚。美国作家文森特·希恩在其书中谈到宋庆龄时，对他们的第一次见面作了这样的描述：

(汉口)财政部二楼阴暗的接待室的大门打开了，进来一位身材矮小、羞怯腼腆、身着黑色绸服的中国女士。她一只手拿着一块绣花的手帕，另一只手拿着宋子文给我的引荐信。她一开口，差一点使我跳起来：声音是那么温柔，那么文雅，那么出人意料的甜润。我局促不安地看着地板，不知道她究竟是谁。莫不是孙逸仙夫人的女儿？我真没想到，这个纤巧的幻影般的人物那么柔弱羞怯，竟是夫人本人——世界上最富盛名的女革命家。

"你在上海见到我兄弟了。"她犹犹豫豫地说，"跟我说说，他怎么样？"

果真是孙夫人。

我以前曾听到过她的许多事情，但其中大多数都是谎言。美国报纸在这个问题上是胜人一筹的。按照这些报纸的说法，孙夫人是"中国的圣女贞德"；她是中国第一个"娘子军"的领导人。还有人说她曾带过兵打过仗。这种说法甚至在中国，也有某些外国人相信它。这些传闻加在一起，给我造成了一种印象；我会见的是一个庞然大物。可是相反，我面对的却是一个最迷人的温文尔雅的人物。我从来没有像现在这样感到我个头这么大，这么笨手笨脚，这么粗野无礼。

经历了风雨和磨难的宋庆龄，时已成为国民党左派领袖的宋庆龄，依然保持着与生俱来的腼腆、文静的个性，的确使人惊讶不已。

在姐姐霭龄的榜样影响下，宋庆龄也是小小年纪即住校读书。在校期间，宋庆龄和姐姐一样甚至比姐姐更加用功。毕业后，她沿着姐姐霭龄走过的道路，赴美留学。1908 年，庆龄在姨夫温秉忠的护送下，来到梅肯市的威斯里安女子学院，进入该院文学系学习。在这儿,她如饥似渴地博览群书,贪婪地阅读成年人看的小说、传记,以及历史与哲学书籍,这些都远远超出她那个年龄段的普通姑娘的口味。她的勤奋好学和善于思考在当地是出了名的,她的美国同学曾这样评价她的"温柔而好思";"一个有学问、严肃的、有理想的学生";"非常用功,从不漏掉任何一门功课的作业,总看见她在看书"。在老师眼里,她也是三姐妹中最乖巧的学生:沉思、内向,有时她的老师都鼓励她稍稍放纵一下自己。外表文文静静、较少言语的庆龄,在课堂上的表现着实令老师与同学吃惊。在课堂上,庆龄常常会提出这样或那样的问题。讨论课上,她更是积极发言,大胆阐述自己的见解。她语音轻柔、不紧不慢,言语中却透出她颇有见地的思想。在一次历史课上,老师让同学们谈谈"对祖国的情感",庆龄和往常一样,声音柔和,态度温文尔雅,但整篇发言充满激情,大家更看到,在庆龄发言时,她的大眼睛里燃烧着"足够照亮整个大地的火焰"。

当然,在学校,庆龄不止埋头读书,也热心于社会活动。她曾担任校刊《威斯里安》的文学编辑和哈里斯文学社的通信干事。最令她关心的则是中国国内的局势,当同龄女孩还在尽情玩乐时,庆龄已在思索祖国的前途和命运,并将自己的思想整理成文章,发表在校刊或学生文学杂志上。她的处女作题为《留学生在中国之影响》,她在文中指出:"数百年来,中国的政治都是以用人唯亲和尔虞我诈为特征。政府的各种职位,全为御用书生和宫廷亲信所充塞。……他们根本不懂科学管理,甚至连一点希图治国的才能也没有。人民的悲惨状况,频繁的骚动和起义,都是这种选拔'能干官员'的不光彩的方式带来的后果。"对于留学生的作用,她认为:"那过去是现在也是巨大的。他们帮助中国吸食鸦片的人们建立戒烟会。这些人希望永远戒除自己的恶习。在城市,他们组织了基督教青年会,它已成了人们社交集合的活动场所。中国青年不再像过去那样认为变形的脚是漂亮的,或者是要求女人裹脚。现在他们拒绝同裹脚的女子结婚,他们甚至解除童年时代包办的婚姻。这在中国是一件严重的事情。”之后,她又发表了一些文章,如《四小点》、《现代中国妇女》等等。这些文章显示了宋庆龄那强烈的政治意识,和愤世嫉俗、改革中国的愿望。

1911年辛亥革命的爆发,推翻了腐败专制的清王朝,宋耀如立即把这一振奋人心的消息告知远在美国的女儿,并给她寄去了一面第一批制作的共和国五色旗。宋庆龄收到父亲寄来的信和旗帜后,激动不已,一向文静的她第一次表现出少有的兴奋。她跑到校园里,一把扯下清朝的黄龙旗,挂上新的国旗,并振臂高呼:“打倒专制！高举共和旗帜!”之后,她又奋笔疾书,写了一篇热情洋溢的政论性文章《二十世纪最伟大的事件》,发表在校刊《威斯里安》上。文中盛赞辛亥革命“是滑铁卢以后最伟大的事件,是二十世纪最伟大的事件之一。这场革命取得了最辉煌的成就,这意味着四万万人民从君主专制制度的奴役下解放了出来”,认为“革命已给中国带来了自由与平等——每个人的两项不可剥夺的权利”,并指出:“中国成为亚洲的第一个共和国,使世界四分之一的人口摆脱君主制走向共和国的道路,这无疑是世界进步史上的一个碑石!”从这场革命及革命党人对社会各方面所进行的改革,她看到了国家的希望,对革命充满了无限的憧憬,正如她在文中所说:“当前在中国还进行着其他方面的改革,其中包括了社会、教育和工业方面的改组,现在社会秩序已经恢复,下一步要解决的是币制和税收问题。我们知道还有其他一些重要改革已经取得了光辉成果,所以我们坚信中国人能够有效地、明智地处理这些问题,使这个古老的国家完善和繁荣”,她坚信中国“在推动人类事业中不可能不具有影响力”。

该文出自20世纪初一个18岁少女之手,的确是难能可贵的。但就宋庆龄本人来讲,她能写出这样的文章,并不令人奇怪,因为她从小就受到父亲传授的有关民主与革命思想的熏陶,赴美后,她时时刻刻想念着祖国,还请父亲不断地给她寄简报以便随时了解国内的局势。曾有同学问她:“你干吗老是考虑那么多国家的事啊!”宋庆龄作如是回答:“我对我的祖国的将来充满着理想的希望。我不能不想中国。我觉得,如果真的忘记祖国,人生该是多么没有趣啊!”为了更好地报效祖国,她刻苦学习,博览群书。有着如此强烈的爱国热情和责任心的宋庆龄,在祖国发生了历史性的巨变时,她怎能不激动、不有感而发呢?

除了喜欢思考、关心国家大事,写作也是宋庆龄的一大爱好,对此她的老师曾给予极高的评价:“在英文课班上,她写的文章最好。”在威斯里安学院读书期间,宋庆龄曾写了一篇关于她家保姆的小作品,题为《阿妈》,从中我们可以体味到宋庆龄细腻的感情和一颗极富同情心的善良心灵。她在文中写道:“阿妈在我们家已经二十年了。这些年间,她一次也没有回过自己的家,原因何在,只有她自己才晓得。她现在头发白了,肩膀也塌下来了,但乌黑明亮的眼里仍闪耀着青春的光彩。”阿妈“善辩,逻辑井然,所以她承担下来的事往往都办得成。”新年的时候,阿妈“要家里人每人都得有点红色的东西,或是红花一朵,或是红丝带一条,红手帕一方……因为红色象征着喜庆”。

1913 年,宋庆龄以优异的成绩毕业于威斯里安学院,获文学学士学位。5 年的留学生活,使她受益匪浅,并留下了美好的印象,正如她后来所说:“我在美国度过我的青年时代,受过美国伟大的民主传统的熏陶,它已经成为我生活中伟大的力量之一,它的文化成为我所接受的教育的一部分,这对我的祖国,十分需要民主精神的祖国,是非常宝贵的。”

毕业后,归心似箭的宋庆龄怀着一颗赤诚的爱国之心和对革命事业的满腔热情,立即踏上了归国的旅程。旅途中,她给老师也是她的好友霍尔小姐写了一封长信,详尽地描述了她此行的状况与感受,从中我们可以看到宋庆龄的交际处事能力、她的社会地位以及她的生活习惯。在此载录此信的部分内容:

“现在我在太平洋上,过得真痛快。海水清澈,气候宜人。我是 6 月 22 日离开波士顿前往加利福尼亚的。到达以后,我收到父亲来电，要我推迟行期。我及时退掉了船票，但没有来得及将行李取回。我给船上的事务长发了电报，请他把行李卸在檀香山。我在伯克里的两周很愉快，与我家的一个朋友、代理公使的妻子在一起。旧金山的总领事恰好是我姨丈大学里的一个朋友，他们俩给我订了一个有趣的日程。我在那里到处观光，也去舞会和剧场，终于习惯于'生活高贵，思想简单'。我是中国学生招待会上的'主宾'，有一百五十人参加。上船时，我看到我的船舱里摆设着鲜花，到处是报纸、杂志和水果。我真的觉得自己很重要。"

宋庆龄毕业时，正值国内形势发生急剧的变化。1913 年 3 月 20 日，袁世凯派人暗杀了国民党人宋教仁，由此引发了反对袁世凯的"二次革命"，在孙中山的领导下，南京、上海、广东、福建等各省先后宣布独立。在袁军的大举进攻下，此次讨袁之役以失败而告终。孙中山被迫逃亡日本。一直支持孙中山的宋耀如面对国内险恶的形势，举家跟随孙中山避难日本。通知二女儿宋庆龄推迟回国行期，就是因为还未安下身来。在日本横滨安居下来后，宋耀如便立即通知宋庆龄前往横滨相会。8 月 29 日，宋庆龄顺利抵达横滨，大姐宋霭龄、孔祥熙等到码头迎接。

宋庆龄的到来，正好帮了大姐霭龄的忙，接替了她的工作。1912 年，孙中山担任中华民国临时大总统后，急需一位忠实可靠又精通英文的秘书，在父亲的引荐下，宋霭龄担起了此项重任。当宋霭龄准备嫁给孔祥熙，辞去孙中山秘书工作时，宋庆龄正好学成回国，于是大姐把妹妹推荐给了孙中山，为使庆龄能够顺利接替自己的工作，霭龄多次陪同庆龄去拜见孙中山，并带她熟悉工作。结果，庆龄比姐姐更热心于这项工作，在共同的工作中，宋庆龄对孙中山由崇拜转为爱慕，最后义无反顾地决定嫁给这位革命的领袖，她心中的英雄。

日后，宋庆龄又把弟弟宋子文引荐给了孙中山。在宋家，可以说是一个领着一个走上革命的道路，先是父亲将学有所成的大女儿引荐给他的好友、革命领袖孙中山做秘书，以支持孙中山的革命事业，接着是大姐将学成归来的妹妹推荐给孙中山以接替自己的工作，结果妹妹比姐姐干得更出色，也更投入，最后，宋庆龄又将在经济学方面学有专长的弟弟子文推荐给孙中山，以协助整顿革命政府的财政工作。

4. 宋家最小的留学生——宋美龄

宋美龄是宋氏三姐妹中最小的一个，也是最任性、调皮的一个。从小她就得到姐姐们的保护与宠爱，尤其是大姐宋霭龄的关爱。据说年幼的宋美龄和伙伴们玩耍时，因为她年龄最小，那些大孩子总不愿意带着她玩。于是，宋美龄就常常受到大孩子们的捉弄，捉迷藏时，大孩子们有时故意让才刚刚学会数数的美龄闭着眼睛数数，等她好不容易数到一百，睁开眼睛看时，那些孩子早已跑得无影无踪，把她一个人孤零零地留下了。委屈的美龄只有放声大哭，这时，做姐姐的宋霭龄就会过来安慰她，陪她玩。作为大姐的宋霭龄不仅带领弟妹们玩耍，也给他们做出了学习的好榜样。

在姐姐们的榜样影响下，宋美龄也早早地住校读书，进的也是马克谛耶学校，只是后来因受荨麻疹的困扰而改在家里单独请人教她念书。在《宋家王朝》中对幼年时的宋美龄有这样一段描述："美龄则是一家之霸。她长得圆胖，人们都叫她'小灯笼'。她周身浸透着虚荣，她自恃自己有能力而忘乎所以。她孤芳自傲，无人敢理。她那种我行我素的品格与外表的美丽并不相干。她生性超然脱俗，精力旺盛，即使是小姑娘时，她就高傲，威风凛凛。她崇拜勤奋的大姐霭龄，霭龄让她干什么她就干什么。霭龄发号施令，处理家务事的时候，美龄总是一旁细心体察，仿佛在做霭龄的艺徒，准备将来取代姐姐的角色。满 5 岁时，美龄坚持要求随霭龄去中西女塾读书。于是家里给她准备了小旅行箱，让她穿上花袄，在一片叮咛声中，打发她上学去。

然而这个实验没有持续多久……宋查理夫妇终于不得不把她接回家，请私塾先生教育。”宋美龄对自己的儿童时代有这样一段回忆：“在我还是个小女生的时候，我是这样的胖，以至我的一个怪脾气的叔叔给我取个绰号叫‘小灯笼’。在冬天，母亲替我穿上厚棉袄，我整个人就填塞在衣服里。我记得当我三四岁大的时候，每走两三步就会跌倒，因为衣服太厚太笨重，但也是因为胖身材和衣服对我来说，负担太重了，不过我记得没有怎样严重的跌伤吧！我在头上扎了两个小辫子，然后用红线绑起来，卷成一个小圆圈。那个发式在当时非常流行，叫做蟹洞，许多小女生的头发都扎成这个样子。起初，我母亲把我打扮成小女生的样子。但是后来，我稍长大一些，一切行为举止愈来愈像顽皮的小男生，所以母亲就把哥哥的衣服拿来给我穿，但因为哥哥长得太快了，每三四个月就得换新的衣服，所以我从哥哥那儿拿来的衣服穿也穿不完。”

1908年，年仅10岁的美龄吵着嚷着一定要跟二姐庆龄一起赴美求学。自懂事起，宋美龄想要干什么，往往是非干不可，这个特点后来一直保持下来，父母拗不过她，只好同意了。所以在宋氏三姐妹中，宋美龄在美国呆的时间最长，达10年之久，受美国影响也最深。因为岁数太小，成为一名正式的学生还不够格，于是学院为她作了特殊安排，由一个老师单独教授预科课程。后来她到佐治亚州的皮德蒙特念书，在老师的特别辅导下，她的英语水平提高很快，正如她给朋友的一封信中所说：“正是在皮德蒙特，我初步懂得了从语法上分析句子的奥秘。当时，我到美国才两年，英语知识顶多是略知一二。我在词语的表达方面闹了许多小笑话，使语法老师感到为难。为了纠正这些毛病，她让我试着从语法上进行分析。她的努力应该说是有成绩的，因为现在人们说我的英语写得很好。如果是这样的话，那么我倾向于认为，这些学期为了解决不连贯短语和分离不定式而付出的努力，与以后训练自己为了有能力解决复杂的英语语法和修辞而付出的努力，也许两者的效果是一样的。”一年后，宋美龄回到威斯里安学院与二姐庆龄做伴，在该校当了三年“自由旁听”生。在这3年中宋美龄的不少逸事都有文字记载。由于年龄还小，不能参加大学生们的联谊会，宋美龄曾和两个年岁同她相仿的女孩成立了自己的组织，并创办了一份报纸，宋美龄负责文字编辑，从记载中可看出，宋美龄是个早熟并有创造性的女孩，记载中也记录了她爱发脾气的特点，据说她常常喜欢控制那两个女孩，经常与她们发生激烈的争吵。1912年宋美龄正式成了威斯里安学院大学一年级学生。与一同在该校学习的二姐不同，美龄“显得不格外用功。她不靠勤奋，而靠小聪明”。

在威斯里安学院，三姐妹以她们各自的特点而出名，深受学校老师和同学的喜爱，大姐霭龄聪明、泼辣能干，正如她毕业时班上的同学为她所作的大胆预言：“看这头版惊人的新闻！世界前所未有的中国最伟大的改革。领袖的妻子是个真正的靠山和力量，由于她的远见，中国已大步前进。”二姐庆龄文静、智慧、刚毅，小妹美龄顽皮、活泼、年小志大。闻名于世的宋氏三姐妹在威斯里安的求学经历，使该校声誉大增。

一年后，庆龄从威斯里安学院毕业回国，美龄转到马萨诸塞州的威尔斯利学院学习，以便与她的哥哥当时在哈佛大学学习的宋子文靠得近一些。“宋美龄在威尔斯利学院学习了4年，主修英国文学，兼修哲学，选修法语、音乐、天文学、历史学、植物学、英文写作、圣经史和讲演术，还在佛蒙特大学选修过教育学。而且她积极参加了体育活动。在威尔斯利学院，宋美龄获得了优异的成绩。”4年的学习，使宋美龄逐渐走向成熟，她“从一个圆脸蛋的小姑娘出脱为一位优雅的少女”，并大大增长了知识，世界观也得到了确立。对于宋美龄在威尔斯利学院的表现及她的性格，该校在1938年2月的校刊上作了如是报导：“美龄是个出色的学生，主修英国文学，副修哲学。据说她最喜爱的是亚瑟王罗曼史中的那些强烈的冲突与矛盾。法文与音乐（包括乐理、小提琴、钢琴）则四年毫无间断，其他修习的科目还包括天文、历史、植物、英文写作、圣经历史和辩论术等。1916年的夏天,她还在佛蒙特大学拿了一个教育的学分。在威尔斯利学院的最后一年,她还得到该校最高荣誉'杜兰学者'头衔。她的运动量不多,不过蛮喜欢游泳和网球。她的英文说、写流利,是道地的美国南方风格。……她的同学们多认为她是个时而快活爽朗时而严肃忧郁的人,情绪的变化很大。不过,倒是个彻底的个人主义者。"与宋美龄比较接近的安妮·杜尔教授回忆宋美龄时,这样评价道:"她是个追求真理锲而不舍的人","她的热力、纯真令人留下深刻的印象","她的社交能力很好,也很受大家的欢迎,但是她总是和我们保持一点距离,在这个距离之外,她来观察、质问、批评和喜爱,似乎她总自觉是个外国人"。

1917 年夏,宋美龄结束了在美国的 10 年留学生涯,学成归国。在美国的 10 年,是宋美龄一生中最易受外界影响,也最易被塑造、定型的年龄段。10 年的学习和生活,对宋美龄的一生有着较大的影响。首先是她的英语水平有了极大的提高,不仅能讲一口流利的带标准南方口音的英语,而且比她的两个姐姐更熟悉美国的习惯和方言。1942 年,宋美龄访问美国时,曾在美国众议院、参议院、纽约市政厅、纽约麦迪逊广场、威尔斯利大学、芝加哥运动场、旧金山市市政厅和洛杉矶好莱坞等处发表了多次正式讲演,她那拿腔拿调的悦耳动听的话语,不仅扫除了她对外演说的障碍,甚至增强了对听众的吸引力。其次,因为她的聪明好学,掌握了丰富的知识,对中西方文化有了更深的了解,演讲、交际等各种能力也有了很大的提高,这为她日后的外交活动提供了极大的便利,她的演讲所以能打动人心,当然主要是因为中国抗日战争的正义性赢得了全世界爱好和平人民的同情与支持,同时与宋美龄广博的知识、生动的演讲有着密不可分的关系。第三,在生活上和观念上宋美龄比她的两个姐姐更加西化,用她自己的话说,是"除了面孔以外,已全盘美国化"了,从小任性的她在行为上也较她的两个姐姐少受约束,因为年龄小,她总是由老师个别辅导,学校的纪律和卫理公会的各种清规戒律对她的约束较少,而"那种崇美、亲美、恐美的思想,也是在这个时候，在她的心灵深处种下了种子”。

初回国时，宋美龄的确感到有些陌生，也有些不习惯，不仅是中国国内政局已发生了翻天覆地的变化，她走时还是清王朝，回来已是中华民国了。最主要的还是她自己的变化，由走时一个稚气未脱的小女孩而成长为一个优雅、成熟的少女，一个一口洋文、身着洋装的摩登少女，虽然她也想像两个姐姐一样立即投入工作，正如她自己所说：“余系幼年来美十载后，毕业大学，始返祖国。时余正年富力强，切盼对国家有所贡献。不意余父母坚持余既离国甚久，应先研究中国历史与文学，谓若不更进一步，通晓中国之历史文化，将不能明了中国各问题之错综复杂，且不论余愿致力于任何事业，或盼作任何贡献，势将因不能认识中国社会之基本组织与需要，此致徒劳无功。”她的父亲认为她首先应学讲中国话、穿中国衣、做中国人，就像她的两个姐姐那样，在美国，她的适应性比姐姐们强，也更加西化，而重新学做中国人，她的适应难度就比姐姐们大了，特别是在中文方面，说、写和理解汉语的能力都有待提高，为此，父亲请了一位儒学根底很深的老先生，每天教授美龄研读古典作品。“美龄的老师是位老学究，在他的影响下，美龄学习中国古典文学时总是一边反复吟诵，一边有节奏地摇晃着身体，就像孩子在学校里念书一样（绝大多数的归国留学生都对中国文学持不屑一顾的态度）。美龄每天都跟她的老师学习，坚持了许多年。”宋美龄很快能以一口流利的汉语发表演说，其中文功底也有了很大的提高。

在补习中文的同时，生性活泼、精力旺盛的宋美龄也参加了一些社会活动。她“加入了基督教女青年会，协助该会从事社会工作，同时她还是全国电影审查委员会的一名成员。上海市参议会也一反先例，聘请她参加童工委员会。”当时，“上海的好几所学校曾请美龄前去任教，因为人们很想从这位美国大学生的身上学到点什么。”宋美龄“对那种简单易行而又行之有效的集中训练法很感兴趣，这种方法正在那些来自城乡，学好之后再回去教书的女学生身上得以应用。”她“总是亲自安排课程，并且尽量自己授课和演讲。显然她很有教学方面的天资;她口齿清晰,总是根据学生的接受能力因材施教,而且很有耐心。”

喜欢热闹、也爱抛头露面的美龄在社交方面更是不甘寂寞。“上海对于宋家及其朋友这样富有的中国家庭来说,是一个令人愉快的地方。他们为上海西方式的奢华侈糜增添了中国式的舒适自得。欧洲战争结束后,上海的商业出现了一派繁荣景象。宋家的亲朋好友都像宋家一样拥有私人汽车。在挥霍无度的社交聚会上他们纵情欢乐。当他们为某位家庭成员庆祝生日时,总是要举行为期几天的盛大宴会”。凡有这类活动,宋美龄必到场出席,并担任重要角色。“宋家与外国人的友好关系也是引人注目的。从海外回来的中国人往往不再与外国人接触,但是美龄回国后仍然与美国人保持往来”。“宋美龄回国的第二年春天,宋耀如的美国朋友卡尔访问上海,宋美龄帮助父亲热情地接待了这位美国朋友,还陪其赴宴,与孙中山晤谈。”

1918 年,父亲宋耀如因病去世。这时两个姐姐均已出嫁,美龄责无旁贷地负起了协助母亲持家的责任。不过,受过高等教育的美龄是不甘心被家庭锁住的,尤其在二姐庆龄的影响下,她更渴望走出深闺,为社会服务。

5. 继承父业的长子宋子文

宋子文是宋氏家族的长公子,生于 1894 年 12 月。据外国专家评论,在宋氏兄弟姐妹中,宋子文是受过宋耀如特殊熏陶的唯一男孩,不但能吃苦耐劳、专心致志、坚忍不拔、富有进取精神,而且性情活泼,不乏幽默诙谐。严格的家教,培养了宋子文诸种良好的品性,这在他日后所从事的经济、外交等活动中皆有所表现。这些品性也是宋子文一度成为民国时期权倾一时之风云人物的某种不可或缺的条件。

宋子文早年就读于上海圣约翰大学,他在该校度过了从少年班到大学班的学习生涯。圣约翰大学是美国基督教在旧中国开办的大学,其前身是 1879 年创立的圣约翰书院。1890 年开始设大学课程。1905 年在美国哥伦比亚区以圣约翰大学的名义注册立案。宋子文在校时学习非常认真,或许承继了母亲的特长,在各科中,他的数学成绩特别好,他更有一套令人难以置信的记忆数字的巧妙本领。在宋子文的前后校友中,出了不少民国政界、外交界、金融界、实业界的知名人士,如颜惠庆、顾维钧、王正廷、施肇基、俞鸿钧、严家淦、陈光甫、刘鸿生等。该校为中国培养了不少人才,宋子文也一直深以该校的毕业生为荣。在宋氏 6 个姊妹兄弟中,只有宋子文在中国念完大学而后出国深造,也是宋子文的学历最高。

1912 年元旦,孙中山在南京宣誓就职,庄严宣告中华民国成立。时年 18 岁的宋子文和他的家人一起参加了临时大总统孙中山的就职典礼。同年,宋子文从圣约翰大学毕业,前往美国留学。在父亲宋耀如的心目中,他是作为自己商业事业的接班人来培养的,宋子文本人也的确擅长于经济,于是他选择了哈佛大学的经济学专业,在那儿攻读硕士学位。和他的姐妹们一样,除了学习,宋子文也参加社交活动。在哈佛期间,正值第一次世界大战爆发。宋子文当时的兴趣和志向虽在经济而不在政治方面,但心中涌动的那股爱国热情,使他同其他留学学生一样,一度十分关心这场战争与中国的关系。他曾在《留美学生月刊》(The Chinese Students Monthly)上发表文章《欧洲战争和中国的对外关系》。当时的宋子文根本不会想到,在 20 多年后的第二次世界大战中,他会以中国外交部长的身份驻在美国,折冲于各大国之间。

在哈佛大学求学期间,宋子文还成了妹妹宋美龄的保护神和监护人。在美国,兄妹俩的关系很密切,宋子文经常去看望他的妹妹。作为兄长,他说话总希望妹妹照办。宋美龄则很听身边这位唯一的亲人兄长的话,与人交谈“经常提到子文”。据威尔斯利学院一位与宋美龄较熟的老师说:“美龄是个家族观念相当重的人,总是为家族感到骄傲。只要无关大局,她总能顺从家族的意志。”兄妹二人回国后，这种深切的兄妹之情便渐渐淡化了。尤其当宋美龄成为蒋夫人，宋子文成为南京国民政府之一员后，兄妹之间就不仅仅是手足关系，更多的是政治利害关系了。

1915年宋子文以优良成绩毕业于哈佛大学，获经济学硕士学位。这时，他没有急着回国，而是前往纽约，一边实践，一边继续深造。他在纽约的国际银行当了一名职员，其主要工作是协助办理向中国汇款事项。通过这项工作，宋子文看到了海外华侨是如何小心谨慎地向国内家属汇款和投资企业，这为他了解国际金融业务、了解海外华侨的理财之道，提供了十分难得的见习机会。晚上，宋子文到哥伦比亚大学听课，仍主修经济，攻读经济学博士学位。边学边实践，使宋子文既增长了理论知识，又积累了一定的实践经验。1917年，宋子文毕业回国。

5年的留学生涯，对宋子文日后的事业与生活均产生了较大的影响。首先，他的英语水平得到了进一步的提高，他那流利、扎实的英语是他日后以非外交界人士而执掌中国外交大权达5年之久的一个有利条件。其次，5年的求学，使他系统学习了西方的经济理论，并养成了照规章制度行事的习惯。将西方的经济学理论在中国付诸实施，这是宋子文在旧中国一直追求并努力推行的目标，也是他步入政坛、进而跃升为国民政府之要员的一个有利因素。当然，他的飞黄腾达与他曾是两朝“国舅”有着密切的关系。照章办事的习惯，是任何从事经济工作者所不可或缺的，但在宋子文的政治生涯中，这一习惯却成了他常与蒋介石发生矛盾冲突，以致政治生涯曲折起伏的一个不利因素。第三，在5年的留美生活中，宋子文结交了不少美国朋友。他那活泼的性格及老天赋予的幽默感，使他较容易与别人相处。作为哈佛大学与哥伦比亚大学的毕业生，宋子文深以为荣，这也大大提高了他在别人眼中的地位，因为哈佛大学、哥伦比亚大学是美国创立较早、影响极大的两所大学，许多美国伟人、名人、政界要人皆出自哈佛或哥伦比亚大学。通过朋友的关系或以校友的名义，广泛结交能直接或间接影响美国政府中的决策人士，这是宋子文在外交部长任内开展工作所常用的一种手腕。第四，多年的西方文化的熏陶，使宋子文养成了独立、率直、开明、务实的个性。这种个性，使他没有成为那种人云亦云、唯唯诺诺的宵小之徒，在旧中国的政治舞台上，他一度有所作为，并起过积极的作用。但他的独立与率直，为喜好独裁的蒋介石所不容，于是有了他政治命运的起伏跌荡。第五，在美国5年的学习与生活，使宋子文对东西文化有了更深刻的认识，对近代西方文明有了更多的了解。回国步入政坛后，他努力将他的思想认识付诸实践。他曾强烈要求革除积弊，改革中国的政治、经济体制，并为废除外国在华特权、确立中国在国际社会中的平等地位而努力。这些无疑是他政治生涯中值得肯定的部分。不过，他心灵深处的那种崇美、亲美、恐美的思想，也是在留美期间种下的。

1917年，宋子文学成归国后，经其父宋耀如介绍，应聘到汉冶萍公司上海办事处任秘书。后因恋爱受挫，离开汉冶萍，到联华商业银行供职。以后，他又相继到大洲实业公司、神州信托公司等处任职。这期间，他虽无大的发展，却多少有了一些了解中国经济情况及从事经济活动的直接体验，这对离国多年的宋子文来说，是很有帮助和启发的。多年的实践，使宋子文有了重新适应阔别多年的环境、进一步了解国情的机会，这为他以后的发展奠定了必要的基础。

回国后的最初几年内，除了从事经济活动，宋子文也参加了一些社会活动，主要是一些团体性的活动。他加入了由顾维钧发起组织的中国留美大学毕业生组织——兰集兄弟会（Flit Flat Fraternity）。每月参加交谊会1次，每年参加例会4次。这不是一个普通的留学生组织，该会“入会资格极严，凡留美大学，得有学位，品行端正，而能交际，经会员介绍，方得为该会会员”。宋子文是20年代初兰集兄弟会在上海的30余名会员之一，他与该会的发起人顾维钧关系颇佳。顾维钧是一位职业外交家，在日后宋子文出任外交部长期间，顾维钧常提供建议给宋子文，宋子文信任他，并很愿意与他共同分析时局，商讨对策。

此外，宋子文还不时参加圣约翰大学校友会的活动。宋子文一直以圣约翰大学的毕业生为荣，对母校感情甚笃。出任南京国民政府财政部长后，他曾在该校校刊《圣约翰的回声》上发表文章，作为当时中国之经济首长，宋子文无疑为母校增了光。宋子文还曾多方努力，使盛宣怀生前藏书66000多册捐赠给圣约翰大学的图书馆。

宋子文在旧中国历史舞台上开始崭露头角，是在1923年南下广州，追随孙中山之后。

第三章 三姐妹的『世纪婚姻』与『两朝国舅』

宋霭龄在即将成为孔夫人之前，把妹妹庆龄介绍给孙中山做秘书。而宋庆龄无疑“是宋家最重要的人物，因为如果她不和革命之父结婚，宋家其他的人不会和政治发生这样密切的关系。”宋美龄与蒋介石结合后，蒋、宋、孔结为一体。三姐妹的婚姻，为宋氏家族的“飞黄腾达”提供了契机，也使宋子文成了“两朝国舅”。

1. 幕后施政的宋霭龄

宋氏三姐妹的婚姻,为三姐妹以“三才女”闻名中外创造了条件,也为宋氏家族的“飞黄腾达”提供了契机,宋家被人称为“最会政治联姻的家族”。

在一个以男性为中心的社会里,男人的地位与权势将给他们的妻子提供施展才华的空间与机会;民国建立后中国社会风气的改变,则为女性的参政议政打开了方便之门。在这样的背景下,以优异的成绩毕业于美国高等学府的宋氏三姐妹,凭着她们的才华,在中国的政治舞台上有了突出而不同的表现;而她们的才能及所处的地位,又为宋家三兄弟的发展提供了机遇和政治上的保障。

宋霭龄与孔祥熙的联姻,是宋氏三姐妹中最缺少新闻、最没有轰动效应的一桩婚姻,但是对他们的父母来说,则是最感欣慰、也最满意的一桩婚姻。

宋霭龄与孔祥熙相识于美国纽约,那是在一次晚会上,当时的孔祥熙正在耶鲁大学攻读研究生,二人彼此均未留下深刻的印象。数年之后,他们在日本再度相遇。当时,孙中山经历了“二次革命”的失败后亡命日本,作为孙中山英文秘书的宋霭龄随同前往。不久,宋耀如携全家逃到日本。这时,有一个年轻人也急匆匆地从上海东渡日本,开始了流亡的生活,此人正是孔祥熙。孔祥熙出生于1880年9月,山西太古县城西郊程家庄的一户姓孔的家庭。他在10岁那年因病被送入基督教会开设的仁术医院医治,从此孔祥熙与教会结下了不解之缘。未等病体痊愈,孔祥熙几乎已成了一名虔诚的小基督徒。不久,孔祥熙入教会“华美公学”读书，毕业后经华美公学教师、传教士魏渌义介绍，到直隶（河北）通州的美国教会学校——“潞河学院”继续求学。期间，有两件事对他的未来产生了决定性的影响。一是当时的孔祥熙已对孙中山领导的资产阶级民主革命运动心所向往，曾于1899年与同学们一起仿照孙中山的“兴中会”，筹组了“文友社”；二是在1900年发生的“山西教案”中，孔多次用重金贿赂买通看守，看望被拘押的传教士，并帮助其中的3名女教士越狱逃跑。鉴于孔祥熙在“山西教案”中对教会表现出的忠诚与贡献，1901年孔从潞河学院毕业后，即由一名教士提名，由校务委员会决定，全额资送孔祥熙赴美国欧柏林大学留学。1905年毕业后，孔祥熙接着进入耶鲁大学研究生院继续深造。期间，他曾专程去拜见当时正在美国的孙中山，当面聆听教诲。1907年，孔祥熙毕业回到家乡，从此他以山西为活动基地，经商、办教育，很快就小有成就。同时，孔祥熙也参加资产阶级革命活动，并保持与教会及外国势力的联系。

1908年，孔祥熙娶了结发妻子韩玉梅，二人十分恩爱。4年后，韩玉梅不幸病逝。1913年，孙中山在南方发动反对袁世凯的“二次革命”。孙致信孔祥熙，望其赴沪参加革命。然而，未等孔抵达上海，“二次革命”已经失败。孔祥熙于是追随孙中山逃到日本，并出任中华留日基督教青年会总干事。在孔祥熙的主持下，青年会出现了勃勃生机。在旅日的华人基督徒中，孔祥熙一时成了新闻人物，并引起了宋耀如的注意，他决定亲自上门去结识这位受人称赞的年轻人。孔祥熙与宋耀如有着许多相似的经历，皆留学美国，就读过教会学校，是虔诚的基督徒，回国后既经商又秘密参加孙中山领导的资产阶级革命运动，如此多的共同话题使二人一见面即有相见恨晚之感，他们的交谈非常投缘，转眼几个小时就过去了，他们却意犹未尽，宋耀如当即邀请孔祥熙到家作客。孔祥熙如约来到宋耀如在东京的住宅，意外地见到了在美国纽约曾有一面之缘的宋大小姐霭龄。异地重逢，加以父亲的引荐，两位年轻人都有一种欣喜而亲切的感觉，话茬一打开，便天南地北、无拘无束。宗教信仰、价值观念、生活习惯、学识学历等诸多方面的相似，使他们感到彼此是那么的合适，性格上的互补更使他们感到有一种不可或缺的吸引力。很快，他们就由花前月下的谈情说爱走向了婚姻的殿堂。1914 年春天，孔祥熙与宋霭龄在宋耀如的新居所在地横滨举行了婚礼。他们先在教堂举行婚礼仪式，然后出席宋家举办的结婚宴席，最后新婚夫妇乘车去外地度蜜月。

大胆泼辣、能干而世故的宋霭龄深深懂得在一个男人的世界里，女性所处的地位与作用，以及社会对妻子这一角色的期待心理。成为孔夫人后，宋霭龄立即收敛锋芒，低调活动，以一个“贤内助”的身份，协助孔祥熙从事各项活动，并精心打造孔祥熙，使其尽快出人头地。宋霭龄在美国的同学曾为她预言：“领袖的妻子是个真正的靠山和力量，由于她的远见，中国正大步前进。”虽然她的丈夫不是领袖，但她是其丈夫名副其实的“真正的靠山和力量”，由于她的远见，她的丈夫平步青云。

婚后，宋霭龄设计的第一项活动是跟随夫君回山西太古老家省亲。1915 年秋天，宋霭龄第一次以孔家媳妇的身份随丈夫回故里省亲。表面上他们是夫唱妇随，回乡尽孝，实际上是负有孙中山托付的秘密使命，到中国北方去开展革命活动，这还只是孔氏夫妇回乡的一层用意，宋霭龄设计此举的另一深层的用意是让孔祥熙暂时离开被一大批广东籍革命元勋围绕着的孙中山，到革命党人力量薄弱的北方另辟自己的发展天地，积累政治资本。回到山西太古后，在宋霭龄的策划与支持下，孔祥熙凭借他原有的实力，放手开展活动。他们的首要活动就是整顿和扩建孔祥熙原先创办的铭贤学校。该校创办于 1907 年，由美国教会出资，原先规模很小，只有小学。办学可谓有百利而无一害的事情，一则可以培养儿童，报效故乡；二则可以发现并笼络人才，培植自己的班底；三则可以扩大影响，提高声望。况且该校又是美国人掏钱，花别人的钱，培养自己的学生，既有名又有利，何乐而不为？孔氏夫妇在回国前就已决定要扩大铭贤学校的规模，以此作为孔祥熙活动的基地。为此他们在东京为学校采购了一大批教学器材与图书资料等,为将学校升格为大学预科做了种种准备。回国后,他们在教学方针和教学内容方面作了大幅度的改革,提出"造就德、智、体三育兼全人才",先后设置了数学、矿物、生物、国文、史地、音乐、体育、经史、英语等课程。为弥补师资之不足,宋霭龄甚至亲自登台授课,主讲铭贤学校大学预科的英语课。办学中,深受西方文化影响的宋霭龄又主动放下架子,走到学生中去,有时还邀请部分师生到家中共进便餐。这一新派作风,使孔氏夫妇很快赢得了学生们的爱戴,该校的许多学生日后成为孔祥熙发迹后的重要班底。在宋霭龄的全力策划下,铭贤学校的规模逐渐扩大,影响也随之增大,及至后来发展成为一所知名的学府。

在精心打造孔祥熙的同时,孔氏夫妇也无时无刻在关注着国内政治局势发展的动向。1916 年初,袁世凯在北京称帝,这一倒行逆施的行为立即遭到了全国人民和革命党人的强烈反对。隐居晋中的孔祥熙在夫人的点拨下,在报上公开发表了一篇题为《上袁世凯书》的讨袁檄文,文中大骂袁世凯复辟帝制的行为,及他与日本签订的《二十一条》。该文经由孔氏夫妇共同创作,反复润色,以孔祥熙一人署名。整篇文章篇幅不长,却词锋犀利,气势不凡,很快受到世人的瞩目,并得到革命党人的好评。孔祥熙成了北方反对袁世凯的重要人物,这为他日后的发迹提供了又一"革命"的资本。

在太古期间,宋霭龄的成就可谓斐然。她一方面帮助孔祥熙树立了良好的政治形象,积累了一定的政治资本,一方面生儿育女,忙得不亦乐乎。1915 年 9 月生长女孔令仪,1916 年 12 月生长子孔令侃,1919 年生次女孔令伟,1921 年生次子孔令杰。在宋氏三姐妹中,只有宋霭龄在生儿育女方面硕果累累,而且是一花独放。这些子女与小姨宋美龄有着尤为亲密的关系。在旧中国的特殊背景下,孔氏夫妇的四个子女成了现代的"高衙内"。宋霭龄虽较少抛头露面,但孔祥熙的发迹、孔氏家族的发财，无不浸透着她的"智慧"。

宋霭龄不愧是宋家的"领头羊"，她不仅在求学的道路上为弟妹们作出了表率，她的婚姻也直接或间接影响了两个妹妹。可以说，正是孔宋联姻，为孙宋联姻提供了机会，而宋霭龄的"远见"更促成了蒋宋联姻。

成为孔夫人后的宋霭龄，在幕后的施政，一方面拉近了蒋、宋、孔三家的关系；另一方面又激化了孔祥熙与宋子文的矛盾，进而导致姐弟关系的恶化。

2. 嫁给"革命之父"的宋庆龄

1914 年，正当孙中山的革命事业陷于逆境，不少革命党人意志消沉以至离开革命之时，宋庆龄来到了孙中山的身边，接替姐姐（霭龄因即将成为孔夫人，特介绍妹妹庆龄接替自己的工作）担任了孙中山的英文秘书，实现了她青年时代梦想追随孙中山投身革命的愿望。在担任孙中山的秘书期间，孙中山的伟大理想和坚强斗志直接鼓舞了宋庆龄，她对孙中山的感情由仰慕渐渐转化为爱慕；宋庆龄的才智与干练，她对革命的热情与信念，给了孙中山以巨大的帮助和支持，她的温柔体贴，更抚平了他心灵的创伤和流亡海外的孤寂。

1914 年秋末冬初，倪桂珍因身体欠佳，需要回国"看中医，吃中药"。11 月，宋庆龄陪伴父母回到上海，宋耀如在法租界霞飞路购买了一幢花园楼房居住下来。临行前，宋庆龄对孙中山说：在我离开以后，你可以把来往的信札以及有关工作和建议，都记录下来，我回来以后再进行处理，这样，可以省去你许多时间。随后，宋霭龄随其丈夫回山西太古省亲。宋庆龄往来于上海和日本之间，从事革命党人之间的联络工作。在一年的共事中，宋庆龄与孙中山的感情与日俱增。终于有一天，宋庆龄坦率地向孙中山表露了她的心声：

"孙先生我已仔细地想了很久，我觉得没有别的比为你和为革命服务能使我更加快乐……我能帮助你做那种我已着手做过的工作,我能关心你,我喜欢这样从事于革命。”

“经过慎重的考虑,我深知除了为你、为革命服务,没有任何比这更愉快的事。我愿意这样献身于革命。我们结合在一起吧,永远帮助你做革命工作!”

考虑到自己的年龄,孙中山有些迟疑。他劝宋庆龄先听听父母的意见,征得父母的同意。

1915 年 6 月,宋庆龄由东京回到上海。她勉强克服了惧怕和疑虑,清楚地告诉父母她要与孙中山结婚。她的声音一如往昔,是那么的轻柔,但言语中透露出了她的坚毅。她的这一决定带给她父母的震动是巨大的。不同意的理由有很多:年龄上的差距,在父辈子辈关系上的尴尬,孙中山又是个已有家室的基督教的信徒,而且宋耀如夫妇与孙夫人卢慕贞及其子女关系良好,这种种的因素,使作为虔诚的基督徒的宋耀如夫妇断难接受这桩婚姻。为了打消女儿的这个念头,阻止这段姻缘,他们赶紧给女儿介绍了一个门当户对的对象。在家庭及外界的强大压力下,宋庆龄外柔内刚、坚强不屈的性格第一次得到淋漓尽致的展现。公正地说,作为父母,他们不想女儿招人非议,这在情理之中。而且,宋耀如夫妇也不是顽泯不化之人,他们虽然反对宋庆龄远赴日本,与孙中山结合,但没有强行限制宋庆龄的行动。于是,在 10 月的一天清晨 6 时,趁父母还未起床,宋庆龄在一位同志即孙中山的广东香山同乡、时在上海的朱卓文和他的女儿慕非雅的陪同下,乘船前往日本。此前,孙中山与夫人卢慕贞已办理了离婚手续,卢氏在离婚书上用大拇指沾红墨水按了指印。朱卓文给宋庆龄看了他们的离婚协议书,并说他是离婚协议书的证人之一。

10 月 24 日,宋庆龄一行从上海经神户乘火车抵达东京,孙中山早早地在车站等候。这一对志趣相投而承担了巨大压力的恋人终于冲破了重重障碍而高兴地见面了。当晚,孙中山安排宋庆龄和慕非雅在日本友人头山满的寓所住了一夜。翌日上午，孙中山和宋庆龄在日本著名律师和田瑞的主持下，签订了《结婚誓约书》，全文如下：

此次孙文与宋庆琳之间缔结婚约，并订立以下誓约：

一、尽速办理符合中国法律的正式婚姻手续。

二、将来永远保持夫妻关系，共同努力增进相互间之幸福。

三、万一发生违反本誓约之行为，即使受到法律上社会上的任何制裁，亦不得有任何异议；而且为了保持各自的名声，即使任何一方之亲属采取何等措施，亦不得有任何怨言。

上述诸条约，均系在见证人和田瑞面前各自的誓言。誓约之履行亦和田瑞从中之协助督促。

本誓约书制成三份：誓约者各持一份，另一份存见于见证人手中。

誓约人孙　文（章）
立约人宋庆琳
见证人和田瑞（章）
1915年10月26日[①]

当日，和田瑞受孙中山和宋庆龄的委托，到东京市政厅给他们办理了结婚登记。他们的婚礼办得非常简单，只在孙的好友、日本著名实业家梅屋庄吉家招待了一些好友。正像宋庆龄给美国同学安妮·安德逊的信中所说，我们的婚礼“是尽可能的简单，因为我俩都不喜欢繁文缛节或类似的东西”。

宋耀如夫妇虽不赞成宋庆龄的婚姻，但事后还是送给女儿许多结婚礼物，那套精工刺绣的嫁衣，宋庆龄一直作为珍贵礼物

---

① 《誓约书》原件藏中国革命历史博物馆。誓约上用“琳”字，据宋庆龄后来的说明，是因为“琳”与“龄”谐音，又易写。当时宋庆龄未带私章到东京，故没有盖章。结婚日期应为10月25日，因日本风俗以双日为吉日良辰，依见证人和田瑞的意见，改写26日。

藏在身边[①]。关于宋耀如夫妇阻止女儿庆龄嫁给孙中山之事，言人人殊。宋庆龄在1980年9月17日写给亲密朋友爱泼斯坦的信中，详细谈了当时的情况。信中说：

传教士往往保守，不求进步。在那些年里在中国的传教士强烈地反对我同一个离过婚的男人结婚。他们去找我的父母（他们是虔诚的卫理公会教徒），说明他们的看法并试图劝说他们把我从日本追回来。我在离开上海去日本时，留了一封信，告诉我的父母，我决心已下，我要帮助孙逸仙并同他结婚，因为他在三月份已同他的原来的妻子离异。她是专门从她独自生活的澳门前来的。事实上她非常害怕革命，曾请求他不要再继续从事革命事业了，因为满洲人会杀他们所有的亲属！因此，在孙最后一次流亡日本时，她没有跟他在一起。但在一九一五年三月，她同朱卓文一同到东京来。朱是孙的同乡，一位受信任的革命者，经常在海外陪同孙。她在东京见到了孙，很干脆地同意离婚。她甚至于不愿意写她的名字（！），所以在离婚书上用红印泥按了指印。这个协议离婚书印了好几百份，分发给他们的亲友。他的儿子孙科当时在美国加州伯克莱念书，他也给他寄了一份，还附了一封信，告诉他关于我们结婚的事。我听说孙科一直保留着这封信，他的孩子们也都知道并承认这一事实。

但我们的政敌却同那些传教士站在一起，责备我们在孙中山还有妻室的时候就结了婚。

我的父母还有其他的理由不赞成我同一个比我大二十六岁的男人结婚。因此，在看了我留下的告别信之后，就搭下一班航轮赶到日本来，试图劝说我离开我的丈夫，跟他们回去。我母亲哭着，身患肝病的父亲劝说着……他甚至跑去请日本政府为他们

---

① 1951年，宋庆龄为营救被反共的“麦卡锡法案”陷害入狱的美籍日本友人有吉幸治等人，把这套嫁衣送给有吉幸治的家属，以便变卖筹款，营救亲人。但有吉幸治的家属不忍变卖这套精美的富有历史意义的嫁衣。在珍藏30年后，于1981年宋庆龄逝世时将嫁衣送回中国。

做主,说我还未成年,是被迫成亲的!当然,日本政府不能干预。

尽管我非常可怜我的父母——我也伤心地哭了——我拒绝离开我的丈夫。

从小宋庆龄就把孙中山看成是一个英雄,美人嫁英雄似乎是一出浪漫的爱情故事。然而,在民智尚未开启的民国初年,宋庆龄能毅然抛弃优越舒适的家庭生活,敢于冲破世俗偏见,与正在流亡的孙中山结合,其中的困难与压力是巨大的。这种压力不仅来自社会舆论,也来自于家庭。家中不仅父母坚决反对,姐姐霭龄也不赞成,远在美国的弟弟宋子文和妹妹宋美龄对此表示震惊。而宋庆龄义无反顾,毅然决然地嫁给了孙中山,她的这一举动第一次充分展示了她的思想与个性。宋子文对二姐是了解的,在得知姐姐已与孙中山结合的消息后,宋子文对妹妹美龄说:这事,是不可挽回了,二姐"是谁也挡不住的一种女性,只要是想定的事情,连她自己也挡不住自己的"。

婚后的宋庆龄感到无比的幸福,她在给好友亚历山德拉·曼·斯利普(Alexandra Mann Sleep)(妮称阿莉,Allie)的信中兴奋地袒露了她的心声:"当你在蒙特里特(北卡罗来纳)见到我时,你不会想到有一天我会变成一个热情的小革命者。你想到了吗?我的丈夫在各方面都很渊博,每当他的脑子暂时从工作中摆脱出来的时候,我从他那里学到很多学问。我们更像老师和学生。我对他的感情就像一个忠实的学生。""像以往一样,我是他忠实的崇拜者。"信中,宋庆龄还谈了她对幸福的理解:"我对你最佳的祝愿,亲爱的阿莉,就是你能很快发现自己的理想得以作为人类的理想而实现,随之幸福必将到来。……当幸福包含在使所有在你周围的人都能愉快地生活的共同愿望中,这就足够了。"

孙中山有了宋庆龄做他的伴侣兼助手后,同样感到非常幸福,孙中山在给恩师康德黎的信中写到:"我的妻子是在美国大学受过教育的女性。她不仅是最得力的助手,也是我的朋友,她的到来开始了我的新生活。我很高兴地改变了我以前那种令人乏味的生活。"

孙宋二人为彼此拥有而感到幸福,但在外人眼里,这桩婚姻是非常的不合适,不仅宋庆龄父母反对,国民党党内同志也极力反对。据孙中山的侍卫武官郑卓回忆:"先生与宋庆龄结婚,当时在党内是有人反对的。胡汉民等人便反对,并且叫我帮他们递了一封信给先生。当时先生问我,阿卓,婚姻之事是公事还是私事呢?我答,当然是私事。先生说,你还懂得,但他们都不懂。而事实上,后来我们都看到,孙中山的抉择是对的,婚事是对的。孙夫人对先生帮助很大,孙中山很需要宋庆龄。"

成为孙夫人的宋庆龄仍然继续秘书工作,不仅为孙中山答复书信,负责所有的电报并将它们译成中文,还在写作方面帮他很多忙,协助孙中山起草文件。后来她还参加了孙中山的一些重要会议。

1915 年 12 月 12 日,袁世凯悍然下令称帝。1916 年元旦,袁世凯宣布登基,改元为"洪宪"元年。根据孙中山的指示,革命党人领导发动了护国运动,各省纷纷宣布独立,迫使袁世凯于 3 月 22 日申令撤消帝制,翌日下令废止洪宪年号。为了亲自策划反对袁世凯的斗争,孙中山于 4 月间自日本秘密返回上海。宋庆龄随后于 5 月 19 日抵达上海,孙中山亲赴码头接回了夫人。宋庆龄回国后,旋即投入革命,协助孙中山起草了《第二次讨袁宣言》。这篇宣言,从辛亥革命建立共和讲起,历数袁世凯的窃国行径,细述中华革命党的反袁斗争及其意义。文中指出:"文持三民主义二十有余年,先后与国人号呼奔走,期以达厥志。辛亥武昌首义,举国应之,五族共和,遂深注于四亿同胞之心目。"反袁斗争,"不徒以去袁为毕事","袁氏破坏民国,自破坏约法始。义军维持民国,固自当维护约法始。是非逆顺,区以别矣。"所以,"除以武力取彼凶残外,凡百可本之约法以为解决"。宣言最后表示:"袁氏未去,当与国民共任讨贼之事;袁氏既去,当与国民共荷监督之责,决不肯使谋危国民者复于国内。

唯父老昆弟察之。”宣言的发表,在社会上引起了很大的震动。随后,宋庆龄随同孙中山往来于上海、广州之间进行护法斗争。

在跟随孙中山从事革命活动的10年中,宋庆龄很少发表个人公开的宣言或声明,只在给友人的信中谈她对时局的看法或认识。1917年4月,宋庆龄在给友人梅屋庄吉的回信中,对当时国际国内的一些重大政治问题表示了如下看法:“至于我国的政治形势,你是知道的,有很多自私的和有野心的人企图竭力将中国投入欧战,这一步骤对我们来说无所谓得失可言。”在此,她将“自私的和有野心的人”同企图“竭力将中国投入欧战”联系在一起,可见她对中国是否参战问题的透彻认识。对于国内有“许多人为了微不足道的一点钱却情愿牺牲国家的生命”,她感到非常的遗憾。

在与孙中山共同奋斗的历程中,宋庆龄对于革命的贡献、对于孙中山的帮助是巨大的。宋庆龄与孙中山结合后,始终伴随其侧,一起工作,宋庆龄“辉煌的头脑,充实了她丈夫的头脑,完成了他更伟大的人格”。孙中山侍卫武官郑卓这样评价宋庆龄:“宋庆龄是伟大的女性,是孙中山最好的学生、助手和伴侣。”1981年宋庆龄去世后,应《澳门日报》的专访,郑卓回忆了孙中山与宋庆龄的许多往事:

孙夫人才貌出众,确是女中人杰。她的英文、法文好,又懂拉丁语。国语讲得好,又识广州话,是先生的好助手。有时,有些文件、信件其他秘书一时译不出来,孙夫人很快就搞完。那时候,美洲、伦敦等地的同盟会,时有一些机要的文件、密码转给孙中山。先生对夫人很信任,时时交她处理。为将工作早日搞好,有时孙夫人忙得顾不上吃饭。

那时候,宋庆龄当孙中山的机要秘书,还参加接待外宾,工作也不少。总统府、元帅府、大本营一些未能及时处理好的工作,只要先生交给她,她便夜以继日地努力完成,时时废寝忘食。

孙夫人很崇敬孙中山,敬仰先生的主义和理想,总是希望能设法分担先生的一些工作。她与先生结婚，曾遭到家人和党内一些人反对，但她相信自己的抉择是对的。她在东京与先生结婚时，先生正是流亡海外，但她甘心情愿与先生一起捱世界。而事实上，婚后十年，她随夫到处奔波，也确实挨尽不少咸苦，但孙夫人总是相随在先生身边，形影不离。

在与孙中山一起奋斗的 10 年中，宋庆龄所做过的事情有成百上千件，其中为许多传记所详细记载，能够充分展现宋庆龄之性格、志向与才识的有这么几件事：

1、率领红十字会员出征北伐。

1920 年 10 月，由孙中山支持的以陈炯明为总司令的粤军打败桂军，攻克广州，桂系军阀被逐回广西。宋庆龄于 11 月随同孙中山乘船离沪赴穗，重组护法军政府。1921 年 4 月，孙中山在广州成立国民政府，经非常国会选举，孙中山当选非常总统。总统府设在观音山（今越秀山）南麓。位于山麓的总统府经一座天桥与位于越秀山半山坡上的一座两层楼的小楼房即越秀楼相连接。国民政府成立后，孙中山认为当前最重要的任务是督师北伐，"削平变乱"，统一全国，实现民主共和。为此，首先要消灭盘踞在广西的桂系军阀残余势力，解除北伐的后顾之忧。为协助讨伐作战，宋庆龄约请何香凝一起组织了"出征军人慰劳会"，宋庆龄亲任总会长，何香凝担任总干事，会址设在总统府内。在宋庆龄等的号召与组织下，广东省、广州市各界妇女团体纷纷前来报名参加。宋庆龄一面向参加的妇女姐妹阐明讨伐战争的重要意义，一面同何香凝一起组织大家分头进行筹募捐款、赶制军衣、宣传鼓动等项工作。宋庆龄、何香凝还亲自到广州的一些医院慰劳伤兵。这个由宋庆龄亲自发起和组织的"中国妇女界为了慰劳义师第一次办起来的慰劳会组织"，对鼓舞士气，支援前线发挥了重要作用。同时，它亦为发动妇女参加社会工作树立了榜样。平定广西后，孙中山决定由桂林出师北伐。他首先抵达梧州，宋庆龄陪同前往。梧州是两广交界，水陆枢纽的名城。宋庆龄在梧州期间，十分繁忙，开会、演说，亲自组织慰劳队慰问出征将士。她在此地活动了约1个月。11月15日，孙中山率3万大军由梧州出发前往桂林。宋庆龄为切实协助孙中山北伐，决定先不跟随孙中山去桂林，她于同日由梧州折返广州，以筹募款项，并组织更多的出征军人慰劳会和红十字会的会员，为北伐军做好救死扶伤、筹募军饷等后勤准备工作。经过半个多月的紧张准备后，基本布置就绪，宋庆龄乃于12月6日从广州启程赴桂林。孙中山亲自前往阳朔迎接，而后协同夫人在阳朔乘船顺江而上，于12月21日安抵桂林。

在桂林期间，宋庆龄一面陪同孙中山视察各地，一面积极开展妇女工作。她常邀集妇女界领袖磋商配合北伐事宜，不遗余力地协助孙中山料理军务。当孙中山把大本营移至韶关后，宋庆龄又率领许多红十字会会员赴韶关配合北伐。她常常不辞辛劳地带领红十字会员深入各军进行劳军和救护伤兵的活动。随着北伐战事的发展，越来越多的部队由韶关出发开赴前线，从前线运回的伤兵也多集中在韶关医治或再转运广州等地，宋庆龄带来的红十字会员已不敷应用，亟须更多的人员参加救护工作，宋庆龄于是由韶关致广东省红十字会赶紧再派会员到韶关往赴前线，“该会先电第一路救护总队总监林伯翘，刻日由湘境率队转往南雄，并即派第二路总监陈侠卿、第三路总监李容龄，今日先往韶关侯命，并筹备后方病院，该院长已由法人狄克博医师夫妇担任，看护队总监已由谢英夫人担任”。宋庆龄还致电何香凝，希望组织和发动更多的妇女参加北伐救护工作。

在中国早期的妇女运动中，宋庆龄的行动无疑为广大妇女同胞参加社会工作，参加反军阀的武装斗争树立了榜样，也为宋氏姐妹日后在妇女工作方面的贡献开了先河。

2、广州脱险

1922年6月16日，陈炯明在广州发动武装政变。16日凌晨二时许，当远处叛军的集合号音已清晰可闻，情势万分险恶之时，孙中山唤醒了正在睡梦中的宋庆龄，要其“速著衣裙，随其同行”。宋庆龄认为若与孙中山同行，势必引人注目，而且有可能拖累他，影响孙中山的尽快脱险。她坚持自己留下，劝孙中山赶快先行撤离，她对孙中山说：“中国可以没有我，而不可以没有你！”再三婉求孙中山先走。事态紧急，不容犹豫。孙中山不得已穿上长袍，头戴通帽，腰间悬着药箱，化装成一名医生，只身带着秘书林直勉、参军林树巍匆匆离去，临行前与宋庆龄约定，若平安抵挡永丰舰，就鸣炮三响，以作信号。孙中山令50余名卫士的卫队全数留守越秀楼，护卫夫人。宋庆龄实际担起了保卫总统府、越秀楼和吸引敌人火力，掩护孙中山脱险的重任。

宋庆龄让卫士打开所有电灯，造成孙中山监守越秀楼的假象，以迷惑敌人，同时她赶紧烧毁机密文件。宋庆龄在《广州脱险》[①]中写到：

> 中山先生走了半小时以后，大约早晨两时半，忽有枪声四起，向本宅射击，我们所住的是前龙济光所筑私寓，位居一半山，有一条桥梁式的过道，长一里许，蜿蜒由街道及住屋之上经过，直通观音山总统府。叛军占据山上，由高临下，左右夹击，向我们住宅射发，喊着‘打死孙文！打死孙文！’。我们的小卫队暂不反击，因为四周漆黑，看不出敌兵。我只看见黑夜中卫队蹲伏的影子。黎明时，卫队开始用来福枪与敌人对射。敌人却瞄准野炮向宅中射来，有一炮弹击毁我们澡房。卫队伤亡已有三分之一，但是其余的人，仍英勇作战，毫不畏缩。有一位侍仆爬到高处，挺身而战，一连击毙不知多少敌人。

到了上午8时，卫队已死伤过半，子弹也几乎打光，卫队长向孙夫人报告，说明留守越秀楼已无意义，请求她即时撤离，其

---

① 本文1922年在报刊发表时，曾用过“粤变纪实”、“广州脱险“等题目。1923年8月，宋庆龄亲笔题名为《广州蒙难记》。原文为英文。最初译载1922年6月28日、29日上海《民国日报》。该报发表此文时前有国闻通讯社按语：“孙总统夫人于日前抵沪之后，本社代表前往访问，夫人因一撰文，述粤变实情，嘱为发表。”

余卫兵也劝她撤离。宋庆龄表示同意。她在《广州脱险》中写道：

同我走的有两位卫兵和姚副官(中山先生的侍卫)。我们四人,手里带着一点零碎,在地上循着那桥梁式的过道爬行。这条过道,正有枪火扫射,我们四人只听见流弹在空中飞鸣,有一二回正由我鬓边经过。我们受两旁夹板的掩护,匍匐而进,到了夹板已被击毁之处,没有掩护,只好挺身飞奔过去,跟着就是一阵哔剥的枪声。在经过这一段之后,姚副官长忽然高叫一声倒地,血流如注。一看,有一粒子弹穿过他的两腿,而伤中一条大血管。两位卫兵把他抬起来,经过似乎几个钟头,我们才走完这过道,而入总统府的后院。半小时后,我们看见火光一闪,那条过道的一段整个轰毁,交通遂断绝。这总统府四周也是炮火,而更不便的,就是因为邻近都是居民,所以内里的兵士不能向外回击。

在此险境下,宋庆龄随时有生命的危险。正如她本人所说,"自从八时至下午四时,我们无异葬身于炮火连天的地狱里。流弹不停地四射。有一次在我离一房间几分钟后,房顶中弹,整个陷下。这时我准备随时就要中弹毙命。"到下午四时,向守中立的魏邦平师长派一军官来谈判,卫士提出的首要条件就是保护孙夫人安全脱险,但那位军官说他不能作此保证,因为袭击的不是他的军队。正在说话间,叛军已冲开总统府前面的两层铁大门拥进来,据宋庆龄后来回忆说：

我只见四围这些敌兵拿着手枪刺刀指向我们。登时就把我们手里的一些包裹抢去,用刺刀刺开,大家便拼命的乱抢东西。我们乘这机会逃开,正奔入两队对冲的人丛里,一队是逃出的士兵,又一队是由大门继续闯来抢掠的乱兵。幸而,我头戴着姚副官长的草帽,身上又披上中山先生的雨衣,由那混乱的人群里得脱险而出。

出大门后，又是一阵炮火，左边正来了一阵乱兵，要去抢财政部及海关监督处。前后左右，都是乱兵在进击。他们一面进，我们一面穿东走西曲折的在巷里逃。

怀有身孕的宋庆龄，经过一天的紧张奔波，实在是走不动了，两个卫兵于是一人抓住一边肩膀扶着她走。正走着，又发现从小巷里走出几个敌军，向他们这边射击。“同行的人耳语叫大家伏在地上装死，那些乱兵居然跑过去，到别处抢掠了。我们爬起又跑，卫兵叫我不要看路旁的死尸，怕我要昏倒。过了半个小时，进击的枪声渐小”，他们跑到了一个小村落的民房前，他们推门进去，屋中的老妇人怕受牵累，要赶他们走，此时宋庆龄已经体力不支，晕倒在地，她被卫兵用冷水浇醒后，一名卫兵出门外去观察动静，却不幸被流弹击中。枪声沉寂后，宋庆龄化装成一村妪，沿路拾起一个菜篮及几根菜，和剩下的一名扮作小贩的卫兵，几经曲折才到了一位同志的家中。而这儿在早间已被陈炯明的军队搜查过，虽然不太安全，但此时的宋庆龄是再也无力前进了，就在这里过了一夜。当天夜里，宋庆龄欣然听到海军战舰上震撼夜空的三声炮响，她知道孙中山已安全脱险，并在军舰上主持平叛。那夜宋庆龄“通宵闻见炮声”。第二天，宋庆龄仍旧化装成村妪，逃到沙面，在一个铁工同志的帮助下，乘小船到了岭南大学校长、与孙中山友谊甚笃的钟荣光的家。由于过度紧张和劳累，宋庆龄小产了，这是她结婚七年来第一次，也是一生中唯一的一次妊娠。身体初步康复后，宋庆龄在钟荣光的周密安排下，抵黄埔，登上永丰舰，“终于在舰上见到中山先生，真如死别重逢”。随后，宋庆龄身负孙中山和革命事业赋予的重大使命，抱着重返广州的决心，乘船经香港于6月25日回到了上海。

在陈炯明炮轰总统府的整个事件过程中，宋庆龄所表现出的临危不惧与深明大义，使她深受大家的崇敬，同时也更锻炼了她的革命意志。这次事件，使他们在物质上遭到了巨大的损失，但赢得了道义上的胜利。正如宋庆龄在给阿莉的信中所说："所有我的皮衣、服装和首饰都被士兵抢去，事实上我们所有值钱的东西都丢了。但是感谢上帝，我们没有受到伤害，还能再度在我们自己的家里生活和呼吸。虽然我们的东西都丢了，我们取得了道义上的胜利，公众舆论从来没有像现在这样强烈支持我们的事业。"

3、参加"洛士文号"飞机试飞

孙中山早有"航空救国"的思想，他曾指示旅美同盟会会员学习飞行技术和制造飞机的技术。辛亥革命后，孙中山筹募大宗款项，购得6架飞机，任命冯如任飞行队长，创建中国最早的一支空军。宋庆龄与孙中山结合后，与孙中山一样热心于中国的航空事业。孙中山在广州重建国民政府后，于1923年3月任命杨仙逸为航空局长，黄光锐为第一飞机队队长，林伟成为第二飞机队队长。随后，孙中山又委任曾受命赴美购买飞机并学习飞机制造技术的杨仙逸兼任飞机制造厂厂长。在孙中山和宋庆龄的鼓舞下，经艰苦创业，终于在1923年制成辛亥革命后的第一架飞机。为感谢宋庆龄对中国航空事业的关心，这架飞机以宋庆龄的英文名字"罗莎蒙黛"（Rosamonde）命名，这个英文名字翻成广东话叫"洛士文"，人们便称这架飞机为"洛士文号"。

1923年7月上旬的一天，飞机首次试飞，地点在广州郊区大沙头机场。这一天，晴空万里，阳光灿烂，机场内外，喜气洋洋，有数百名文武官员和群众前来观看试飞。孙中山和宋庆龄的心情更是格外激动，他们在宋子文、陈友仁、副官马湘的陪同下，早早来到了大沙头机场。

首先杨仙逸请孙夫人行命名礼和开驶礼。接着，试飞员黄光锐从队列里走出，来到中国自己装配的第一架飞机旁。他是杨仙逸从美国选拔带回国的华侨优秀飞行员。"洛士文号"有两个座位，除飞行员外，还可坐一个人。试飞开始，当孙中山问谁愿意登机试飞时，宋庆龄出人意料地从人群中出来，带着她与生俱来的那种恬静的微笑，迈着矫健、轻盈的步子走向飞机，她的勇敢行动得到了孙中山的同意。人群中一片哗然，就在人们感到惊讶并纷纷劝说孙中山之时，宋庆龄已坦然自若地登上了没有舱盖的飞机，记者赶紧抢下了孙夫人坐在中国装配的第一架飞机上的珍贵镜头。飞行员帮孙夫人系好了安全带，然后以娴熟的技术驾着飞机冲上蓝天。飞机平稳地在机场上空盘旋了两周，然后拔高、俯冲、后翻、侧飞，作各种特技表演，最后平稳徐徐地降落地面，试飞成功。当宋庆龄走出机舱时，人群沸腾了，为中国制造的第一架飞机的试飞成功而欢呼，更为宋庆龄的大无畏精神而感动。杨仙逸含着热泪对宋庆龄说："谢谢您，夫人！谢谢！"宋庆龄摇头说："不，应该感谢你。我谢谢你，国民谢谢你。"

温文尔雅的宋庆龄不怕危险，毅然参加试飞，她的这一行动再次显示了她外柔内刚的性格和那坚定、勇敢的精神，也再次赢得了大家的钦佩，更得到了丈夫孙中山的敬爱。"她是他挚爱的伴侣，一直爱到他逝世的一刹那。"为了纪念这难忘的一天，孙中山和宋庆龄站在"洛士文号"前合影留念。这两张有纪念意义的照片曾分别登在《广州民国日报》上。

的确，宋庆龄是孙中山的好帮手，非常难得的无与伦比的好秘书。婚后的宋庆龄以她的实际行动和人格魅力得到了国民党人的一致赞扬。据几位曾经与宋庆龄相处过一个短暂时期的前辈日后回忆，"孙夫人从不干预孙中山先生之政治工作。在孙中山先生病重时，有关立医嘱的大事，也是由跟随孙中山先生之得力而又是亲信同志决定。孙中山先生逝世，孙夫人更是勇敢而坚定的处理后事。处处以同志们的意见为依归，事事以顾全大体，为国为民为最高原则。这不是中国传统的妇女典范'三从四德'这般简单，而是伟大的人格，海洋似的气量之表现，也是一个不讲名位、不求名位的革命家'凡事尽其在我'的行动表现。"在 1926 年 1 月召开的国民党二大上，宋庆龄不仅被选举为中央执行委员，而且是获得最多选票者之一，有效票总数为 249 张，宋庆龄获选票 245 张，这充分说明宋庆龄深受与会者普遍的尊敬和拥护。常言道"子承父业",孙科是孙中山的独子,也是国民党中的活动分子,"但一般人并不认为孙科继承乃父的革命衣钵。继承孙氏革命遗志的是宋庆龄"。当孙中山逝世的时候,年仅32岁的"宋庆龄女士本来是可以代之而起的","自一九二六年起,大家都认为只有宋庆龄有资格代表中国革命之父的名义讲话","假如宋庆龄要求抬高自己的地位,她当然有世界妇人所未见的地位可以获得。然而,这绝不是她所要求的出路",她选择的是一条捍卫丈夫事业、捍卫真理的道路。这条路,坎坷不平,艰难困苦,但她始终坚定不移地沿着这条路走下去。宋庆龄去世后,香港《华侨日报》刊载的一篇悼念文章这样评价宋庆龄,说:"作为国父孙中山先生夫人,宋庆龄女士一开始便可以掌握更大之权力,及爬上更高之政治地位。中外古今,许多'知名妇人',都是妻凭夫贵,争权力,居高位,为所欲为的。但终其一生,孙夫人总没有这样做,也不同意别人这样做,这是中外历史上罕见的。"

与孙中山共同生活的十年,是宋庆龄一生中最幸福的时光。十年也许并不短暂,但在宋庆龄90年的生活历程中,这美好的十年显得那么的短暂而又珍贵。与孙中山的结合,使她受益匪浅,并影响了她的一生,同时对宋氏家族也产生了深远的影响。美国著名作家约翰·根宝在访问了宋庆龄之后,这样写道:"无疑地,她是宋家最重要的人物,因为如果她不和革命之父结婚,宋家其他的人不会和政治发生这样密切的关系。"可以说,宋氏家族首先因宋庆龄而声名鹊起,也因宋庆龄而开始在中国政坛崛起。宋子文的步入政坛,更与二姐有着直接的关系。

3. 宋家第二个"第一夫人"——宋美龄

宋美龄与蒋介石的结合,密切了蒋、宋、孔三家的关系,更给宋家的飞黄腾达提供了机会与"保护伞",却使宋庆龄不得不拉开了与宋家的距离。而蒋介石与宋美龄结识的重要媒介人恰恰是宋庆龄的丈夫、被尊为“国父”的孙中山。

美国女记者埃米莉·哈恩在《宋氏家族》一书中有这样一段描写：“蒋介石第一次见到宋美龄是在上海孙博士的家里。见到美龄的时候，蒋介石已经休掉了奉化的毛小姐。一天，他向孙博士提起了这门婚事。‘老师，我现在还没娶上老婆’，他说，‘您能劝宋小姐嫁给我吗？’孙博士没有去劝美龄，而是把蒋介石的意思转告了妻子。庆龄悻悻地回答说，她宁可看到妹妹死，也不愿意让他嫁给一个在广州城内至少有一两个情妇的男人，虽然他名义上还没有结婚。的确，当时有关蒋介石的传闻很多。但是孙中山并没有把妻子拒绝的话转达给蒋介石，因为他喜欢这个年轻人。他劝蒋介石说：‘等一等吧。’蒋介石明白孙中山的意思，于是等了起来。在孙中山逝世以前，蒋介石又曾两次提起过这门亲事，但每次得到的答复都是‘等一等吧’。”

1927年9月26日，蒋介石在上海对《字林西报》记者发表谈话时，谈及他与宋美龄的初次相遇，说：“五年前，余在广州，寓于孙总理处，以是获见宋女士。以为欲求伴侣，当在是人矣。其时宋女士尚漠然。”当时，正值陈炯明在广州搞叛乱。陈炯明的叛乱被平定后，蒋介石就跟随孙中山，为建立与巩固广东革命根据地而奔波。这期间，随着蒋介石政治地位的提高，逐渐密切了他同宋家的关系。1925年3月孙中山病逝后，蒋介石通过各种手段逐步掌握了国民党党政军大权。与此同时，宋家的一些成员在民国政坛上的地位也日渐重要。这时的蒋介石同陈洁如已共同生活了几年，但对宋美龄始终未忘怀。在宋美龄的心目中，蒋介石的形象也日渐高大起来。

蒋介石叛变革命并在南京建立政权后，在宋美龄家人包括宋母、宋庆龄、宋子文强烈反对宋蒋联姻的情况下，宋霭龄独具“慧眼”，主动为宋美龄与蒋介石牵线，在蒋宋二人彼此表白了心迹后，又由宋霭龄出面公开了蒋宋的关系。

当时，对蒋介石来说，大革命的胜利果实已经窃取，国民政府已在南京宣布建立，有了一个短暂的喘息机会，为前程计，他得考虑这样几个问题：一是，设法进一步取得英美对他的支持；二是，设法多涂上一层孙中山革命事业继承人的色彩；三是尽快觅一位贤内助来帮他处理内政外交。若与宋美龄结合，几个问题将一并迎刃而解，况且蒋宋之间原来已有一定的基础。《大公报》创始人胡霖有这样一个分析："蒋介石再婚是一个深谋远虑的政治行动。他希望做他们的妹夫，以便争取孙中山夫人……和宋子文。当时蒋介石也开始感到有必要得到西方的支持。以美龄做他的夫人，他便有了同西方人打交道的'嘴巴和耳朵'。另外，他很看重子文这个金融专家。不过，说蒋介石不爱美龄那是不公正的。蒋介石虽然认为自己是英雄。在中国历史上，英雄难过美人关。出于政治考虑，蒋介石无所不为。对蒋介石来说，在这种情况下娶一位新夫人似乎是理所当然之举。"

1927 年 8 月 13 日，蒋介石第一次下台，情况是这样的：蒋介石建立南京政权后，处在内外夹攻之中。内是，李宗仁、白崇禧拥有桂系军事力量，并在北伐中屡建战功，而这时同蒋介石貌合神离，甚至连何应钦也站在李、白一边。外是，不仅所有职务乃至党籍都被武汉国民党中央摘除，成为罪魁祸首；而且汪精卫正厉兵秣马，准备东征。在这种内外夹击的形势下，蒋介石企图借陈兵津浦路上，抗拒再度南犯的北洋军阀的军队，以此来缓和各方面对他的攻击，达到恋栈的目的。结果，蒋介石败北南京，原来的企图化为泡影。在四面楚歌之下，蒋介石不得不于 8 月 13 日宣布下野，发表《辞职宣言》。之后，在上海、溪口各住了一段时间，进行了频繁的活动。期间，他给宋美龄写了一封感情十分真切的信。信中说："余今无意政治活动，惟念生平倾慕之人，厥惟女士。前在粤时，曾使人向令兄姐处示意，均未得要领，当时或因政治关系，顾余今退而为山野之人矣，举世所弃，万念灰绝，曩日之百对战疆，叱咤自喜，迄今思之，所谓功业宛如幻梦。独对女士才华荣德，恋恋终不能忘，但不知此举世所弃之下野武人，女士视之，谓如何耳？"9 月 28 日，蒋介石特地在上海《民国日报》上发表了《家事启事》，而且连载 3 天。启事说；"各同志对于中正家事.多有来书质疑者。因未及遍复,特奉告如下:民国十年,原配毛氏与中正正式离婚。其他二氏,本无婚约,现已与中正脱离关系。现在除家有二子外,并无妻女。惟恐传闻失实,易资淆惑,耑此奉复。”不久,宋美龄表示愿意同蒋介石结合,但需征得母亲的同意。其后蒋介石在对《字林西报》记者发表谈话时谈及这门婚事,“近来女士已允,惟尚需得其家属许可”。当时,宋美龄的母亲在日本养病,蒋介石“拟即前往问候,并向乞婚”。29日,蒋介石携带宋美龄及张群、宋子文和孟超然(副官)、孙鹤皋(留日同乡)、陈舜耕(机要秘书)等离开上海去日本。这一天,蒋介石对东方通讯社记者发表谈话:“余此次来日,乃欲观察及研究十三年以来进步足以惊人之日本,以定将来之计划。且余之友人居日者甚多,欲乘此闲暇之机会,重温旧好。并愿藉与日本诸名流相晋接,此外则并无何等之目的。关于此后之事,尚无何等决定。”这次赴日,蒋介石要研究日本国情及对华政策;要取得日本政府的支持,以助他重新上台。此外,一项重要的活动是征得宋美龄母亲的同意,要和宋美龄结婚。

《宋氏家族》一书中有这样一段描述:“宋夫人过去一直对蒋介石抱有极大的成见。自打她得知蒋介石有意娶她的小女儿为妻以后,她就极力回避与蒋介石谈论这个问题,并且在很长一段时间里拒绝与他见面……可见蒋介石是个有决心的人,他仍然一刻不停地缠磨宋夫人,以至宋夫人最后不得不跑到日本躲起来。”“当宋夫人得知蒋介石抵日的消息时,她正住在日本的西部地区。她立即乘飞机横穿日本前往镰仓,以避开女儿求婚者的纠缠,然而蒋介石穷追不舍。他信心十足,因为美龄已经向他表露了首肯的意图。如果说美龄嫁给总司令是出于一种义务感,那是不公平的,因为她绝不是一个书生气十足的人。不过她确实期待着能够协助蒋介石统一中国,这无疑也是她与蒋介石结合的原因之一。美龄绝不愿意因为结婚,而失去从事建设性工作的机会。”“这一次,在美龄的支持者孔夫人的极力劝说下,宋夫人终于同意给她女儿的顽固追求者一次见面机会。”蒋介石到了神户后，即与宋子文前往有马温泉，“是为了要和宋美龄女士结婚，特地晋见在那里疗养的宋太夫人，请其允诺亲事”。这次蒋介石去拜见宋美龄的母亲，拿出一份表明他已和少年时代的配偶离婚的证件，并且澄清了社会上的流言蜚语。当宋美龄的母亲问他是否愿意成为基督教徒的时候，蒋介石表示很愿意试一试，将尽力研究《圣经》，不过未经体察不能随便允诺接受基督教。这次拜见宋美龄的母亲收到了圆满的结果。据1964 年所发行的《有马案内（导游）》记载有有马观光协会嘱托中川龙夫所著《蒋介石总统逸事之地》一文中说：“有马大旅社的经营者增田卯三之助的太太千代子捧着下午茶走进去，刚由隔壁宋太夫人房间回来的蒋总统，显露出平常所没有的兴奋神情说：‘老板娘，成功了！成功了！婚约成功了！哦！对了，给你写字吧！来！来！马上替我磨墨。’好像等不及把墨磨好，就乘兴挥毫了。”又据曾任有马温泉观光协会会长的乡土历史学家风早恂提到：“蒋总统于获得同意结婚之后，便于第三天——五日在该旅社十八号房间将致送宋美龄女士的订婚戒指面交宋太夫人。”

1927 年 11 月 10 日，蒋介石自日本回到上海。宋美龄已经先于一个月之前回到上海，筹划婚礼事宜。蒋介石一到上海，一方面进行重新上台的工作，电请汪精卫北上，会商党事，在上海召开国民党二届四中全会预备会议，决议请蒋介石复职，1928 年 1 月发表了《总司令复职时致国民政府电》；另一方面和宋美龄商谈举行婚礼的事，于 11 且 26 日在报纸上刊载结婚启事：“中正奔走革命，频年戎马驱驰，未遑家室之私。……兹定十二月一日，在上海与宋女士结婚，爰拟撙节婚礼费用、宴请朋友筵资，发动废兵院。……欲为中正与宋女士结婚留一纪念。”

1927 年 12 月 1 日，蒋介石与宋美龄举行婚礼。婚礼分两次进行，一次是基督教式，一次是中国传统式。这一天下午 3 时，在上海西摩路宋家的宅邸里举行了基督教式的婚礼。婚礼由余日章（中国基督教青年会全国协会总干事）主持，只有少数近亲参加。

接着，在市内大华饭店举行中国传统式的婚礼。证婚人为蔡元培，介绍人为谭延闿、王正廷。参加的客人有1300多人，许多中外知名人士济济一堂。高级领事埃格温·S·查尼汉姆(Edwin S Chunnigbam)、英国总领事西德尼·巴顿(Sidney Barton)、挪威总理事N·阿尔(N·Aall)、日本总领事矢田七太郎(S·Yada)、法国总领事M·纳吉亚尔(M·Naggiar)以及其他一些国家的总领事出席了这次结婚典礼。还有美国太平洋舰队司令马克L·布里斯托尔(Mark L·Bristol)海军上将、华北方面军司令官约翰·邓肯(John Duncan)少将以及其他外国高级将领也身穿便服出席了这次结婚典礼。在结婚典礼举行的大华饭店舞厅里，布满了花卉，在讲台上正中挂着孙中山的肖像，两旁是青天白日满地红与青天白日的旗帜，乐池里是一支俄国管弦乐队。在大华饭店内外布置了一大批中外侦探，严密地监视着周围的动静，唯恐出现乱子。出席必须出示请柬并签到后方可进入舞厅。在管弦乐队奏起的外国乐曲声中，蒋介石在男傧相的陪伴下步入舞厅；接着，在古老名曲声中，宋美龄一手挽着宋子文臂膀，一手捧着一大束白色和粉红色的玫瑰花，也步入舞厅。摄影机不断地快速地转动着，把蒋介石与宋美龄的镜头摄了下来。结婚典礼开始后，宋美龄与蒋介石向孙中山肖像三鞠躬，然后向右、向左、再向中间的来宾鞠躬。接着，由一个中国人宣读结婚证书，然后在证书上盖了公章，夫妻对拜，向证婚人鞠躬，再向全体来宾鞠躬，最后来到一个由玫瑰花装饰成的巨大的花团下面摆好姿势合影，舞厅里爆发出一片掌声。最后分别在舞厅和威尼斯厅举行了茶会。

这场宋美龄与蒋介石举行的中国式的婚礼，在1927年12月2日的《上海时报》(当时上海的一家英文报纸)报导说："这是近年来的一次辉煌盛举，也是中国人的一个显赫的结婚典礼。""昨天下午举行婚礼时，大华饭店的舞厅里足足有一千三百人。当蒋中正总司令同男傧相一起出场时，桌边的椅子上坐满了人,还有许多人站着,鼓掌欢迎这位军事领袖。”“步入装饰华丽的舞厅时,人们立刻就被那很有气派的满堂花卉迷住了,这些花卉是由刘易斯育婴堂布置的。讲台上——如果可以这样称呼的话——挂着国民党创始人孙中山先生栩栩如生的大幅肖像;肖像的一边是国民党党旗,另一边是孙中山先生的旗子。”“在大华举行的中国式结婚仪式,是由北京大学前任校长、南京政府教育部长蔡元培先生主持的。”“又一次鸦雀无声,后面的人再次登上椅子,伸长了脖子,伴随着《新娘来了》的古老名舞曲,宋小姐挽着她哥哥、前财政部长宋子文先生的臂膀进来了,此时,摄影机快速地转动着。”“宋小姐捧着一大束白色和粉红色的玫瑰花。在结婚仪式举行之前,她和新郎择好姿势拍了照……然后向孙中山的肖像三鞠躬。……”“与基督教的习惯相反,新郎、牧师、或其他人都没有拥抱或亲吻新娘……”《字林西报》还特地对宋美龄作了报导:“新娘穿着一件漂亮的银色旗袍,白色的乔其纱用一小枝橙黄色的花别着,轻轻地斜披在身上,看上去非常迷人。她那美丽的桃花透孔面纱上,还戴着一个由橙黄色花蕾编成的小花冠。饰以银线的白色软缎拖裙从她的肩上垂下来,再配上那件长而飘垂的轻纱。她穿着银白色的鞋和长袜,捧着一束用白色和银色缎带系着的淡红色麝香石竹花和棕榈叶子。”这种中西结合的婚礼,既有旧中国统治阶级的排场,又有西方资产阶级的色彩。

据曾在蒋介石身边工作过的居亦侨回忆,对于宋美龄的婚礼,宋老太倪桂珍曾为一事感到遗憾。她原希望美龄的婚礼在宋查理的卫理公会慕尔堂举行,由本堂牧师主持。她的大女儿霭龄在日本结婚,未能这样做;二女儿庆龄也是在日本结婚,也不可能这样做,因此很希望小女儿能满足她的这个愿望。但是,卫理公会禁止牧师主持离过婚的人的结婚仪式,除非是由于《圣经》上讲的一个原因,即因对方通奸,而离婚是无辜者。这样,蒋介石和宋美龄的婚礼只得在家里举行仪式,宋太夫人当然感到不快。

婚礼之后，蒋介石与宋美龄离开上海去浙江杭州和莫干山度蜜月。

就在婚礼的这一天，蒋介石写了一篇感想文章，题为《我们的今日》。文章说："余奔走革命以来，常于积极进行之中，忽萌消极退隐之念。昔日前辈领袖问余，汝何日终能专心致志于革命？其他厚爱余之同志，就常讨论——如何而能使介石安心尽革命之责任？凡此疑问，本易解答，惟当时不能明言，至今日乃有圆满之答案。""余确信余自今日与宋女士结婚以后，余之革命工作必有进步。余能安心尽革命之责任，即自今日始也。""余平时研究人生哲学及社会问题，深信人生无美满之婚姻，则做人一切皆无意义。社会无安乐之家庭，则民族根本无从进步。……家庭为社会之基础，欲改造中国之社会，应先改造中国之家庭。""余与宋女士讨论中国革命问题，对于此点，实有同一之信心。""余二人今日，不仅自庆个人婚姻之美满，且愿促进中国社会之改造。""余必本此志愿，努力不懈，务完成中国之革命而后已；故余二人今日之结婚，实为建筑余二人革命事业之基础。"蒋介石在这里所说的"革命之责任"、"中国社会之改造"，固然还有要清除旧军阀（奉系军阀张作霖和直系军阀吴佩孚的残余）的任务，但已经把反共反人民作为第一位的任务。蒋介石所说的"革命"实为"反革命"。蒋介石同宋美龄也就在反共反人民这一点上"建筑"了"事业之基础"。

海伦·福斯特·斯诺在她的《近代中国妇女》一书中说："1927 年 12 月，蒋中正同宋美龄结婚，此中意义比卫理公会派的教义还要多。这次结婚，是他人生的一段理想，这使他充分如愿以偿。漂亮的、穿着讲究的、受过美国教育的宋美龄，与蒋中正那个中层社会的现实性格，开创人生另一段旅程，殊具启示""显然，这门婚姻是在蒋中正、洋化华人和洋人之间沟通联络的一条渠道。在某种意义上说，宋美龄是中国旧传统的一个人质，是家族利益与政治利益之间维持信义的一项保证。但蒋中正是一个神气十足、仪表堂堂的军官，他个性强悍，雄心勃勃，他们两人没有理由不能成为一对恩爱的夫妻。"历史过去了半个多世纪，今天台湾还有书评论宋美龄同蒋介石婚姻说："他们是否为爱情而结合，唯有他们本人才知道。然而，这的确是一门经久不变的婚姻，也证明他们之间不渝的爱情。这种婚姻将成为人们彼此结合的榜样，它需要拿出巨大的勇气，尤其对宋美龄来说，更是如此。"有外籍作家这样评价宋美龄："蒋委员长自与宋美龄女士结婚后，便重新开始获得了他在慈母时期所受的抚爱。同时，他又获得了一个具有崇高的人格，与勇敢，精明，聪慧，而学识丰富的贤内助。"

蒋介石的这次重新上台是以"双丰收"上台的，不仅恢复了国民革命军总司令的职务，还兼任国民党中央政治会议主席和军事委员会主席，而且成为"国民党先圣孙中山先生（庆龄丈夫）死后的连襟，大银行家宋子文的妹夫，以及中国最伟大的圣人孔子的后裔孔祥熙先生（蔼龄丈夫）的连襟"。这恰恰是宋庆龄最不愿意看到的。海伦·斯诺认为宋美龄与蒋介石结婚是当时宋庆龄所遭受的三大打击之一，她说："孙夫人憎恨美龄和蒋介石结婚的理由之一，就是她曾经费了九牛二虎之力不让蒋介石利用她的名义和孙中山的名义去建立他政权的威信。她认为美龄的结婚在一九二七年事变之后匆匆举行，就是表示不尊重她在中国的地位。她的母亲和她一向反对美龄这门亲事，现在使她震惊的是她母亲竟赞成美龄的婚姻，她更震惊的是这次结婚实际上还是蔼龄从中策划的。"

宋美龄同蒋介石结合后，蒋、宋、孔结为一体了。这就对旧中国历史的发展以许多积极的与消极的影响，从总体上讲，给中国人民酿成了许多灾难。

4. 宋子文的事业与爱情

孔夫人、孙夫人与蒋夫人是在婚后，在丈夫的支持下，充分施展抱负与才华而奠定了她们各自的地位。宋子文与他的 3 个姐妹不同,他的第一份工作令其遭遇了一次痛苦而难忘的初恋,因失恋他辞掉了工作。直至日后事业有成,他才重新扬起了爱的风帆。

宋子文回国后任职的第一家公司——汉冶萍公司,包括汉阳铁厂、大冶铁矿和萍乡煤矿三大骨干企业,是一个煤铁联营、工矿结合的大型企业联合体,由清末著名官僚、实业家盛宣怀创办。盛宣怀秀才出身,1870 年入李鸿章幕,在李鸿章的扶持下,长期从事近代企业活动,掌握着轮船招商局、电报总局、上海织布局和华盛纺织总厂;同时与英、美、日势力广有接触。1896 年接办原由两广总督张之洞主持的汉阳铁厂,兼筹芦汉铁路,据张之洞声称"湖北铁厂即归该道招集商股,官督商办";1898 年开办萍乡煤矿。1908 年,为解决汉厂资本不足的难题,在取得张之洞和后任湖广总督的支持后,盛宣怀向清政府奏准合并汉阳铁厂、大冶铁矿和萍乡煤矿,设立商办汉冶萍煤铁厂矿公司,名为商办,实权仍由盛氏独揽,致成巨富。盛宣怀又先后出任工部左侍郎、会办商约大臣、邮传部尚书,1903 年任皇族内阁邮传部大臣。在清末政坛上,盛宣怀脚踏官商两界,声势煊赫一时,1916 年(一作 1915 年)去世。

宋子文所以能够进入汉冶萍公司,是因为父亲宋耀如的推荐。有书说:"宋家与盛家有一段很深的渊源。为修筑中国第一条铁路——淞沪铁路,盛宣怀与宋耀如曾有过交往。倪桂珍早年曾在盛家当过一段时间的养娘,这是介于家庭教师与乳娘之间的一种特殊职业,职责是替官宦或富豪之家看管孩子。"当时的总经理为盛宣怀之子盛泽丞。宋子文上任伊始就把公司账目和财务料理得井井有条,深得总经理盛泽丞赏识,加之宋子文英语流利,盛泽丞便邀请宋子文作其妹妹盛谨如(盛宣怀之女,盛家的七小姐)的英语教师。宋子文的能干、博学以及他的幽默诙谐很快赢得了正值豆蔻年华的盛谨如的芳心,七小姐的美貌多姿则使年轻的宋子文为之倾倒,爱情的种子在两人心中悄悄生根、发芽,正当这对恋人沉浸于甜蜜的爱情、憧憬着美好的未来之时,他们的恋爱遭到了盛家的阻挠,盛家断然反对这门亲事,理由是"门不当户不对"。按理说,宋家各方面的条件均不错。论家庭背景,父母皆是有学识之人,母亲是明末大学士徐光启的后代,父亲留学海外;论经济条件,父亲宋耀如是上海有名的工商业者,宋家家庭富裕,生活水平已与当时的国际先进水平"接轨",正如宋庆龄给美国朋友的信中所说:"我们这里的生活很像你们那里。我们的房屋衣着与欧洲人无异,甚至屋内的布置也是欧化。因此你有时也可以不把我想成一个充满东方情调的遥远的中国朋友,而想成就像你住在闹市的一个美国朋友。因为上海确实非常现代化,在许多方面比亚特兰大市更繁华。我们的房子舒适而宽敞,各种现代化设备一应俱全。有很多卧室、澡盆和厕所";论本人条件,宋子文先后毕业于上海圣约翰大学、美国著名学府哈佛大学与哥伦比亚大学,获经济学博士学位;论政治地位,宋子文的二姐夫孙中山是中国民主革命的先驱,曾任中华民国临时大总统。如此的条件,盛家仍然看不上,殊不知,当时的盛家已是日薄西山,汉冶萍公司貌似繁荣,实则债务累累、危机四伏;宋家虽正经历低谷时期,却有如红日东升。1917 年,距民国成立已有 5 年之久,但恋爱自由、婚姻自由在当时的中国仍属稀罕之事,思想陈旧保守、自视甚高的盛家死抱封建门户观念,活活拆散了这对鸳鸯。宋子文被调离上海,转至汉阳公司会计处任科长。情场失意的宋子文一气之下,离开了汉冶萍公司。

初恋的美好使宋子文久久难以忘怀,而盛家的态度又重重打击了宋子文。直至 1926 年,32 岁的宋子文才终于找到了理想的伴侣。回国初期的宋子文,不仅感情受挫,在事业上亦多坎坷,颇不得志。当时,宋子文与二姐宋庆龄、二姐夫孙中山有一些接触,但还没有卷入政治,只是专心致志地从事经济活动,浪迹于实业界、金融界。宋子文在旧中国历史舞台上开始崭露头角,是在 1923 年南下广州,追随孙中山之后。这是宋子文政治生涯的开始,也是他日后大显身手的发端。

1923 年 2 月陈炯明叛军被赶出广州后，孙中山从上海回到广州，成立了陆海军大元帅府，并出任大元帅。至此，孙中山第三次在广州建立革命政权。新生的革命政权急需各方面人才，也面临着诸多问题，其中最为急迫的便是财政问题。这时，宋庆龄把弟弟宋子文引荐给了孙中山。宋庆龄相信，她的这个弟弟有能力帮助解决革命政府的财政问题。

就宋子文来讲，投奔孙中山，是他当时最理想的选择。首先，自小受到的民主思想的教育，使他厌恶专制的军阀统治，5 年的留美生活，更使他向往西方国家的民主制度，孙中山倡导的三民主义，与宋子文追求的那种民主模式有着大同小异之处，这是宋子文投奔孙中山并追随孙中山的一个主要原因。其次，孙中山领导的国民党及其政权正待发展壮大，孙中山急需各方人才以开展工作，留学多年、正图一展抱负的宋子文既是孙中山所需之人才，革命政权所在地——广州，也为宋子文施展才华提供了一个良好的场所。

宋子文一到广州即投入了工作，并很快显露了他的才干，令孙中山十分地赏识，不断地对他委以重任。宋子文则不负所望，不仅使广东革命政权渐渐摆脱了财政困境，而且为巩固广东革命根据地、支持国民革命军北伐提供了有力的财政支持。

宋子文初到广州时被委任为陆海军大元帅大本营秘书。1923 年 4 月，孙中山开始筹建由革命政权直接掌握的中央银行，任命宋子文为中央银行筹备员，以发挥他在经济方面的才干。同年 5 月，宋子文被任命为筹备中的中央银行副行长，以具体负责中央银行的筹建工作。

在宋子文筹建中央银行之初，广东的金融界是相当紊乱的。在币制方面，当时是外币充斥市场。自民国成立至北伐统一期间（1912 – 1928 年），为外国银行在中国的全盛时期，外国银行纸币发行额亦正达鼎盛时期。在广东，以英商汇丰等外国银行发行的纸币为最多。中国货币则形形色色，极不统一。有广东银行发行的纸币和“东毫”银币，有各钱庄发行的银票等。普遍使用的毫银又有新旧、轻重之分。各种货币比值不一,比价随起随落。在金融机构方面,有外商银行、华商银行,还有几百家银铺,银铺大多从事买空卖空、投机倒把之活动。官办银行——广东省银行,因实际资本不多,加之受政治风潮波动的直接冲击,信用低下。上述情形的存在,严重妨碍了新生革命政权的财政收支和金融稳定,也影响到革命政权的巩固与发展。

宋子文接手后,主持拟订了中央银行的条例、章程和组织规程等一系列文件,并报孙中山审核。中央银行条例规定,该行的业务范围为:"1.买卖国库证券、商务确实期票及汇票或贴现;2.办理汇兑及发行期票、支票、汇票;3.买卖生金、生银及各种货币;4.经收各种存款,并代人保管证券、票据契约,及其他贵重物件;5.贷放定期或活期有确定担保或抵押品之借款;6.买卖经政府担保之有息债票、证券,及本国铁路、公司、商场、工厂等之优先股票;7.其他关于银行应经营之业务。"条例另规定中央银行享有革命政府授予的下列特权:代政府募集内外实业债款,发行货币,代理金库现金之出纳及代收各种公款,代政府创办或经营各项国有之实业。条例还规定:政府不得向中央银行任意支借现款,如贷款与政府,应以有确实抵押品或担保而用诸生利事业者为限,其款额不得超过资本总额20%,偿还期不得逾6个月。在中央银行的组织规程中,对中央银行与中央政府的关系也作了必要的规定。中央银行章程则对中央银行的业务、职权等方面作了进一步的规定。

上述文件的拟订,表明宋子文不仅要使中央银行担负起一般金融机构所实行的财政、经济职能,而且一开始就有将中央银行建为金融中枢机构的设想,并试图将近代西方货币银行学说和有关制度引入中国。在吸取银行经营中的某些经验教训的基础上,他特别对政府金融机构与其同政权之间的相互关系作了某些规定。宋子文认为,即使是政府自己一手创办的政府银行,作为政府也须遵循金融领域自身的运作规律,而不能使银行成为行政当局随意支取之库。这是宋子文在以后相当长时期里力图贯彻实施却始终未能如愿的主张，也是他与蒋介石关系紧张的一个主要因素。

孙中山自提出筹建由革命政权自己掌握的金融机构——中央银行后，一直十分关注该行的筹备工作。对于宋子文拟定的各项文件，孙中山是逐条审阅，并提出修改意见，最后经由大本营政务会议讨论通过后公布施行。在孙中山的支持下，经过1年多周密的筹备，中央银行于1924年8月宣布成立，宋子文出任行长。孙中山在中央银行开幕式上发表训词，对该行寄予了厚望。孙中山对宋子文的器重、对中央银行的支持，为宋子文发展中央银行的业务，也为宋子文本人的发展，提供了有力的政治保证。

中央银行是成立了，但在外商银行垄断金融的状况下，要巩固它并使其尽快发挥支持革命的作用，实非易事。为加强中央银行的地位，提高和巩固中央银行纸币的信用，宋子文着重从两方面采取了措施：

一方面，宋子文运用政权力量确立了中央银行纸币在流通、支付场合的特殊地位。宋子文曾呈文孙中山，提出如下建议：

> 职行定期发行货币，应请通令各征收机关及商民，交易一律通用；
>
> 所有公私款项出纳，自应一律通用。在公家征收机关，尤应专收职行货币，以示提倡。事关提倡职行货币信用，应请钧座明令各征收机关，所有征收田赋、厘捐、租税及其他公款，均一律收受职行货币。其报解公款者，非职行货币，概不收受。至商民交易，应准其照额通用，视与现金相等。

宋子文的建议立即得到了孙中山的赞同与采纳。根据孙中山的训令，广东省长公署迅速颁令各县各机关遵行。为利于中央银行纸币的流通，中央银行又设立了几个兑换发行处，并委托几家信誉较好的银号代理兑换业务。1925年2月颁布《取缔外

币条例》,规定:

所有市面直接交易,概以国币为限,不得行用外币;

凡人民向征收机关缴纳田赋厘税饷捐及其他公款,均须一律缴纳国币。

7月广州国民政府成立后,又颁令对以低价收买或拒绝使用中央银行纸币者,"即行查拿严办"。上述各项规定的实施,不仅确立了中央银行纸币在广东革命政府所辖区域内的地位,而且增加了政府的财政收入,对发展根据地经济也起到了积极的作用。

另一方面,宋子文通过加强货币发行的准备,提高中央银行纸币的信用。1925年9月挤兑风潮的平息,正是宋子文重视十足准备金的一个成功案例。这一年8月,国民党左派领袖廖仲恺遇刺身亡,为搜捕嫌疑犯,广州实行了戒严。政局的不安很快波及到金融,9月初中央银行发生挤兑风潮。对此,宋子文立即采取措施,不仅决定照兑,而且每日延长营业时间2小时,以满足商民的兑现需求。两天之内,中央银行兑出毫银40余万元,挤兑风潮随之平息,这既显示了中央银行纸币有着充足的准备,也因此提高了中央银行及央行纸币的信用。事后,宋子文曾表示:"货币流通,全恃信用,鄙人初无点金之术,所恃者唯平日所积储之十足准备金而已。"

在宋子文的直接领导下,中央银行业务发展迅速,实力逐渐增强。至1926年8月1日,宋子文宣布对"流行市面为数甚巨,且价格坠落,几等于零"的广东中国银行钞券按面额三折收回,并称还将对信用破灭的省立银行钞券进行清理,这表明中央银行的实力已达到能对广东金融进行维持和调剂的水平。随着中央银行实力的加强,和国民革命事业的迅速发展,广东革命政权越来越多地仰赖中央银行,而不再受制于其他金融机构。据统计,至1927年初,国民政府及广东省政府下属不少机关在广州中央银行账目上都有暂记欠款,例如:财政部23,020,881.85元,公安局6,000元,公债处450,000元,公路处60,000元,军委会162,500元,建设厅70,321.46元,等等。至此,广州国民政府在其控制区域内已有了一个稳固且日益强大的金融中枢,革命政权的巩固与发展因此有了有力的财政后盾。

宋子文严格认真的工作态度,显著的工作成效,给许多国民党人留下了深刻、良好的印象,也进一步赢得了孙中山的信赖与器重。1925年1月,孙中山在北京病重时,曾急电宋子文北上。3月12日,孙中山因病去世,宋子文以见证人之一的身份(当时在场的还有宋庆龄、汪精卫、孔祥熙等),在孙中山的两份遗嘱上签名,并参加了治丧事宜,这大大提高了宋子文在国民党内的地位。

1925年7月,国民政府在广州成立。9月下旬,宋子文被委任为国民政府委员、财政部长兼广东省财政厅长,并任中央银行行长、广东省政府委员和商务厅长等职。自此,宋子文开始主持整理财政的工作。他根据西方的经济学理论及有关的一些制度,结合当时的实际情况,着重从如下几个方面进行了整顿与统一财政的工作:1、整顿和统一财政收入;2、整顿和统一财政支出;3、划分中央与地方财政权限;4.整顿各项税项;5、发行债券。经过宋子文的一番整顿,国民政府的财政收入增加了,入不敷出的局面得到了改善,广东民众的额外负担则因此加重。为此,李宗仁曾指责宋子文的理财政策是"竭泽而渔",宋子文辩解说:不这样干,哪里有钱来革命呢?"李宗仁亦不得不承认:"为革命而行苛政,其功过是非实无法定论了。"日后在出任南京国民政府财政部长期间,宋子文也一再以发行内债来弥补财政赤字,但那时的情况与广州国民政府时期已完全不同,需另当别论。

总之,凭着国民革命提供的广阔舞台、良好的政治空间,也凭着宋子文本人对国民革命的一腔热情以及他的学识才干,自1925年9月出任财政部长至次年11月离粤北上,宋子文在国民政府的支持下,在理财方面取得了显著的成效。以岁入的增长情况为例,1923年政府收入为1031.6万余元,1924年为798.6万余元,1925年为2518.2万余元,1925年10月至1926年9

月底(即宋担任财政部长后的一年内)收入猛增至8020万余元。财政状况的好转,为国民政府巩固根据地,进而推进革命、出师北伐提供了重要的经济基础和保障,宋子文也从此确立了自己在财政金融界的权威地位。

宋子文的一生,经历丰富,起起落落,颇具争议性。但广东时期的宋子文应是他整个政治生涯中值得肯定的一个时期。不能否认,广东理财的成功,是宋子文对国民革命的一大贡献。

事业的成功,使宋子文意气风发,爱神也悄然而至。1926年11月,宋庆龄、宋子文姐弟一行为国民政府迁都事宜先行北上,以作筹备。途中,在一个偶然的机会,宋子文结识了九江富商张谋如年轻貌美的女儿张乐怡,二人一见钟情,双双坠入爱河,并很快定下终身,结成了一桩美满的婚姻。宋子文与张乐怡从此恩爱有加,白首偕老,膝下共有3女。张乐怡随宋子文参加过许多重要的政治或外事活动,但只是以夫人的身份陪同而已,与宋氏三姐妹完全不同。宋子文偕夫人出访美国时,曾有一位中国大使馆的官员私下称张乐怡为"宝贝儿"。当然,风流倜傥的宋子文偶尔也会摘摘"野草"。据军统特务唐纵回忆,用女人来笼络宋子文,是戴笠"对付"宋子文的法宝之一。有一回,戴笠"在香港为宋预备了个有名的容太太的女儿,刚才十六岁献给宋。这年轻而可爱的女人打动宋的心情。容太太是戴的姘头,如果容小姐得了宠,岂非妙喻吕不韦吗?不幸这事给宋、蒋二夫人风闻在耳,曾在康庄起了风波。他赶紧送她往桂林暂避。"不久宋美龄出国,"容小姐自然回到重庆,宋氏将她藏在郑莱公馆内。"宋子文在私生活方面虽然也有"出轨"的时候,但终究属于"秘密",不像他的妹夫蒋介石,竟还为此召开记者招待会,作公开的表白与解释。

第四章 家庭的分裂

“宋家在1927年的分裂，决不是偶然的事。”有人说宋霭龄是宋氏家族的核心人物，在大姐宋霭龄的带领下，宋子文、宋美龄、宋子良、宋子安诸兄弟姐妹先后成为蒋记政权的风云人物，唯有宋庆龄坚决地站在蒋介石的对立面，成为南京政权的重要政敌，宋子文从此与他最亲的二姐分道扬镳。作为当朝“国舅”，宋子文再次拥有了施展抱负的场所和政治“保护伞”。

1. 宋霭龄支持蒋介石

孙宋联姻是宋氏家族在政坛崛起的起点，蒋宋联姻则是宋氏家族发展史上的又一个契机，这两起婚姻都曾在宋家内部掀起轩然大波。对待蒋宋联姻的不同态度，不仅出于爱护美龄的亲情，更体现了宋家成员在政治上的分歧。

时至1926年底，南方革命政府不仅控制了珠江流域，并将革命势力扩展至长江流域。此时的宋庆龄已成为国民党阵营中的左派领袖，在海内外人民中赢得了广泛的尊敬。宋子文则以他的才干掌握了南方革命政府的财经大权，奠定了作为国民政府"财经王"的地位。这年11月，国民党决定迁都武汉，委派宋庆龄、宋子文等6人先期赴汉调查布置迁都事宜，并决定改组留守广州的南方革命政府。经过宋霭龄的积极活动，宋庆龄、宋子文等人的鼎立推荐，南方革命政府决定由孔祥熙任中央政治会议广东政治分会委员，接替宋子文的广东财政厅长职，并兼代国民政府财政部长职务，总揽后方财政，支持北伐战争。蒋介石作为北伐军总司令，直接领导了北伐战争。在北伐行进过程中，蒋介石以国民革命军总司令的名义集揽大权，逐步掌握了国民党的党、政、军大权。此时，北洋军阀还未被消灭，革命阵营内部却已出现了分化。当1927年初蒋介石挑起迁都之争后，国民党内出现了泾渭分明的两大政治派别，并第一次出现了宁、汉两个国民政府，宁、汉两政府在当时分别代表了国民党的右派与左派。

国民党的分裂不可避免地反映到宋氏家族内部来，由于家族成员在政治上的分歧，宋氏家族在1927年发生了分裂，导致这场危机的根源是国民党内以蒋介石为代表的右派集团，发动了一场背叛孙中山遗训的反革命政变。

宋氏家族的对立和分裂,最初体现在宋霭龄与宋庆龄两姐妹的针锋相对上。回想当年,正是宋霭龄将妹妹庆龄引领到孙中山的身边,而两姐妹不同的个性、气质及追求,使她们对革命、对人生有不同的认识。当孙中山在晚年推行激进的国民革命路线与政策后,两姐妹在思想认识上的差距越来越大。孙中山去世后,失去舵手的国民党发生了分裂,赞成孙中山新三民主义的向左转,反对的向右转。此时,孔、宋两大家族在政坛、商界已经崛起,作为孔氏家族的女主人兼宋氏家族新一代掌门人的宋霭龄,从维护家族利益的立场出发,很自然地与以蒋介石为代表的国民党右派产生了共同语言。

她首先策动丈夫孔祥熙投靠了蒋介石。1927 年 3 月,孔祥熙被武汉国民政府委任为实业部部长,孔祥熙在广州宣誓就职后,没有北上武汉,却于 3 月底为促使蒋汪合作而赶赴上海,从此,孔氏夫妇坚定地站在了蒋介石一边。1927 年 4 月 1 日,受蒋介石排挤出国的汪精卫从国外回到上海,孔氏夫妇在西爱咸斯路私邸宴请蒋介石和汪精卫,促使他们的“晤面,商谈合作”。4 月 4 日,汪精卫在上海通电,谓“与蒋总司令、张静江及各军领袖曾举行重要会议,决定一致合作,并主张在南京召集中央执行委员会全体会议,解决党内纠纷。”随后,汪精卫去了武汉。蒋介石于 4 月 12 日在上海发动反革命政变。汪精卫抵达武汉后,以“左派领袖”的面目出现,被迎任为武汉国民政府主席。4 月 17 日,武汉国民党中央及国民政府下令开除蒋介石党籍,免去其本兼各职,并决定东征讨蒋,宁、汉呈对峙局面。此时,号称拥兵 50 万的冯玉祥部队成为蒋汪都想争取的一支重要的武装力量,冯玉祥表示对宁、汉双方一视同仁。在这种情况下,孔氏夫妇商定利用孔祥熙原有的关系为蒋介石拉拢北方各派势力,以壮大蒋介石的实力。于是,奉蒋介石之命令,孔祥熙“冒炎暑,历艰险,秘密奔走于宁豫晋之间,费时数月,联络忠实同志,苦心疏导,竭力协调。最后转往郑州(冯玉祥于 6 月 1 日攻克郑州)，留驻月余，挽冯玉祥协力斡旋，及酝酿成熟，乃在郑州与冯玉祥联名发出通电，正式呼吁精诚团结，共同合作。各地将领群起响应，纷纷电请蒋总司令复行视事，继续领导北伐”。至此，孔氏夫妇为蒋介石初步战胜国民党内的其他派别立下了汗马功劳。

在孔祥熙积极联络北方实力派军人以支持蒋介石的同时，宋霭龄全力协助蒋介石拉拢宋子文。当时宋子文正奉命由武汉至上海筹措经费，蒋介石千方百计地想留住宋子文。“四一二”政变后，面对宋子文的不合作，蒋介石动用武力对宋子文进行了威吓，与此同时，宋霭龄配合默契地对他进行说服动员工作，并发动母亲与小妹美龄等家人轮番给他“洗脑筋”，从家族利益的角度晓以利害。住在法租界莫利哀路宋庆龄公寓[①]内的宋子文，面对蒋介石、宋霭龄等人的软硬兼施，显得彷徨而害怕。期间，宋庆龄曾派人来接他回武汉。宋子文与宋庆龄虽姐弟情深，但宋子文毕竟不同于宋庆龄，尤其是政治信仰的不同，最终，宋子文留在了上海。争取了宋子文，对蒋介石来说可谓一石二鸟，既从财力上打击了汉方，更重要的是得到了一个“金融奇才”。宋子文日后的确成了蒋介石政权的财政支柱，只是宋霭龄没有想到，宋子文的崛起会成为孔祥熙日后升迁的障碍；而宋子文的个性和理想又使他与蒋介石不时发生矛盾与冲突。可见，在蒋、宋、孔连成一体的同时，已为他们之间的矛盾及日后的分道扬镳埋下了伏笔。

有人说，“宋霭龄一生中最大的杰作，是成功地策划并撮合了蒋介石与宋美龄的婚姻，从而将蒋介石的军力与宋氏家族的财力和英美背景彻底融合起来，为创立蒋家王朝与宋氏王朝奠定了基础。”蒋介石对宋美龄是早已心向往之，但蒋介石与宋美

---

① 此即孙中山故居。据海伦·斯诺说：孙中山故居“有一道厚厚的高墙围着，作为防护，房子是现代式建筑，一切设计，与其说是为了美观，毋宁说是为了安全。孙夫人告诉我，这房子是一位华侨赠给她丈夫的。”

龄在经历、年龄、个性、宗教信仰等方面的巨大差异,使他们的结合有相当的难度。何况当时蒋介石在道德品质、生活作风和政治声誉方面的名声并不佳,这更使信奉基督教的宋母难以接受。据说宋老太太曾禁止家人谈论蒋宋联姻的话题,为避免蒋介石的纠缠,不给他以任何机会,她接受了长女霭龄的"好心"安排,只身去了日本。美龄的两位兄姐宋庆龄、宋子文也极力反对小妹嫁给已有妻室且名声不佳的蒋介石。唯一支持这桩婚姻的是宋霭龄,她已预见到了蒋宋联姻的"光辉"前景,为此,她不仅积极帮助蒋介石追求小妹,还说服了母亲和作为宋家长子的弟弟宋子文。

蒋宋联姻,首先得宋美龄本人愿意。此前,宋霭龄已在小妹面前为蒋介石说了不少好话,详细分析了蒋宋联姻对宋美龄本人乃至对宋家的"好处"。为增进小妹与蒋介石之间的相互了解,尤其是小妹对蒋介石的认识,宋霭龄提议他俩作一次秘密旅行。经过宋霭龄的周密安排,宋美龄应邀赴镇江同蒋介石一起游金山、焦山。当事人记载:"蒋介石亲笔写了一封信,派我到上海去面交孔夫人。我交上蒋介石的亲笔信,她含笑看信,看了之后,高兴地对我说:'知道了!总司令约三妹在十五日到焦山去玩,好吧!你就住在我这里,等到十五号走罢!'这一天正是五月十三日。""五月十四日下午,我到北火车站,打算预购明天的车票,见着站长,说明来意。他问我:'你是来接总司令的朋友去镇江的吗?'我说:'是的。'他说:'不用买票了,我已经预备好一辆蒋总司令上次坐过的花车,挂到明天上午八点钟开往南京的特别快车的车头后面。'并笑容可掬地问:'你看好不好?''当然好啦!'我高兴地答道。随后就回来告知孔夫人,她也很高兴。坐在她一旁同时听我说话的三小姐——宋美龄,也嫣然一笑。""吃过早点,等候夫人下楼。七点半,孔夫人、三小姐和另外一位中年妈妈,一同下楼,上了汽车。七点五十分到达车站,一进站就望见那辆花车,站长来打招呼,我们一行登上花车。孔夫人宋霭龄一个人回去了。一声汽笛,离开上海北火车站。"

"下午三时许,火车进入镇江车站,车站上有警察警戒。蒋介石已等候在车站上,他不穿军装,换一套华贵笔挺的西装,戴一顶高级草帽,足登白皮鞋,精神奕奕,背后有一排卫士和公安局长俞子厚。车站站长站在月台上,指挥火车停下。正好花车停在蒋介石的面前,他即走上花车,同宋美龄见面。握手毕,他急忙把宋美龄的手提包抢在自己手里。缓步下车,改乘一辆新式轿车开到江边,换乘小汽艇,直驶焦山。焦山位于长江之中,来往必须乘船。山上有个大庙,和尚并不多。游人也不很多,环境非常幽静。""蒋、宋在焦山,每日早出晚归,游览这一带的名胜古迹。有一天到了一个清朝做过大官的家里,壁上挂着一幅唐伯虎的画,两人赞赏了一番。中午在一家有名馆子吃饭。""这样一晃就是十天,蒋介石带着卫士排回南京,叫我送宋美龄回上海。"经过 10 日形影不离的相处,宋美龄心意已定,"非蒋介石不嫁"。男女主角既已"情投意合",剩下的问题也是关键的问题,便是说服家人。

当母亲前往日本,妹妹庆龄远赴苏联后,身边的反对者只剩下了弟弟宋子文。宋子文虽然看不起军人出生的蒋介石,但也不像二姐庆龄那样因政见的不同而与蒋决然对立,他也没有二姐的刚强与意志坚定,于是在宋霭龄的策划下,在宋子文已决定倒向蒋介石后,他被说服同意了这桩婚姻。

与此同时,蒋介石也妥善"搞定"了几位夫人,恢复了自由之身。接着,宋霭龄以大姐的身份,于 9 月 16 日在上海塞耶路的家中,召开记者招待会,热情洋溢地将蒋介石和宋美龄介绍给新闻记者,并宣布:"蒋总司令即将与我的三妹结婚。"9 月 29 日,蒋介石赴日本,宋氏兄妹子文和美龄同行。眼见小女美龄心意已定,加上长女霭龄、长子子文的劝说,宋老夫人终于以宽容之心应允了这桩婚事,接受了蒋介石这个女婿。在宋霭龄的策划与安排下,蒋宋联姻终于得以实现。且不论蒋、宋是否为爱而结合,嫁给蒋介石确实给了宋美龄表现与发展的机会,满足了她的权力欲。从小崇拜大姐的宋美龄不得不佩服大姐的眼光,从此更加“迷信”大姐。蒋介石自然也感谢与佩服宋家的这位新掌门人,有了孔氏夫妇的支持,蒋介石不仅密切了与北方军事实力派的关系,更娶到了一位能给予他的事业以极大帮助的“贤内助”,结成了这桩对他的前途与事业有着重大影响的婚姻。

宋霭龄的行动拉近了蒋、宋、孔三大家族的关系,也间接帮助蒋介石稳固了权力。有人说宋霭龄是宋氏家族的核心人物,也许并不为过。从此,借助蒋介石与宋美龄之威,宋霭龄以她那双神秘的巨手,扶持并操纵着孔、宋两大家族,她的“垂帘干政”甚至直接影响到了中国政坛的走势,宋霭龄成为民国政坛上没有实权却有着极大权力的女人。

南京国民政府的建立,加以蒋宋联姻,为宋氏家族的“飞黄腾达”奠定了基础。在大姐宋霭龄的带领下,宋子文、宋美龄、宋子良、宋子安众兄弟姐妹先后成为蒋记政权的风云人物,唯有宋庆龄坚决地站在蒋介石的对立面,成为南京政权的重要政敌,也成为宋氏家族的“叛逆”。从此,宋庆龄被划出了日后曾显赫至极而又臭名昭著的宋氏家族之列。曾经倾力支持孙中山及其领导的国民革命运动的宋氏家族,其革命性与进步性从此消失;抗战时期,宋家成员虽有抗日的积极表现,但宋氏家族已成为封建权势豪门的代名词,成为众所周知的民国时期代表官僚垄断资本的四大家族之一。

2. 姐弟分手

1927 年国民政府宣布迁都武汉后,先期赴汉的宋庆龄、宋子文两姐弟成为武汉国民政府的左膀右臂。政治声望极高的宋庆龄被视为汉方的政治支柱,身为武汉国民政府财政部长的宋子文则为汉方的财政支柱。

宋子文在抵达武汉后,立即着手解决武汉国民政府的财政问题。根据广州理财的原则,他相继采取了一系列的财政金融整理措施,诸如:统一湖北地区的财政,在湘、鄂、赣收复地区加强税项征收,发行金融公债与国库券,设立中央银行汉口分行,整理货币,等等。遗憾的是,武汉理财未能取得广州理财那样的效果,其中大多措施或者未能贯彻下去,或者收效不大。对此,宋子文本人颇为感慨。他曾向记者发表谈话说:

现在之国民政府,于军事政治外交方面,诸端待理,今欲即行从事于此等理想之改革,乃极困难,换言之乃不可能之事,故拟与各般施政之改善,同时详细研究,而徐徐谋其进行也。

武汉国民政府的确正面临着困境,关键是北伐革命还未取得最后的胜利,革命统一阵线内部却已出现了分化。蒋介石为实现其军事独裁统治的阴谋,于1927年初挑起了迁都之争。2月22日,蒋介石挟中央政治会议作出了"在党部与政府未迁以前在武汉不得以中央党部暨国民政府名义另行办公"的决议,公开与武汉国民政府对抗。此外,帝国主义各国也正对武汉国民政府采取经济封锁政策。军事的包围与经济的封锁使武汉国民政府处在内外困扰的局面之中。在这种政局动荡、形势不明朗的情况下,在汉的工商金融界人士自然不敢把宝押在这样一个身处逆境、权威又尚未牢固确立的政权身上,而没有工商金融界的很好配合,武汉国民政府的财经危机自然是难以解决。

为摆脱困境,武汉国民政府派财政部长宋子文赴上海,目的有二:一是对蒋介石"劝阻分裂",二是希望控制上海、江浙这一带富庶地区的财政金融,以为武汉国民政府提供财政来源。3月27日,宋子文乘英商太古公司"重庆"轮离汉赴沪。孰料,这一去从此改变了宋子文的政治道路,开启了他政治生涯的另一个起点,宋子文与姐姐宋庆龄也因此"分手"而有了不同的政治前途。

宋子文到达上海的第二天,便去拜访国民革命军总司令蒋介石,与蒋协商统一江浙财政事宜。宋子文的到来对蒋介石来说无疑是一件好事,因为他正需要像宋子文这样一位精干的理财家帮他筹钱，于是对宋极尽拉拢之能事。这时的宋子文对武汉方面与蒋介石的分歧并不以为然，只是把它看做党内意见不一而已，对双方的矛盾，他尽量避免明确表态。他最关注的是统一江浙财政和筹资问题。还在宋子文来上海之前，蒋介石曾发起成立了江苏兼上海财政委员会，宣布由该委员会来负责统一财政，3 月 31 日报界公布了该委员会的名单。宋子文于 3 月 29 日抵达上海后，随即设立了财政部驻上海办事处，着手接收江苏、浙江财政事宜。这样一来，上海便出现了二个统一财政的机构。蒋宋二人经商议后，在互利的基础上达成了一致。蒋介石想利用宋子文为其筹措军费，宋子文则希望得到蒋介石的支持，以便顺利统一江浙财政。4 月 8 日，蒋介石以国民革命军总司令部的名义颁发布告，表示支持宋子文统一江浙财政："江浙地方，现经克复，所有江浙财政事宜，应即交由财政部接收整理，以期统一。嗣后无论任何机关团体，对于财政概不得加以干涉，其对外一切契约行为，并由财政部办理。"翌日，宋子文以国民政府财政部名义发布通告："本部长奉令接受江浙财政，现经设立驻沪办事处于民国路慈善救济会旧址，以资统辖。以后所有江浙两省中央直辖财政机关一切收入，应均扫数解交本处接受。"

在使命得到确认后，宋子文便采取了统一财政的有关措施与行动，诸如：在财政部驻沪办事处内，按财政部的机构编制分设主管部门；在财政部办事处内设立中央银行筹备处，规定一切国税收入应统行解缴设于中央银行筹备处内的财政金库；为在公共租界黄埔滩道胜银行旧址设立中央银行一事，与驻沪外国领事团进行交涉，等等。

与此同时，宋子文开始向上海银钱业筹款筹饷。为尽快筹到款项，也为了今后财政计划的顺利推行，宋子文与上海工商、金融界人士进行了直接的接触。为取得他们的支持，密切与他们的关系，宋子文在财政部办事处下设立了 3 个专门委员会，即公债委员会、预算委员会、银行币制委员会，延聘上海金融、工商界的头面人物出任委员。在日后宋子文出任南京国民政府财政部长期间，以上3个委员会中的确有不少人成了宋子文与江浙资产阶级间的中介人。

4月12日，蒋介石在上海、南京地区公开“清党”，武汉方面公开表明了反蒋立场。国民革命营垒的内部之争——国民党中央党部、国民政府与国民革命军总司令间的分歧，自此演变成革命与反革命的对立。17日，武汉国民党中央颁令，将蒋“开除党籍，免去本兼各职。着全体将士及革命民众团体拿解中央，按反革命罪条例惩治”，并决定在金融与经济关系上与蒋断绝关系。这时，蒋介石对尚在上海的宋子文施加压力，劝说宋在他的政权中做财政部长，并要他同武汉断绝来往。作为武汉国民党中央和国民政府的主要成员，宋子文此时虽没有公开指责蒋介石，但他的立场与武汉方面是一致的。在宋子文眼里，南京政府只是一种改头换面的个人独裁政权，独裁是宋一向厌恶并反对的。还在蒋介石以武力“清共”之初，宋子文曾对在上海的哈佛大学法学院教授赫贞谈到：国民革命的主旨是以党治国，就是以文人制裁武人。现在都完了！文人制裁武人的局面全都被推翻了！

4月17日，上海银钱业拿出宋子文先前向其垫借的300万元中的第一笔100万元，请宋子文以财政部长名义签收，被宋拒绝，因为他知道这时已无法调拨分文用于接济武汉方面。同日起，设在财政部办事处内的江苏财政处停止了同国民革命军军需处的往来。4月20日，宋子文公开表示将不再经办续借款300万元之事。蒋介石与宋子文的矛盾因宁汉分裂而激化，蒋宋“合作”暂告中止。

宋子文的态度使蒋介石十分恼怒，而同时他又十分看重这位理财能手的本领，于是，他对宋子文采取了软硬两手政策，以迫其就范。4月18日，南京国民政府成立后，宁汉间出现了两个中央党部、两个国民政府的公开对峙。宁方宣布不再承认宋子文的财政部长身份。接着，蒋介石重新打出江苏兼上海财政委员会的旗号，以此取代宋子文在上海统一江浙财政的职权。宁方并通电指责宋子文：“困革命军于绝地，其意何居……似此经济封锁,俨同敌国,将置大局于何地。”为逼宋子文就范,蒋介石还令人封闭了宋在广州苦心经营的中央银行。这无疑提示他,不跟南京政府合作,就别想有任何作为。蛰居上海的宋子文此时不仅失去了他的职权以及曾经为之付出极大心血的阵地,甚至他的生活、他的行动也受到了干扰与限制。他的住宅被暗探监视着,他还收到过匿名恐吓信,这不能不使宋子文心情紧张,在这种局势下,他只能深居简出。在蒋介石威吓宋子文的同时,宋霭龄动员家人对宋子文进行劝说工作。

在南京政府对宋子文施加压力的同时,武汉方面也派人赴上海,想说服并帮助宋子文回武汉。在宋子文的眼里,当时的“武汉尽管有共产党人,仍然代表着国民党的真正传统”,但正如他本人所说的:

我其实不是社会革命家。我不喜欢革命,也不相信革命。如果劳工政策吓得所有的商人和工厂主都闭店关厂,我怎么能平衡预算或保持货币流通呢?

武汉方面实行的劳工政策、通货膨胀政策使宋子文深为不满,工农群众运动一些过“左”的行动更使他感到恐惧,他担心他会在“到汉口的第二天就被暴民拖出财政部,撕得粉碎”。就在这种疑虑与彷徨之中,面对双方的压力,宋子文没有立即作出选择。他既“不顾人们的劝说和威胁,一直拒绝参加蒋介石的政府”,也没有马上离沪赴汉,而是滞留上海,静观事态的变化,思索着他的去向。

时至这一年7月,宁汉双方之力量对比发生了较大的变化,尤其是汉方,其立场与政策已渐向右转,有与蒋介石合为一体的趋势。在这种情况下,宋子文与蒋介石的关系有了微妙的变化。虽然南京政府绝不是宋子文所向往的理想政府,他的个性更使他对蒋介石那种近乎胁迫的方式异常反感,宋子文从来不是一个肯轻易就范的人,但经过对时局的分析,对国民党内各派力量对比消长的观察，宋子文开始倾向于蒋介石。7 月上旬，宋子文携带了蒋介石给宋庆龄的一封信，离沪赴汉。蒋介石在信中希望宋庆龄与宋子文一同回沪，参加南京国民党政权。信中说："中正等望夫人来沪如望云霓"，务请即日来沪，这样，"所有党务纠纷必以夫人之来有解决办法也"。据《宋家王朝》一书中描写，宋子文还"把他母亲，两个尖嘴利舌的姐妹所能搜罗的一切高压威胁和中伤诋毁的言论都统统转述了一遍……庆龄坚定不移，不可回转地对她弟弟说，不，她不会与蒋合作。"以后的事实证明：宋庆龄真正坚持了革命民主主义的立场，拒不与背离三民主义原则的蒋介石政权合流；宋子文则最终投入了蒋的营垒。姐弟二人原本深切的手足之情，从此因政治道路的不同而蒙上了阴影。

宋子文抵达武汉后，虽对武汉地区的财政金融局势表示关心，但没有接任财政部长一职，而继续由他人代行部务，这正反映了他的那种观望心态。7 月 15 日，武汉国民党中央当局正式宣布反共，并大规模地捕杀所辖地区的共产党人和革命群众。17 日，武汉国民政府决定东征讨蒋，蒋介石迅速调兵遣将，作了迎击的准备。至此，宁汉间的对立完全蜕变为国民党内部争夺正统名分和最高领导权的派系之争。在宋子文眼里，武汉国民政府已不再代表国民党的真正传统。汉方则渐渐地将宋子文排斥于核心成员之外。

以后，在汉方内部出现分化，汪精卫失势出国，国民党内各派系纷争不已的情况下，深知权力之重要性的宋子文与蒋介石取得了谅解，从此完全投入了蒋介石营垒，成为南京国民政府的主要成员，将自己的政治前途与蒋介石缚在一起，直至 1949 年离开大陆。

首先，在小妹宋美龄与蒋介石的婚姻问题上，这时的宋子文既已决定与蒋合作，作为兄长，他义不容辞地负起了操办婚事之责任。宋子文再一次做了"当朝国舅"，成为一位风云人物。虽然，这不是日后他屡任南京国民政府要职的决定性因素，但对他的政治生涯确有很大的影响。而有着较强的独立、自由个性的宋子文，如何处理好与最高当权者蒋介石的关系，是他长期以来无法回避的难题。蒋宋之间的矛盾与冲突，使处于中间的宋美龄十分的为难与尴尬，兄妹感情也因政治的关系而逐渐淡漠。

其次，为蒋汪合流牵线。就在国民党内各派互相争权夺利之际，蒋介石采取了以退为进的策略，于1927年8月13日通电下野。蒋介石下野后，原先呼声较高、在国民党内资历较深的汪精卫成了各派共同防范与攻击的目标，汪很快被孤立起来，无力捞到第一把交椅的汪精卫愤而跑到了广州。结果，以李宗仁、白崇禧为代表的桂系执掌了国民党的最高政治领导机关。正当桂系积极扩大地盘的时候，蒋介石于11月10日从日本回到了上海，决定联汪反桂。在此次蒋汪合作中，宋子文发挥了积极的牵线作用。他曾于11月2日抵广州会晤汪精卫，经过“连日与汪主席会商党事”后，于11月7日离开广州返回上海。蒋介石回沪后，与宋子文作了多次晤谈，决定电请汪精卫北上，会商党事。18日汪抵达上海，宋亲赴码头迎接。在宋子文的牵线撮合下，蒋、汪、宋进行了多次会晤，讨论召开国民党二届四中全会，以图打破桂系专权的局面。12月上旬，蒋介石与汪精卫约集国民党在沪的部分委员召开了二届四中全会预备会议，会上一方面抬出国民党中央全会以反对由李宗仁、白崇禧组成的国民党中央特别委员会，另一方面决议请蒋复职。至此，宋子文的牵线使命已告成功。就在这时，由于张黄事变（汪派中的张发奎、黄琪翔在广州驱逐李济深、黄绍雄事件）和中共领导的广州起义相继发生，汪精卫再次遭到了各派的猛烈攻击，吴稚晖、张静江、李石曾等一些国民党元老甚至向预备会议提出了弹劾案。于是，汪精卫在此次蒋汪合作中没捞到一点好处而悄然离沪赴欧。1928年1月4日，蒋介石到了南京，国民党二届四中全会召开，经过“合法”的程序，蒋介石执掌了合流后的南京国民党中央政府的党权与军权。

1928年1月3日，经国民党中央决策层议决，国民政府任命宋子文为财政部长。这一职位的重新获得,虽与此前新结成的"蒋宋联姻"有着某种关系,但更多的是靠他本身所具备的诸种条件,使其能为各派及中央决策层接受。谭延闿的一段话或许能代表当时众人的共同看法:

以现在政府之状况说,北伐军事已在发展时期,首都新治,应从训政开始。惟军事政务皆赖于财政者,最为重要,国府方面故以宋部长出而担任。宋部长前在广东办理财政,很有成绩,辅助军事进行极大。……现在训政开始,要实行三民主义,更要一方面发展军事,一方面统一财政,宋部长之经济学识最深,党内同志,希望其在此最短时期,于财政上有重大之发展,以完成北伐统一中国。

随着南京政权的巩固及其统治范围的扩大,宋子文再次有了施展抱负的政治保障和广阔舞台。在整个南京国民政府时期,宋子文的政治生涯呈现出少有的大起大落,他曾是民国政治舞台上权倾一时的风云人物,在民国的财政金融、经济、政治、外交诸领域,宋子文曾发挥过举足轻重、旁人不可替代的作用,他又一度成为离开权力中心的"在野"人士。不管怎样,宋子文始终未离开南京国民政府,因为自他决定投入蒋介石集团的那天起,他便决心将自己的政治前途与南京国民政府系在一起,他矢志不渝地效力于南京政权,直至它在大陆的垮台,他也利用这一政权来扩充自己的实力,宋子文曾被人称作为"世界上最富有的人之一"。

3. 夫唱妇随的宋美龄

宋美龄同蒋介石结合后,开始了她的另一种生活。"美龄婚前的一个女友说,那时她总有这样一种感觉:上海的生活以及她那个阶层的姑娘所能有的社会工作,都满足不了美龄的需要。

美龄兴趣广泛，俱乐部和儿童福利会是她课余常去的地方，但是这些仍然无法使她得到满足，她那充沛的精力和智力有时使她显得情绪偏急、举止奇异。比如，打麻将的时候（打麻将是上海许多妇女借以消磨大段时间的一种娱乐活动），美龄常常在玩了几小时之后，突然站起来告辞……美龄的离去给人这样一种印象，似乎她突然意识到她正在干的是一件毫无意义的事情。……结婚后，这种厌烦与空虚的感觉消失了。”同两位姐姐一样，婚后的宋美龄全力协助丈夫的事业，作为第一夫人，她从此活跃于民国政坛。

宋美龄嫁给蒋介石的时候，南京国民政府才建立不久，这个尚未被人们所承认的中央政府面临着两大问题：一是旧军阀（北洋军阀）尚未彻底摧毁，待旧军阀被解决后，以蒋介石为代表的新军阀之间又发生了一系列争权夺利的混战；二是中国共产党领导的农村革命根据地已经在南方形成星火燎原之势。蒋介石本人则正值第一次下野后即将复出。1928 年 2 月，国民党召开二届四中全会，不仅恢复了蒋介石的国民革命军总司令的职务，且决定由蒋介石兼任国民党中央政治会议主席和军事委员会主席，同时作出了所谓集中革命力量以限期完成北伐大业的决议。

成了蒋夫人的宋美龄毫不迟疑地放弃了舒适悠闲的生活，跟随蒋介石到了南京，充任了蒋介石的秘书和翻译。当时的南京虽已成为国民党的首都，但城市的各方面的条件是比较差的。宋美龄在同蒋介石结合前，到过中国许多地方，熟悉的还只限于天津、北平、上海、广州等城市。在这些地方生活，对宋美龄来说是“轻松而舒适”。现在到了南京，这是一座残破老旧、黄沙蔽天的城市，居住与交通的条件极不理想，许多国民党官员的妻子宁可在上海生活，与当官的丈夫定期见面，也不愿随着到南京去，可是宋美龄，却似乎毫无怨言的在南京呆了下去，而且宋美龄十分繁忙，过去那种比较清闲的生活没有了。

复出后的蒋介石首先忙于筹划“第二次北伐”，为了避免说他是军事独裁,他特地提议在广州、武汉、开封、太原等四个地方分头设立四个中央政治会议下属的政治分会,由李济深、李宗仁、冯玉祥、阎锡山等四人分任政治分会主席。同时,他又施展了他的老一手以笼络其他统兵将领,拉冯玉祥换帖拜把子。宋美龄参与了"第二次北伐"的筹划活动,主要做了两件事:一是做了许多应酬的事,协助蒋介石融合与同僚的关系。"那时的南京,生活条件既然如此差,自然没什么社交娱乐可言,不过总司令的生活毕竟例外。蒋与他的同僚间倒是经常有饭局举行,每一次,这位蒋司令都坚持他那新娘子与他一起出席,如果遇到司令自己作东时,宋美龄更是非扮演女主人的角色不可。"尤其是宴会中,宋美龄往往是座中的唯一女性。她曾说过:"我想这些官员起先颇为意识到我是个女性,但是后来我全心地投入帮夫的事业,他们也就不再视我为一个女性,而是他们之中的一员。"宋美龄在家中要帮助蒋介石接待许多客人,这种接待不单纯是妻子接待到家里来的宾客,乃是政治活动的家庭化,这是旧中国官场活动的一个延伸,也是宋美龄初入官僚行列的一个起步营生,这种接待,显示了宋美龄的交际才能,弥补了蒋介石的一个缺陷,取得了日常政治活动中所起不到的作用。二是做劳军工作,安抚军队将士。1928 年"国民革命军遗族学校和女校"的建校,是宋美龄和蒋介石结婚后,亲身参与的头一件积极的事。关于建校的经过,据宋美龄说:"自从国民政府在南京建设首都以后,蒋总司令觉得要有一种设施来纪念国民革命历年为主义奋斗和为党国牺牲的将士先烈,安慰他们在天之灵。及至民国十七年,统一告成,政府决定对阵亡诸将士,为之建筑公墓,开辟公园,以志纪念;给发恤金,抚慰寡孤,以慰英灵。但是,遗族子女大都缺乏教养,亟应设立学校,造就他们成为健全的公民,才算是尽了抚慰遗族的责任。民国十七年十月蒋总司令向中央执行委员会提议设立'遗族学校筹备委员会',当时就推定委员 11 人,国民政府主席谭延□先生,亦参加在内,他非常热心,并对我说:'完全请你负责,来筹备本校。'在筹备创设的时候，当然经过许多困难，就是现在亦常有困难的问题发生；这是举办一种事业不能免的，只要我们能努力去做不断地改正，必可完成我们的计划。”据记载，原推定筹备委员 11 人，头一名即是宋庆龄，并决定由宋庆龄担任校长。只是当学校于 1929 年建成时，宋庆龄已身在国外，于是一切有关学校的校务问题，全委派宋美龄办理。宋美龄确实把办这所学校当作是自己的事业，非常投入。她至少一个礼拜去学校 3 次以上，不仅关心校务问题，且十分重视教育。宋美龄比较强调“如何将书本所学的应用到实际生活中去”。她说过：“在这些烈士遗族学校里，我要教他们如何用手和身体去思考、去推理，为什么一件事必须那样子做。”不能不看到，政治上的需要超越了生活上的需要，宋美龄这一娇小姐卷入了政治生涯，一步一步成为蒋介石集团的要员。

接着，宋美龄又跟随蒋介石“南征北战”，卷入所谓“统一”以及反共的活动中去。所谓“统一”就是 1928 年 3 月举行的“第二次北伐”，以打垮奉系军阀张作霖和直系军阀孙传芳的残余；反共就是连续不断地对中国共产党领导的工农红军与农村革命根据地进行疯狂的反革命军事“围剿”。在北伐的过程中，宋美龄跟随蒋介石转战各地。“车站、农宅、临时屋都曾是他们的落脚处，不过，有件特别的事，那就是不论到了多么恶劣、简陋的地方，委员长夫人对她所素持的干净标准丝毫也不肯打一点折扣，每到一个地方，她的第一件事一定是抹地擦窗，务必直到看起来纤尘不染后才肯罢手。当然，漂亮的窗帘与芬芳的鲜花是绝对不可免的。”“第二次北伐”完成之后，蒋介石同冯玉祥、阎锡山、李宗仁之间的矛盾产生，从编遣军队开始，接着爆发了一系列新的军阀混战。此时的宋美龄已完全站在蒋介石的立场，她在给美国同学的信中谈了她对局势的看法说：“你无疑已从报上得知，中国军阀尚未被打倒。他们为了保持各自利益范围满足私欲，公然反抗中央政府，而置唯有统一才能救国于不顾。我丈夫身为国民政府主席和国民革命军总司令，已尽最大努力阻止反叛将军阎锡山和冯玉祥作乱。可是这些将军封建意识浓厚,只顾私利而不知其他,因而中央政府只得颁布戡平叛乱的命令,我丈夫作为总司令统辖全军。…… 一想到我国面临的种种灾难我就感到痛心疾首。连年旱涝饥荒,共匪乘机作乱;而现在,为了满足无聊军阀的贪婪欲望,又要进行一场血腥战争。"宋美龄的这封信,显然是站在蒋介石立场上的一番表白。

中原大战结束后,1930 年 10 月 23 日,宋美龄随蒋介石悄悄到了上海。在上海,蒋介石履行了结婚时的诺言,在宋家接受了洗礼,正式成为一名基督徒。"接受洗礼以后,总司令就可能定期去教堂做礼拜。每当他要做出一项重大决定的时候,他就跪着祈祷一段时间,以便得到安慰和启迪。每天清晨五点半起床以后,他就做祷告,这已成他日常一项必不可少的工作,就像他每天写日记一样,从未忘记过。"尽管蒋介石是在宋美龄的催促之下履行了结婚时的诺言,"动机不明",但宋家对蒋介石的这一姿态是深为满意的。美国的《基督教世纪》杂志评论蒋介石接受洗礼这件事说:"蒋是政府首脑。从其颁布的教育及其他法令来看,人们普遍认为这个政府对基督教会在中国的传教规划是持反对态度的。……基督教领袖们……正在严肃辩论此种规划有无实行可能。……人们对蒋介石加入基督教社团将持有克制的热情态度。确切地说,中国以外的教会希望在做出这项洗礼是一个重大胜利的结论之前,应有一段相当长的时期,静观事态的发展。……大多数有见识的基督教徒都认为,康斯坦丁改变宗教信仰曾使西方教会蒙受一次最大的不幸;同样弗拉基米尔宗教信仰的改变也未被看做一次胜利,而对东欧真正的基督教来说毋宁是一次失败。……当前中国局势还有其他因素应予考虑……例如,它明显而且急迫地需要外援,特别是外国贷款。……南京政府领导人……明白如有一个受过洗礼的基督徒当该政府首脑,西方对他们是会兴趣倍增的。……在鼓励主席采取这一步骤时,他们心目中肯定已在盘算有哪些直接和实际利益。……奉劝各地的基督徒,不要把这件事……看成是上帝的王国在中国取得巨大进展的具体标志。"《基督教世纪》杂志的评论，把蒋介石似乎是忙里偷闲，在新军阀混战与反共战争之时到上海“接受洗礼”一事的真正企图点破了。从现象看，蒋介石是履行了宋美龄同他结合的诺言，实质是进一步争取英美的支持。因为新军阀混战刚刚结束，冯玉祥、阎锡山、李宗仁表面是服从蒋介石了，而内心是不服的；历年混战，生灵涂炭，工农业生产受到严重破坏，作为新建立的南京国民政府，财力上相当薄弱；中国共产党领导的农村革命根据地正在以燎原之势，威胁蒋介石的政权，所以蒋介石迫切需要英美的进一步支持，以稳固他的政权。上海是英美在华势力的集中地，蒋介石在上海搞“接受洗礼”，就做了一个样子给西方国家看，他在信仰上也加入了西方的行列。不过，蒋介石在信仰上，的确是随了宋美龄。在费希写的《蒋委员长夫妇的战时生活》中说：“蒋委员长于每晨六时，即已起床，作二十至三十分钟之早操后，乃开始洗面漱口。七时许，偕夫人宋美龄女士作静默祈祷，其时期约半小时。此为彼等每日所必须实行之日常工作，纵使繁忙，亦必为之。在此静默时内，两人共读中文圣经及上海广学会出版之晨间礼拜经文，两人并在跪祷时，互相讨论研究所读经文之意义暨祷词。”正如评论上说的，“受过洗礼的基督徒当该政府首脑，西方对他们是会兴趣倍增的”。这样，蒋介石就争取了西方国家支持他即将发动的“围剿”农村革命根据地的战争。

蒋介石在上海接受基督洗礼的当天，就赶往汉口召开湘、鄂、赣三省“会剿”会议，商定对中国共产党领导的农村革命根据地进行军事“围剿”。从 1930 年 12 月至 1934 年 10 月，蒋介石先后对中国共产党领导的江西中央革命根据地和湘西革命根据地、鄂豫皖革命根据地发动了五次反革命军事“围剿”。宋美龄于 1933 年底到了江西“围剿”前线，她在写给美国一位老师的信中谈到了她为什么要赴前线以及她所做的工作，说：“我担任士兵慰问团的领导，尽心指导江西妇女慰问伤兵。我们要随军向腹地挺进，生活是艰苦的，但我很高兴，我的健康良好，能够坚持，这样我就能同他在一起，就能协助他。假如我静坐家中，等到中国真正实现和平，那么我们将长期无法团聚，所以我宁愿同他在一起，我军进展迅速，我们每到一处停留一般不超过两周。我们虽不得不放弃一些物质享受，但那不算什么，因为我俩互不分离，各有工作。”接着，宋美龄又随蒋介石赴西南部署追击工农红军，正如罗比·尤恩森在《宋氏三姐妹》一书中所说：宋美龄“在她丈夫与红军作战期间同他一起飞行，为的是同生死、共患难”。

不可否认，在协助丈夫的事业方面，宋美龄与二姐宋庆龄确有许多的相似之处，只是宋庆龄不像妹妹那样铺张与讲究。宋美龄在《闽边巡礼》一文（该文于 1935 年 2 月发表在美国《论坛》杂志上）中谈到的她此行的随行人员，即是一个典型的例子。文中说：“丈夫动身向南边的建瓯去。他坐军用飞机，一小时便到了，可是此去的航空途中，寒冷而危险，所以打电报来，叫我乘船前去。……我带着美籍看护妇、女秘书、女仆和男仆卫兵等，同行共有六七十人，分乘五个民船、五个竹筏。……我丈夫坐飞机一小时便可到达的那段路程，我们坐小船费了四天四夜的功夫。”

的确，从嫁给蒋介石的那天起，宋美龄便“全心全意”地协助丈夫的事业，只是两人的出身、求学背景不同，在一些问题上蒋宋的意见时有相左，为之发生争吵也是常有的事。据蒋介石的侍卫回忆，因蒋介石杀害邓演达事，蒋、宋夫妇间闹得很凶，宋美龄一气之下回了上海娘家。据说每次蒋宋吵架，都由宋母或大姐霭龄对双方进行劝解，促宋回去或电蒋来接。

宋美龄反对蒋介石杀害邓演达，应该说既有蒋宋信仰与政见不完全相同的因素，也有因为姐姐庆龄的因素，邓演达与宋庆龄是志同道合的同志兼朋友，得知邓演达被捕，宋庆龄曾亲赴蒋介石处质问蒋。不过，作为蒋介石的夫人，宋美龄还是不失时机做姐姐庆龄的工作，以帮助蒋介石树立威信，因为宋庆龄被公认为孙中山的继承人。只是宋庆龄虽然疼爱妹妹，爱家重情，但从不放弃原则。正如美国作家约翰·根宝在《亚洲内幕》一书中对宋庆龄的评价："她不辞一切的牺牲，为着她所信为丈夫的主张，放弃了家庭、财富和特权。除了她，几乎没有一个女子能够忍受这样大的牺牲。"姐姐庆龄的不给"面子"，妹妹美龄的心中自然不快，姐妹亲情不能不因政治而蒙上了一层阴影。

4. 孤独的宋庆龄

回首往事，1927 年前的宋氏家族，姐妹兄弟关系亲密，在政治上也能达成共识，一致赞同并参加孙中山领导的国民革命。

当 1925 年孙中山在北平不幸逝世时，宋霭龄、宋美龄姐妹俩皆赶赴北平陪伴、安慰庆龄，时为广东国民政府重要成员的宋子文不仅以见证人之一的身份在孙中山的遗嘱上签字，而且陪伴姐姐料理后事。3 月 11 日，当孙中山病情急剧恶化时，宋子文与何香凝一起劝说宋庆龄同意孙中山在医嘱上补行签字。3 月 12 日上午 9 时 30 分孙中山逝世后，宋子文与宋庆龄、孙科、汪精卫等围绕塌前号哭。当天中午，宋子文陪姐姐庆龄护送孙中山遗体至协和医院施行防腐手术。15 日，宋庆龄、宋子文等到协和医院亲视孙中山遗体入殓。19 日，姐弟二人与国民党党政要人护送孙中山灵柩由协和医院移至中央公园(今中山公园)内社稷坛大殿安放。4 月 2 日，孙中山灵柩移至西山碧云寺。4 月 5 日改殓新棺，宋庆龄、宋子文等到碧云寺石塔灵堂，亲视孙中山遗体改殓楠木新棺。4 月 10 日，宋庆龄离开北平抵南京，次日赴南京紫金山勘察孙中山墓址。孙中山健在时，曾对宋庆龄说过，他身后愿意葬在南京即临时政府所在地紫金山。孙中山去世后，治丧委员会决定先选好墓址，俟陵寝落成，再举行国葬仪式。随后宋庆龄由宁返沪，继续参加悼念孙中山的活动。在上海，宋母也曾陪伴女儿宋庆龄参加悼念孙中山的活动。

1926 年元旦之后，宋庆龄乘船由上海经香港赴革命中心广州，参加国民党二大，宋子文与国民政府副官长马湘一起赴香港迎接宋庆龄。1 月 7 日晚 8 时许，在宋子文等的陪同下，宋庆龄乘九龙海关“羊河”号轮抵达广州天宇码头，到码头欢迎的有国民党二大代表、党政军机关代表、中央和广东妇女部代表，以及省港罢工委员会等群众团体代表2万余人。登岸后，“孙夫人手持花球，与宋部长一对先行，其余欢迎者随后”。在广州期间，宋庆龄的活动非常频繁。此间国民政府决定在南京举行孙中山陵墓奠基典礼，宋庆龄于3月4日乘船离穗经香港回上海，8日在家人的陪同下由沪抵宁。12日，在南京紫金山举行了孙中山陵墓奠基典礼，仪式完毕后，宋庆龄当天晚上乘车离开南京返回上海。她在4月16日致好友阿莉的信中说：“我的妹妹美龄和我希望在六月去北京。我们的姐姐（孔夫人）在那里有一个可爱的家。我们将在那里和她一起住二至三个月。”可见姐妹关系之亲密无间。当时的宋庆龄怎么也不会想到，一年后她竟成为宋家唯一坚持革命事业的人。

海伦·斯诺在谈宋庆龄的文章中，对宋氏家族在1927年的分裂有这样一段分析：

宋家在1927年的分裂，绝不是偶然的事。如果从当时中国社会阶级之间分裂的过程出发，去研究宋家分裂的真实原因，是具有历史价值的。宋家是中国第一个成功的现代资本主义家庭，这个家庭，受过美国的教育。当查理宋同孙中山结成联盟的时候，这就表示，由查理宋所代表的上海集团支持了孙中山。

在此之前，孙中山只得到海外华侨的支持。

蒋介石在国民党里是“陈派”（陈其美派）。“陈派”在上海同青红帮有联系，而青红帮实际上掌握着上海的权力。宋家亦是上海帮。宋美龄同蒋介石在一九二七的结合，就是上海这两派（陈派和宋派）的联盟。这种联盟是不很自然的，因为陈派看得起宋家，仅仅因为宋家同英美方面有关系。这一联盟表示，自一九二七年起，这一联盟将会带着本身利益矛盾在政治上支配全国。

如果我们回顾当时那段历史，便可以了解整个宋家都是那时的联络人物。这也足以说明为什么外国新闻界对他们特别注意。宋子文和蒋夫人是一九二七年之后英美势力和中国政府之间的主要联络人,前者是商务方面的联络人,后者是政府使团和外国新闻界方面的联络者。孔氏夫妇是宋子文和宋美龄同本国工业金融企业之间的联络人。

自孙中山逝世后以迄中日战争,孙夫人就是中苏之间唯一坚定的联络人,虽然在此时期,中苏关系曾一度中断,但她总是赞成中苏恢复邦交。当然,这种主张只是一种间接的鼓吹而已,并无经过私人接触。她也是蒋介石下面的中国自由派分子同内地共产党之间联络线的象征。例如在抗战时期,她所领导的保卫中国同盟就是唯一替政府和共区同时筹募救济基金的重要团体。同时,孙夫人在某些程度上也侵犯到宋家其他姊妹兄弟的地盘,成为英美自由派同中国自由派运动之间的联系者。

虽然海伦的评论并不十分确切,但有一个结论是肯定的,即"宋家在 1927 年的分裂,绝不是偶然的事"。姊妹兄弟在政治上的分歧从此公开化,宋庆龄成为宋家唯一反对蒋记政权、坚持孙中山三民主义的人。

在蒋介石实行"清党"后,宋庆龄站在国民党左派,愤怒地谴责蒋介石屠杀共产党人与革命群众的罪行,旗帜鲜明地继承和维护孙中山的革命思想与革命政策。当宋霭龄、宋美龄、宋子文等均投入蒋介石阵营后,对宋庆龄来说,忠于孙中山的三大革命政策,忠于革命信仰,就不能"忠于家庭",就意味着要和自己手足分手。有人这样评论宋庆龄,"这种以政治信仰和理想超越亲情的例子,世界甚为少见"。紧接着,汪精卫提出"分共",在"表决分共问题时,反对者五人,即宋庆龄、彭泽民、陈友仁、邓演达及何香凝",在"重要中央委员中有三人不赞成分共,第一个是孙夫人",因为"要变更总理的政策,她不能赞成"。宋庆龄对于蒋介石和汪精卫的反动行经,义愤填膺,当即奋笔疾书,7 月 14 日,她在汉口发表了谴责蒋介石之流的檄文,题为《为抗议违反孙中山的革命原则和政策的声明》。她在声明中写道："本党若干执行委员对孙中山的原则和政策所作的解释，在我看来，是违背了孙中山的原则和理想的。因此，对于本党新政策的执行，我将不再参加"，"孙中山的三民主义终究是要胜利的，革命在中国是必不可避免的"。7 月 17 日夜，宋庆龄乘坐英轮"江和"号顺流东下，回到上海，住莫利哀路 29 号。她的家人都劝她放弃政治立场，或者至少保持缄默。当时，社会上有传闻说宋庆龄将留在南京政府工作。宋庆龄于 7 月 30 日在上海对前来访问的合众社记者发表谈话，指出："近日谣传余将在宁政府活动，全属无稽之谈。余此次所以必须来沪者，因余家在沪"，并再次宣布："此后余之行止，将如余前在汉口所发之宣言，在国民党现行政策不改变之前，余决不参与任何活动。余非叛徒，亦非骑墙，且与南京政府毫无关系。"美国作家文森特·希恩在 1935 年出版的《世界人物志》中刻画了宋庆龄在革命困难关头的形象："在上海，孙逸仙夫人虽然受到她全家施加的沉重压力，但是却坚定地拒绝放弃她的立场。她不仅不让蒋介石在欢呼胜利时利用她的名字，而且还公开谴责这种企图，措词之强烈，要是她不是孙逸仙夫人那样神圣的人物的话，那肯定会惨遭毒手。这种局势，即使对她来说，也并不是没有危险的。她几乎是一个人关在家里。"

"当时，有这样一种可能性：由于她在那里无能为力，她的名字可能被利用来支持得意洋洋的反革命分子下令在华南和华中进行大屠杀的行动。需要采取一种果断的行动来表明她与胜利者持不同看法，她忠于已失败的革命原则。"为了抗议蒋介石、汪精卫的反革命行为，不让蒋介石利用她的名义和孙中山的名义去建立其政权的威信，也为了实现孙中山的遗愿——访问莫斯科，宋庆龄决定前往苏联进行访问，她说访问莫斯科的一个重要原因在于使苏联深深相信"有许多人将继续忠于孙中山为指导与推进革命工作所制定的三大政策"。经过周密的计划，宋庆龄与美国女新闻记者、《人民论坛》主编普罗美，于 8 月的一天清晨秘密离开住所，在武汉国民政府外交部长陈友仁及他的两个女儿的陪同下前往莫斯科，沿路得到了苏联各界人士的热烈欢迎。从此，宋家对蒋介石及其政权的态度便一分为二了。文森特·希恩对宋庆龄的"出逃"有这样一段描写："因为她的行动受到很大的限制和严密的监视，为这一访问作准备时不得不像逃跑那样保密"，"在这一出逃的消息中给我印象最深刻之处是孙逸仙夫人所表现的勇气和果断。我从来不敢相信，她能够在那天凌晨三点钟采取千真万确的果敢行动参加一次出逃，乘坐一条舢板在拥挤的、由凶恶敌人控制的黄浦江顺流而下。虽然她体质弱，但是她有次等人物所没有的某种潜在的精神力量，因为她故意选择了艰苦的、动荡多变的流亡道路，而放弃悠闲的生活和只要她愿意就可以得到的照顾。她在中国，除了一样东西以外，什么东西都可以得到。权力、财富、高级地位的种种好处——她自己家人所追求，并已通过他们同她的关系而已得到了的这一切——在她看来毫无意义。她所希望的是长期进行孙逸仙的社会、经济和政治的革命，直到革命取得最后胜利。这是那些组成宋氏家族集团的将军们和内阁部长们所不予考虑的唯一事情。"

宋庆龄在莫斯科期间，连续发表声明和文章，谴责背叛孙中山三大政策的蒋介石政权，并与时在德国的邓演达等商谈"革命大计"。1927 年冬，宋庆龄与邓演达、陈友仁三人联名公开发表《对中国及世界革命民众的宣言》，倡议组织"中国国民党临时行动委员会"。宣言发表之后，宋庆龄本想回国开展革命工作，就在这时，她获悉已成为她妹夫的蒋介石打算与苏俄断绝并要求撤消苏俄领事馆之事。宋庆龄当即致电蒋介石，劝其"悬崖勒马"，她指出"与苏联进行合作是领袖的临终遗愿"，并表示"如果直到最后一刻还不采取废除断交的措施，我将留在这里，以抗议你的这个决定"。次日，蒋介石致电宋庆龄，把宋庆龄在莫斯科的停留与复电视为受别人胁迫的结果。宋庆龄当即复电说："我留在世界革命力量的心脏莫斯科是自愿的，就如同我的访问是一种对国民党领导人的反革命政策的自愿的抗议一样。说我似乎是在别人的迫使下行事，这完全是诽谤和对我过去所做工作的侮辱。……我不知道要求同苏俄断交是你个人的决定还是你周围腐朽分子的决定，你过去不止一次指责他们，现在却甘心与他们同流合污。这次互通电报证明，我们之间交换看法是毫无意义的，因为我们之间的分歧犹如一道鸿沟"，并表示："如果我回国的话，那也只是为了参加工农斗争。孙中山为了工农的幸福奋斗了四十年，他们现在正受到无耻地打着国民党旗号的残暴的反动派的屠杀。……我将踏着革命者的足迹继续前进，这是缅怀我们领袖的唯一道路，我在这道路上决不回头。"

1928 年至 1929 年，宋庆龄往返于苏联与德国，期间她还去了其他欧洲国家旅行。宋家的小弟宋子安曾于 1928 年 7 月前往欧洲看望他的二姐，姐弟俩结伴旅行了一个多月，先后去了巴黎、瑞士、奥国和捷克等国，这对宋庆龄来讲是极大的安慰。正如海伦·斯诺所说："自然，孙夫人是重感情的人，她爱家，尤其爱母亲、子文和美龄。在一九二七年的时候，她不容易同家庭决裂，因为她需要这些人的情谊，在个人方面，她没有理由同他们疏远，她的疏远纯粹由于政治。"由于政治，她不得不与家人保持距离，因为无时无地都有人在利用宋庆龄与家人的关系造谣生事，时居柏林的宋庆龄在致友人杨杏佛的信中曾谈到这一问题，她说："过去的两周我一直心烦意乱。因为我的旅行箱和其他所有的重要文件、密码、家族纪念品和友人存放我处的资金全都在我离开书房的五分钟内被窃。……这里的中国学生对我的不幸却幸灾乐祸，开始造谣，说箱子里有 50 万元钱。一伙人诟责子文送这笔钱给我。"同时，她又十分关心家人，为他们遭人诽谤而不平，如她致杨杏佛的另一封信中说："请告诉我国内的大事。当然，英、德报纸都在讥讽南京胜冯玉祥的事，说金钱的交易代替了战斗，还说子文带了现款乘飞机光临汉口，极尽挖苦之能事！"

对于蒋介石来说，他始终以孙中山及孙夫人宋庆龄的名义来抬高自己。1929 年 3 月 26 日，国民党举行第三次全国代表大会，宋庆龄仍被推选为国民党中央执行委员。不久，南京国民政府致电宋庆龄，告知南京中山陵已经建成，邀请宋庆龄返国参加孙中山遗体安葬南京中山陵的典礼。4 月底，宋庆龄由柏林起程经苏联回国。5 月初，宋庆龄在途中发表《关于不参与国民党任何工作的声明》，宣称："在国民党的政策完全符合已故孙逸仙博士的基本原则之前，我不能直接或间接地参与该党的任何工作。已故孙逸仙博士的学说的基本原则是：(1)反对帝国主义侵略中国。(2)与中国唯一真正的革命朋友苏联亲密合作。(3)实现工农政策。"

1929 年 5 月 6 日，宋庆龄离开莫斯科，乘火车横穿西伯利亚，于 5 月 16 日抵达哈尔滨，次日到沈阳，5 月 18 日抵北京。虽然宋庆龄曾致信杨杏佛说，"启程时我会给你电报，让你在吴淞或上海接我。此点请保密(你知道我不愿被记者或政客打扰!)"，但孙夫人宋庆龄回国，外间岂能不知？南京国民政府早已周密安排了她的行程，自宋庆龄踏上国土，一路受到了热烈隆重的欢迎。宋家更是全体出动，宋子文、宋子安先期抵京迎接。在北京车站，她受到国民党党政要员和各界群众的热烈欢迎，随即偕孙科、宋子文、宋子安乘汽车抵西山即香山碧云寺。22 日，宋庆龄偕弟弟宋子良、宋子安在碧云寺参加孙中山遗体改殓铜棺仪式，并在灵堂举行家祭。26 日，她护送马拉的灵车去北京火车站，两天后到达南京浦口。28 日晨 3 时 30 分，宋子文与蒋介石、宋美龄夫妇等，在蚌埠车站迎候孙中山灵车的到来，并问候随车南下的宋庆龄。抵达浦口车站后，宋庆龄与宋子文、蒋介石、宋美龄及国民党中央执行委员、国民政府委员等党政领导人，护送孙中山灵柩到国民党中央党部。当天下午，宋庆龄与姐姐霭龄、小妹美龄携手往紫金山瞻仰孙中山陵墓。5 月 31 日，宋庆龄引领孙宋两家人在国民党中央党部礼堂孙中山灵前举行家祭，与祭者有孙中山的儿子孙科夫妇及其子女、女儿孙婉夫妇,有宋子文夫妇、宋霭龄和孔祥熙、宋美龄和蒋介石。6 月 1 日,孙中山奉安大典在南京紫金山中山陵隆重举行。宋庆龄主持了封棺和闭墓门仪式。蒋介石和宋美龄本想利用这次机会拉拢宋庆龄回归宋氏家族,并借此突出蒋介石与国父孙中山的亲密关系。宋庆龄对蒋介石的用意心领神会,故在国葬典礼上,"她使自己站立的位置离开别人和她的家属,坚持完成这长时间的、令人难以忍受的仪式,眼看着孙的灵柩稳妥的安放进耗资百万的墓穴,然后就返回上海莫利哀路寓所"。6 月 2 日,宋庆龄同母亲和两个弟弟子良、子安返回上海。在上海火车站,宋庆龄派秘书向前来采访的新闻记者表示:此次回国是为参加孙中山的国葬仪式,由于"长途劳顿,故来沪休息,对政治无任何意见发表"。6 月 9 日,宋美龄专程由宁到沪,邀请姐姐庆龄赴宁出席国民党三届二中全会,宋庆龄予以拒绝。

8 月 1 日在南昌起义两周年之际,宋庆龄应"国际反帝大同盟"之请,由上海向柏林世界反帝大同盟发去一份电报,谴责蒋介石政权。她在文中指出:"反革命的国民党领导人的背信弃义的本质,从来没有像今天这样无耻地暴露于世人面前。在背叛国民革命后,他们已不可免地堕落为帝国主义的工具,企图挑起对俄国的战争。……恐怖行动只能唤起更广大的人民群众,加强我们战胜目前残忍的反动派的决心。"电报发出后,国民党一方面散步谣言说宋庆龄的电报为共产党捏造,一方面向法国巡捕房控告宋庆龄装置秘密无线电,布置外国特务去对付宋庆龄。宋庆龄在莫利哀路的寓所受到严密的监视,但她对一切压力都毫无畏惧,她说:"自从我发了电报以后,心里感到痛快多了。我必须表白自己的信念,至于我个人会遇到什么后果,那是无关紧要的",正如路易·艾黎对宋庆龄的评价:"在她秀丽文雅的外表下,包容着一颗钢铁般坚强的心。"

8 月 10 日,戴季陶夫妇带着蒋介石的使命,试图做说客"规劝"宋庆龄改变态度。宋庆龄亲自用英文记录了她与戴季陶的这篇谈话。1929 年 10 月 20 日燕京大学出版的英文《明日之中国》(《China Tomorrow》)发表此文时,编者特加按语称:“此文是孙夫人亲自为《明日之中国》准备的,其真实性无可置疑。”1929年12月12日天津《大公报》予以译载。这篇谈话记录清楚地表明了宋庆龄对蒋介石政权的态度,和她为了民众的利益而置个人安危与亲情于度外的立场。

他的夫人问我为什么还没有到南京去。我回答说:“葬仪已经过了,我为什么要到南京去呢?”她殷勤地继续陈述,“陵园真是美丽,您的住宅里一切设备都布置好了,我们都愿意您到那里去,您也可以就近向政府提建议。”我对于她这番口齿伶俐的话,直率地答复说,我对政客的生活不适合,况且我在上海都没有言论的自由,难道到南京可以希望得到吗?!

戴季陶试图用亲情“感动”她:“你不能到南京来耽些时候吗?那里有你的亲族,在那样的环境里面,你也会比较的快活一些”,宋庆龄表示:“假如快乐是我的目的,我就不会回到这样痛苦的环境里面。目击我们的希望与牺牲被葬送,我同情民众甚于同情个人。”

针对戴季陶所说的她“应该遵守党的纪律”,说她致电“外国团体”“无异丢政府和民族的脸”,宋庆龄针锋相对地指出:

遵守党纪,虽然,谢谢你们把我的名字列在你们的中央执行委员会,其实我并不属于你们贵党。你竟有这种勇气告诉我,说我是没有权利说话。你们把我当作招牌去欺骗公众吗?你的好意正是一种侮辱。相信吧,没有哪个以为南京政府是代表中国人民的!我是代表被压迫的中国民众说话。这你是知道的。全世界人民很容易分辨究竟我致电的“外国团体”对于中国及其人民的利益到底是友善的呢,还是有损害的呢?

戴季陶又试图探宋庆龄对政治的态度:“诚然,即使介石把政府交给你，或汪精卫，我敢断言，情形纵然不会变坏，也不会有半点改善”，宋庆龄明确告诉他说：

实在说我并不希望代替蒋君，不过你以为中国的情形除了蒋介石外，再不能有别的人能够把它改善？这也只是你个人的偏见。国家的福利，不是任何个人的专利品或私有财产。

最后，当戴季陶明确表示“孙夫人，我希望你不要再发表宣言”时，宋庆龄坚定地指出：

戴君，使我不说话的唯一办法，只有枪毙我，或者监禁我，假如不然，这简直就是你们承认了你们所受的指摘并不冤枉。但是你们无论做什么事情，都要和我一样公开进行，不要使用鬼祟的毒计，用侦探来包围我。

9月，国际反帝国大同盟在德国集会，再次选举宋庆龄为名誉主席。鉴于当时国内的政治形势，宋庆龄决定再度出国。9月21日，宋庆龄登上一艘法国邮船驶往马赛，随后重返德国柏林，她以实际行动同蒋介石及其反动政权决裂。当时在德国与宋庆龄有过交往的胡兰畦在《回忆录》中说：“宋先生在柏林不是过寓公的生活，而是勤奋学习，努力从事革命工作。”为了维护孙中山的三民主义，为了国家和民族的利益，宋庆龄只好把对家人的感情深深埋在心底。

1931年7月23日，宋母倪桂珍在青岛别墅病逝。听到这一噩耗，想到从小最受母亲疼爱，多年来奔走国事，未能克尽孝道，更未能在母亲临终前守在她身边，宋庆龄感到万分悲痛，她决定立刻启程回国奔丧。经过马不停蹄地一路奔波，8月9日清晨，宋庆龄到达了满洲里。这一次蒋介石虽没有像两年前那样作精心的安排，但还是吩咐属下给予宋庆龄应有的礼遇。宋庆龄每到一个站，都受到了隆重的欢迎。以国民政府欢迎特使、总司令部行营秘书身份专程前往哈尔滨迎接宋庆龄的周象贤，是宋家的亲戚，他在火车上把倪太夫人得病经过及去世详情告诉了宋庆龄，宋庆龄听后“几乎哭了整整一夜”。她还详细询问了兄弟姐妹的近况。由于政见的不同，更由于宋氏家族的特殊情形，宋庆龄长期独居海外，与兄弟姐妹来往很少，但骨肉情深，宋庆龄对家人始终是非常关心的。

8 月 11 日，宋庆龄到达大连，换乘日轮大连丸赴青岛，专程到母亲住过的别墅凭吊。13 日傍晚，宋庆龄乘大连丸抵达上海码头。宋氏家族代表及上海市市长张群、工商部次长等到码头迎接。上海市公安局水上巡警队，租界巡捕房亦派出探长、包探到码头一带警戒，以策安全。欢迎者刚刚登轮准备到舱房迎接，“全身均御黑色丧服，帽檐下垂，俯首启容”的宋庆龄已跨出舱房，与迎接者“略一颔首，即匆匆下船”，“未作一语，当与孔氏二女公子同乘孔宅之 7458 号汽车径赴西摩路宋宅”，到母亲灵前行礼祭奠，然后住莫利哀路孙中山故居。第二天，宋庆龄“到宋子文的官邸去守灵”。

参加完母亲的葬礼后，宋庆龄一直居住在上海，直至 1937 年上海被日军占领。期间，她不时对蒋介石政府的作为提出有力的抗议，但中国报纸都不敢登她的评论。她的房子长期受到监视。

无疑，1927 年以后的宋庆龄是孤独的，正如海伦・斯诺所说：“在她一生所有的危急时期中，她从来没有得到家庭方面的支持。她始终是单枪匹马的面对困境”。不过，她与兄弟姐妹的亲情从未因政治立场的不同而断绝，她与他（她）们始终保持着联络。1933 年 4 月，宋子文出访欧美，这是他加入南京政府后，第一次以官方身份代表政府出访，临行前他特地至宋庆龄寓所向其辞行。1935 年 12 月宋霭龄的两个女儿前往美国时，宋庆龄曾托她们给当年的威斯里安学院院长夫人也是她的好友捎去纪念品。

5. 宋母去世

1931年7月23日下午二时,宋太夫人在青岛因病去世。就在这天早晨,宋子文遭遇了他一生中最惊险的一次刺杀。

宋子文加入南京政府后,经常往来于宁、沪之间。1931年7月23日晨7时许,宋子文由南京乘夜快车抵沪,下车不久突遭身份不明者枪击,与宋并肩而行的财政部机要秘书唐腴庐饮弹身亡。大难不死的宋子文对前来采访的记者描述了当时的情形:"下车后,行至距离站门约十五英尺处,突闻左右两旁同时发出枪声,知系有人狙击。当将头上所戴之白色太阳帽取下,掷手于车站中黑暗之处,以免为人所瞩目,并杂于群众之中,隐身柱后,一面拔出手枪,一面自卫。乃甫抵柱旁,即闻炸弹暴烈之声,轰然两响,站中烟雾弥漫,枪弹横飞,予之卫队,亦还枪相击,历时约五分钟始息。此时站中除予等一行诸人外,悉已逃避,据予卫队所见,至少有凶手四人开枪,或尚不止此数。及至烟雾既散,始见予之秘书唐腴庐君,已中弹倒。唐君于凶手开枪之时,与予并肩而行,弹中其膀胱、颧骨、及臀部,系左右两面射入,其帽与皮包之上,弹孔累累。予体较彼为高,竟未受丝毫之伤,殊属不可思议。……予先曾屡得警告,谓广州方面,将谋不利于予,但事前并未料到其竟有行刺之举。"如此惊险的一幕,令宋子文惊恐不已,行动本该更加谨慎、保密。不幸的是,宋母于当日下午病逝,丧母之痛立时压倒了先前的惊恐。

宋子文于下午5时赶赴孔宅,晤大姐宋霭龄。这时,已赶至青岛的宋子良电函宋子文、孔祥熙,希由沪运棺赴青装殓。翌日,宋子文为母丧呈请国民政府和行政院给假一星期,财政部部务由政务次长张寿镛代拆代行。行政院在允准宋子文告假的第2808号指令中称:"呈悉。该部长身膺党国重寄,猝遭大故,悲感同深。惟值此剿赤期间,部务关系尤重,暂准给假一星期,治丧殡敛事毕,务望如期销假,回部视事。勉节哀思,移孝作忠,宏济艰难，以慰众望，是为重要。”上午9时，宋子文偕夫人张乐怡、小弟宋子安等，乘日商“奉天丸”轮离沪赴青岛奔丧，保镖、卫士10余人随行；以重金购得之楠木棺一口随轮运往青岛。

7月25日，由宋子文领衔，宋氏6个兄弟姐妹外加宋子文的3个女儿曼颐、琼颐、瑞颐，在《申报》上登载《宋母倪太夫人讣告》：“哀启者先妣太夫人痛于民国三十年七月二十三日下午二时，寿终青岛寓庐正寝，距生于逊清同治己巳年四月二十三日吉时，享寿六十三岁，即在青岛成殓，择期扶柩安葬忝在。谊哀此讣闻。”同日，以宋太夫人治丧处的名义在《申报》刊登启事：“敬启者宋母倪太夫人于七月二十三日下午二时四十分，寿终于青岛别墅正寝，择期迎梓回沪安葬。除由在沪同人等成立治丧处外，因谕知太夫人笃信耶教，恤老怜贫，毕生勤劳，自奉俭约；平日节衣减食，向系分赠教会中同道各友，及捐助各处学堂医院，与临时赈济各费，并不自居名义。缅怀遗教，自应仰体先意，如荷各界惠赐隆仪，应请迳行捐助慈善公益团体，以收据送交本处，代为登入礼簿，补发谢帖。其愿特表敬意者，俟灵梓到沪时，逐送鲜花。此外如香烛、锭箔，及经忏、酒筵等，遵奉遗命概不收受。恐未周知，特此教闻。”

26日中午12时，宋母大殓仪式在青岛举行，前来吊唁的各界要人约数百人。同日，宋子文致电在上海的海军部，要求派军舰一艘赴青岛运梓返沪，真可谓“子贵母荣”。宋太夫人生前也许并不想享此殊荣，才会独居青岛。

27日，宋子文、宋子良联名致电宋庆龄：“我们今日正把母亲的灵柩运往上海，望速归。”上午11时，三兄弟自青岛乘海关“海星号”巡逻艇，扶柩往上海。29日晨7时10分，“海星号”舰抵达上海太古码头，宋子文夫人张乐怡和宋氏两姐妹蔼龄、美龄及女婿孔祥熙、上海市市长张群夫妇前往码头迎接。宋母灵柩被运往西摩路宋宅暂停，并开始家祭。宋子文率领家族成员默祷并凭棺瞻仰宋母遗容。当日约有300人前来吊唁。上海江海关并下半旗志哀。同日，宋太夫人治丧处发表第二号启事：“敬启者:宋太夫人灵梓已于二十九日恭迎到沪。遵奉遗命,恪守教仪,俟择定安葬日期,再行奉闻。特此通告。”

8月16日,治丧处就如何领帖参加发引事发表启事:“敬启者:宋太夫人之丧,现定本月十七日领帖,十八日发引。凡于领帖日致敬或公祭者,无须徽章。惟发引日执绋及到墓地行礼者,如系亲友,应向丧主领取纪念章;如有团体欲于发引日执绋者,务于十七日前,请由主干人员开列名单,与本处接洽领取为荷。特此奉告。”

17日,为宋母开吊日,从上午8时至下午6时,赴西摩路宋宅凭吊者约数百人,其中有上海市长张群,杜月笙、日本公使重光葵、驻沪各国领事等。参加下午公祭仪式的有国民政府代表、立法院代表、监察院代表、行政院代表、外交内政军政财政等部代表、上海市政府代表,还有张学良等个人代表、上海银行工会等团体代表。同日,宋母治丧处再刊发启事,通告宋太夫人出殡日:“宋母倪太夫人定于本月十八日上午五时发引,凡前来执绋者,请在西摩路集合。特此通告。”

18日,举行宋母的葬礼,仪式于上午6时30分至9时30分进行。蒋介石本“以在赣剿赤匪,军务倥偬,一时无暇来沪”,准备“派张群带祭”,但在宋美龄的催促下,还是暂时撇下“剿赤”军务,赶到上海参加了葬礼。出殡时,宋子文、宋子良、宋子安三兄弟走在最前面,接着是三个女儿及女婿孔祥熙、蒋介石依次前行,“蒋、孔两氏亦衣黑长衫的克尽半子之礼”。“依仗不用旗帜及各种迷信物品,执绋者达千数百人,素车白马,盛极一时”。军政要人均徒步执绋,送葬行列长达数里,“悲壮肃穆”、“备极哀荣”。各国使领及工部局董事亦有参加者。沿途有成千上万的群众在路旁观礼,有的地方还举行了路祭。葬仪“沿途警备特别森严,但未断绝交通,公安局机车队及捕房探捕为先导,沿途巡视,捕房由捕头亲自指挥,行列方面,由江海关监督唐海安、励志社黄仁霖为指挥,公安局长陈希曾为总指挥。”葬礼在万国公墓礼堂举行。宋子文、宋子良、宋子安三兄弟排在前列,第二排是宋霭龄和孔祥熙,第三排是宋庆龄,最后一排是宋美龄和蒋介石。行祭礼时,宋家姐妹都泣不成声。当覆盖着青天白日国民党党旗的灵柩徐徐落下墓穴后,养育了六个子女,缔造了宋氏家族的宋耀如夫妇从此共同安息在这块庄严肃穆的墓地之中。

宋母在万国公墓下葬后,宋氏兄弟姐妹与蒋介石、孔祥熙等返抵孔宅午餐。

20 日,宋氏 6 个兄弟姐妹联名在报端发表《敬谢来宾》告示:“先妣倪太夫人弃养,承各界代表及中外亲友,或枉驾寸问,或函电慰唁;嗣后于十七日领帖,十八日发引,既蒙亲临致敬,远道执绋;复承赠以花圈联幛暨各种文字,更荷惠赐隆仪,移助慈善事业。高谊盛意,殁存均感。除分别踵谢外,深以招待未周,殊觉歉疚。特先布达谢忱,惟希公鉴。”

宋母后事之料理至此告罄。此前,国民政府还对宋母颁发褒扬令,内称:“宋母倪太夫人,为革命先进宋耀如淑配,当总理提倡改革之时,夙与先进契合。”1934 年 7 月 21 日,宋子文又请颜惠庆为宋太夫人写一篇墓志铭,颜惠庆时任驻苏大使,当时正回国述职。颜惠庆的父亲也是牧师,与宋家是世交。

由宋子文领衔发起举办的这场极其盛大而隆重的葬礼,当非宋太夫人本人所料想,与其夫宋耀如之葬礼相比,更有天壤之别。毕竟,环境不同了,此时的宋子文及其兄弟姐妹,已在民国政坛崛起,并拥有相当的权势,宋太夫人的地位绝非当时任何一位母亲可望其项背。宋氏子女为母亲大肆操办后事,自然是他们的一番孝心,同时也显示了宋家在当时中国政坛上的权势与地位。

第五章 横跨政经界的显赫家族

1927年以后，宋氏家族以宋氏三姐妹而闻名中外。三姐妹以她们不同的品质与性格，凭藉各自不同的地位、权力，在不同的领域展示了她们不凡的才能，得到了世人不同的评说。与此同时，宋家长子宋子文以其出色的理财本领，奠定了他在南京国民政府中的地位。在蒋介石眼里，宋子文的整理财政、筹措军费的才干"决非他人所能望其项背"。

1. 理财能手宋子文

在"党国多事之秋、财政困难之际"出任财政部长的宋子文，一上任便担起了紧急筹款的艰巨任务。宋子文担任财政部长的最初几年里，蒋介石在军事上频频发动战事。先是举行第二次北伐，将奉系军阀张作霖的势力驱出了关外，接着通过几次战役的较量，逐一收归了原国民革命军内部的其他派系。在形式上统一了中国，并成为国民党内最强有力的人物后，蒋介石又连续5次发动了对中国共产党领导的中央革命根据地的"围剿"。频繁的军事行动离不开财力的支持。财政部长宋子文的首要任务就是为蒋介石筹措军费。

宋子文的理财术不外乎加税和借债两个办法。在当时战乱不已、经济凋敝、国民政府又债信不佳的情况下，借债与加税皆为不易推行之举。而宋子文却能较好地利用商人的心理和各种利害关系，把钱弄到手，并局部整顿了财政，建立起了他与江浙资产阶级的良好关系。

对于商人和普通百姓来说，最怕的就是无休止滥征的税收。为尽快筹到军费，又不致招致民怨沸腾，宋子文主要采取了下列措施：1. 向当时蒋介石控制较严的江苏、浙江、安徽三省强制征收。这三省地处江南富庶地区，尤其是江、浙二省，是蒋介石建立南京政权的经济支柱。1928年1月，刚刚上任的宋子文立即召集了三省的财政征收机关长官，落实筹款问题。借着蒋的威力，通过硬性摊派的办法，在不到1个月的时间里，从江、浙二省的财政机构筹得税款约1200万元，暂时解了燃眉之急。2. 为更多地筹集款项，宋子文采取了增税的办法。他很清楚，增加税收必然会引起民众尤其是有关行商对政府乃至对他个人的不满。为使增税措施得到执行,又不致引起太多的埋怨,宋子文一面将加的税戴上"爱国"的帽子,一面则向公众解释增税只是出于无奈的权宜之计,"适当大局未定,财政未遑整之时,所有各项税收,有绌无增,似非另辟饷源,无以挹注"。

发行公债,是宋子文为增加中央财政收入而采取的另一大举措。在此之前,蒋介石曾令人以强迫或摊派的手段,向江浙资产阶级借过几笔款子。在军阀混战、政局未稳、旧债又还未清偿之际,再向江浙资本家借钱,实非易事。为尽快筹得款项,宋子文采取了两个办法:一是"维持债信",即一面要求银行对先前发行之债券,按期付息,定期还本,保持信誉,一面举借新债,以切实的税源如江海关二五附加税、卷烟税、印花税等作担保。二是"诱以厚利",即将公债和库券在正式发行前,先打折出售给银行家,待债券正式发行时,其出售价格由各有关银行根据当时的市场价格议定。据上海钱业公会所属钱庄进行公债交易的现有资料表明,从 1928 年 3 月到 1931 年 3 月,上海钱庄在 13 笔交易中以 1,562 万元的预付金购得了 3,060 万元的债券,预付款只相当于票面价格的 51%。这样一来,债券的收益无疑大大超过了工业收益,也优于银行对工商业的贷款利息,故债券的出手很容易。这种诱以厚利的公债政策,是宋子文不用强制手段而能开辟滚滚财源的关键所在,也是宋子文同金融资本家的关系密切于他同工商业资本家关系的原因所在。上海的各银行很快成为南京国民政府借贷的重要源泉,他们从政府的公债政策中获得了极大的收益,同时也将自己的利益同南京政权连在了一起。正如汪一驹所说,银行家与政府的合作"不仅解决这个政权财政上的困难,也加强了它对商业界的控制,因为在银行的库藏满都是政府公债的情况下,他们在政治上也投靠了这个政权。"

公债本身的高额利息和投机可能获得的利润,对于私人投资是很有吸引力的。宋子文在为政府筹钱的同时,没忘了照顾自己家族及属下的利益。宋氏家族和宋子文手下的人皆参与过债券投机活动。以七星公司为例,该公司由宋子文的弟弟宋子良、姐姐宋霭龄及财政部官员徐堪、陈行等创办。这个公司借助宋子文、孔祥熙的特殊关系,既有市场动态的预测,又拥有大量资金,在公债市场上相当活跃,常在市场价格上兴风作浪,借机聚敛了大量财富。

宋子文的公债政策在当时就受到过国民党内不同派系的攻击,有杂志称宋子文掌管财政是"南京政府恶政的例证"。的确,宋子文给予银行家如此优厚的条件,对政府是个浪费,公债的投机活动更扰乱了金融市场。但是,公债政策密切了资本家与政府的关系,加强了政府对资本家的控制,这对蒋介石政权的巩固与发展是相当重要的。

宋子文采取的种种措施,很快为南京政权筹得了大笔饷源,为蒋介石讨伐或控制其他派系提供了有力的财力支持。在蒋介石眼里,宋子文是一棵极好的"摇钱树"。但身为财政部长的宋子文并不甘心只做蒋介石的"钱袋子",他有他的抱负,力图将西方的经济学理论推行于中国,这是他一直努力的目标。当1928年7月北伐军到达北京,北伐在军事上告一段落后,宋子文决定结束在紧急状态下实行的那种"头痛医头、脚痛医脚"的缺乏预算的理财措施,开始对财政进行根本性的整理,以便彻底解决财政困境,平衡收支。

1、统一财政,划分中央与地方的财政权限。这是自广东时期以来宋子文财政思想及其实践中最为突出的一项内容。这时提出并实施这一主张,不仅仅是为了摆脱财政困境,增加中央财政收入,使中央财政有稳固、可靠的税收来源,它更是以确立南京国民党中央政权的正统地位为前提。只有当以蒋介石为代表的南京国民党中央当局不仅在军事上占有绝对优势,而且在经济上掌握了全国的绝大部分税收,控制了其他派系的饷源时,各非蒋派才会对蒋臣服。宋子文的统一财政在当时实际上配合了蒋介石剪除异己、控制其他派系的部署,得到了南京国民政府的支持,各地非蒋实力派则予以或明或暗的抵制。

2、设立中央银行。依据广州理财的原则与经验,宋子文着手建立了一个由南京国民政府直接控制的国家银行——中央银行。在当时中国的金融机构中,中国银行和交通银行是最大且最有实力的两家银行,它们都曾是国家银行,在20世纪20年代的动乱中落入上海金融家之手。宋子文曾分别与两行负责人接洽,希望有一行重新担起国家银行职责,但两行人员皆不愿放弃对银行的控制权。当时,宋子文正在认购政府公债方面寻求上海银行界的合作,不想弄僵与他们的关系,于是双方协商达成一个协议,即政府向两家银行借钱建立中央银行,中行与交行保证在发行债券上与政府合作,以此为条件换取两家银行的继续独立。这个协议使政府取得了中行与交行各20%的官股,中行与交行在形式上由商业银行转变为半官方性质的银行,其业务则一如商业银行,可以自由经营。

中央银行于1928年11月1日正式开业。这一天清晨,宋子文偕夫人张乐怡,与孔祥熙、宋霭龄、宋子良等人赴上海火车站,迎接特地从南京赶来参加中央银行开业典礼的国民政府主席蒋介石及夫人宋美龄。上午9时,中央银行开幕典礼和中央银行总裁、副总裁、理事、监事就职典礼在上海外滩中央银行举行。蔡元培为开幕典礼主席,并代表国民党中央党部致训词。蒋介石以国民政府主席身份授印,并致训词。宋子文以中央银行总裁身份率全体职员宣誓,誓词为:“余敬宣誓,恪守总理遗嘱,服从党义,奉行国家法令,忠心及努力于本职,并节省经费,余决心不雇佣无用人员,不营私舞弊,及受贿赂,如违背誓约,愿受本党最严厉之处罚。”宋并以总裁身份致开幕词,称开办中央银行有三个目的:统一全国币制、统一全国金融、调剂国内金融。中午,宋子文举行午餐会招待来宾,并于会上发表致词。当天下午起,中央银行正式开始营业。中央银行的实力虽远不如中行或交行,但南京政府从此有了由自己直接掌握与控制的银行,且“以代理国库、发行钞币、整理金融为唯一任务”,这就为统一财政，加强政府对全国财政、金融的管理与控制，提供了便利。

3、确立预算制度。当时财政面临的巨大问题是赤字严重。庞大的军队及军费支出，是预算无法控制、财政入不敷出的主要原因。据财政部调查，当时有 84 个军（272 个师）、18 个独立旅、21 个独立团，照此编制，每年需军费 6.6 亿元。而当时岁入约 4.5 亿元，除去偿付内外债之外，仅剩 3 亿元。所以，要确立预算，必须得裁兵减费。宋子文认为“军费一日不能确定，则精确之预算即一日未能成立”。在 1928 年 6 月和 7 月相继召开的全国经济会议与全国财政会议上，宋子文均提出了限制军费、采用预算制度的方案，并申诉了理由。8 月召开的国民党二届五中全会接受了宋子文的建议，决定设立国民政府预算委员会，谭延□、蒋介石、冯玉祥、阎锡山、李宗仁、宋子文等 13 人为委员。1929 年 1 月，全国编遣会议在南京举行，宋子文被推为编遣委员会常委。会上，他根据财政收支情况，提出了裁兵与军费预算的基本数额，即陆军裁减到 50 个师，每年军费总额减至 1.92 亿元，并作了具体说明。

宋子文为确立预算而提出的裁兵减费方案，配合了蒋介石欲削弱乃至夺取其他派系兵力的计划，所以蒋对宋的主张一度给予过支持。在全国财政会议期间，蒋介石曾通电各大派系将领冯玉祥、阎锡山、李宗仁，称“今日非裁兵无以救国，非厉行军政财政之统一无以裁兵”。随后，在蒋介石主持的国民党二届五中全会上通过了《整理军事案》，该案规定：“裁兵，为整军理财之第一要务”；“全国军队数量，必须于最短期间切实收缩。军费在整个预算上，至多不得超过百分之五十”。裁减兵额，在当时确有它的必要性，但在其他派系看来，无疑是蒋介石变相褫夺各派兵力的手段，所以宋子文的主张遭到了各地方实力派的抵制。直至 1930 年中原大战结束，蒋介石用武力收编了各个派系之军队后，兵额才有了一定的缩减。

裁兵的目的是为了削减军费，平衡财政收支。中原大战后，兵额是缩减了，军费却没有下降，因为内战仍在继续。在蒋介石眼里,军事必须置于压倒一切的优先地位,国民政府的财政必须服从于军事。结束了国民党内各大派系之混战后,蒋介石接着发动了对共产党创立的中央革命根据地的连续"围剿",军费非但未减,反而呈上升趋势。蒋介石的这种穷兵黩武、任意扩大军费的做法,与宋子文整理财政、确立预算的计划发生了尖锐的矛盾,也使几经周折才确立起来的财政预算制度在某种意义上只成为一纸空文。

军费问题成了财政部长宋子文与军政首长蒋介石之间不可调和的矛盾,为此宋子文曾三度辞职。

第一次是在 1929 年 8 月 6 日,由军费的限制问题而引起。在出任财政部长之初,为应付军需,宋子文软硬兼施地采取了种种措施,解决了南京政府的燃眉之急。1928 年 6 月第二次北伐在军事上告一段落后,宋子文认为从此应整理财政,减少军费支出,扶持经济建设。在接着召开的全国经济会议、全国财政会议、国民党二届五中全会、全国编遣会议、国民党"三大"等历次会议上,宋子文一方面就前一阶段的强制性筹款向金融、实业界致歉,并提出了下一阶段整理财政的方案,另一方面力促政府裁兵减费、确立预算。由于各地实力派的阻挠,虽然国民党"三大"追认确定了经宋子文反复筹算得出的将每年军费核减到 1.92 亿元即每月 1600 万元的方案,但不久召开的编遣实施会议轻易地推翻了这一方案,议决编遣期间军费为每月 1884 万元,并决定以发行公债来弥补超出之数。这样一来,不仅宋子文整理财政的计划被打破,他也很难向国内金融、工商界人士交代,以求得他们的继续合作。于是,在 8 月 6 日编遣实施会议结束的当天,宋子文在上海宣布辞职:

此次编遣实施会议,讨论编遣经费,及以后全国军费,得数甚巨。职部因向负筹款之责,曾召集财政专家集议,皆以为筹款非绝对不可能,但须有预算制度,为之保障耳。年来财政已濒于绝境,人民之忍痛负担,皆期望统一之后,军费可以骤减,财政预算可以实行耳。若此时对此二事，仍无确实保障，若编遣实施之后，军费仍无限制，预算仍不能确定，国家财政信用扫地，而人民负担有加无已，虽欲竭泽而渔，不可得矣。……前者统一尚未完成，故军费之不能遵循、预算之不能实行，犹可说也；今此统一早已完成，内乱均已平定，而此两事尚无实施之可能，则职部将何以自解于水深火热之人民乎？

宋子文的不满跃然纸上。

宋子文的辞职博得了金融、工商界人士的同情，也使他们深感忧虑，毕竟宋子文的主张反映了他们希望消弭战乱、发展经济的愿望，符合了民族资产阶级的利益。他们除了挽留宋之外，于8月7日即宋子文宣布辞职的第二天，由上海商会和银钱业公会联合致电国民政府，响应宋子文之呼声：

军兴后，军费恒占全国收入百分之八十，致国计民生将绝。当此统一告成、训政伊始，财政当局毅然以缩减军费确定预算力争，确系为民请命。若政府对此最低要求无实行决心，则财政前程将不可设想。

这时的蒋介石正需要利用这一代表金融、工商界之声的正当要求，藉此削弱乃至消除异己，他也需要宋子文这位精干的理财家继续为其筹措饷源，所以坚决不同意宋的辞职。为挽留宋子文，蒋介石亲自赴沪进行劝说，并由国民政府发表通电，对宋深表夸赞，“该部长频年总绾度支，勤劳倍著，倚畀正深”，还做出了一定的承诺，说“今后军费裁减，预算确立，自当由政府督促办理”。

宋子文本来就不是真心辞职，而是以此作为手段，既压迫政府做出许诺，又借机获得资本家的同情与支持。既然目的已基本达到，宋子文答应复出。在正式复职前，他又做了两件事：一是向政府明确说明：“所谓确立预算者，凡岁出与岁入关系国民负担者，均应包括在内，非仅限于经常收支而已。此后中央与地方政府，无论何项机关，如须向国内外募债，应由财政当局参加。”二是于8月13日在上海宴请银行界，商讨再发编遣公债5000万元之事，最后商定由海外华侨认购1000万元，余由上海银行界负责筹募。在得到了政府的承诺，及金融界人士的再度合作后，宋子文于8月13日返宁复职。

第二次辞职是在1932年6月11日，因“剿共”军费问题而引起，归根结底，则是宋子文确立预算的主张同蒋介石的内战政策矛盾日益加深的结果。蒋介石曾支持过宋子文提出的裁兵减额、确立预算的主张，因为当时他需要以此为藉口来削弱各实力派的力量。当蒋介石逐一剪除了异己，确立了他在国民党政权中的有利地位后，宋子文确立预算的主张便与蒋介石的内战政策发生了直接的矛盾。就确定预算本身而言，与蒋的内战政策并不对立，但在当时具体的历史条件下，确立预算与减少军费有着直接的关系，欲确定预算，必对军费支出有某种限制，这样一来，蒋对革命根据地发动的军事“围剿”就会受到约束。

1932年“一二八”事变发生后，宋子文因政府无法按期对内债还本付息，亲赴上海与金融、工商界头面人物协商。在外敌入侵、国难当头之际，在蒋介石全面控制党、政、军权的权威之下，上海金融工商界在得到宋子文维持债信的允诺下，接受了宋整理债券的计划。虽然这项计划将使他们蒙受损失，但为了顾全政府面子，资本家们甚至答应，公开表示整理债券乃出于公债持有人的自愿行动。2月下旬，以金融、工商界头面人物为主的“持票人会”发表宣言，宣布对国民政府各项债券（除17年金融长期公债外）减息展本，即削减利率、延长偿还期限，以示国难当头之际对南京国民政府的“竭诚拥护”。用中国银行总裁张嘉璈的话来说，他们希望以此“减轻政府财政负担，以便集中力量用于国防措施”。同时，“持票人会”也向政府提出了几项重要条件：第一，以后“无论政府财政如何困难，不再牵动基金及变更所定此项办法情事，由国民政府命令公布，并分饬行政院永远遵守,并交立法院立案”;第二,要求政府“将财政彻底整理,完全公开,财政委员会各团体参加,取节缩主义,现在收入范围内确定概算,不得稍有逾越”;第三,希望“政府不再向各商业团体举债为内战及政费之用”。宋子文以行政院副院长兼财政部长身份接受了上述条件,并发表声明说:“政府与民众本属休戚相关,持票人既为国难牺牲,则政府对于债信之维持,责无旁贷,当尊重而履行之。”据说,宋子文还作了4年内不再发行新公债的口头承诺。

当淞沪抗战进行之时,蒋介石基本能按宋子文的财政节缩计划办事。节缩计划和削减公债付款,大大减少了财政支出,使宋子文颇感裕如。但好景不长,1932年夏,当淞沪战争停止以后,蒋介石立刻扩大军费开支,对革命根据地发动了第4次大规模的军事“围剿”,以图消灭他的“心腹之患”。在反共这一点上,宋子文与蒋介石本无异议,但宋认为抗日比“剿共”更重要,尤其在日本日渐扩大对华侵略的情况下,宋子文反对蒋介石把更多的财力、物力及人力用于“剿共”。况且,“剿共”军费的增加将打破宋坚持多年的确立预算的计划。欲保证大量的军费,还必须发行新公债,这又将违背他和上海金融、工商界的协定。基于已初步建立的预算制度,宋子文凭借财政部长之权,对蒋介石的用款作了某些限制。对于蒋介石一次次提出的拨款要求,宋子文坚决照章办事,严格审核,不符合规定或超出预算的不予批准。这大大激恼了蒋介石,以致蒋不直接向宋子文要钱,而写信给宋美龄,让她去向其哥宋子文施加压力,在由宋美龄转函宋子文的信中,称呼也由“子文兄”改为“宋部长”。固执的宋子文全然不理蒋介石的愤怒与施压,依然坚持他的主张,并以硬碰硬,于6月11日宣布辞职。他向新闻界表示说:

四月来政府始终刻苦自励,进行紧缩,未举一债,适合收支,各银行金融机关,因此亦得未贷款于政府而致瓦解。今沪事告一段落,余心力已瘁,不能再肩财政重任。以本人观察,将来财难，必甚于今，军政支出将有增无减，政费稍增尚不难筹，而剿匪费实为目前最紧迫问题。匪共一日不除，国基一日不固。但当此灾后战后，事业凋敝，共祸滋蔓，何能再增税重苦吾民，在势惟有举债。然挖肉补疮，终将至无肉可挖，此中痛苦，已久饱尝，内疚于心。今后国府财政上，无论需要如何，决不再循此道，但匪共非大军不灭，军费不得不增，为大局及个人计，乃不得不辞。

从此番表白中可以看出，宋子文并不反对反共，只是反对不顾一切地一味增加军费。在他看来，靠举债来维持财政收支只是“挖肉补疮”，决非长久之计，他决心“不再循此道”。

宋子文一辞职，蒋介石马上软了下来，因为他还需要宋为其继续筹款。在蒋眼里，宋子文的整理财政、筹措军费的才干“决非他人所能望其项背”。为挽留宋，蒋介石一面以国民政府的名义致电宋子文，劝其“以国家大局为重，继续负责维持”政府财政，称谓自然由“宋部长”改回“子文兄”，以示关系之亲密；一面派行政院长汪精卫、国民政府主席林森赴沪挽留宋子文。

宋子文此次辞职，是因为与蒋介石在“剿共”军费问题上争执不下而甩手不干的，并不是真心辞职。在蒋介石准备让步的情况下，他自然是顺梯而下，愿意妥协。经过一番协商后，宋子文答应复出，并同意自 1932 年 7 月起每月增加“剿共经费”150 万元。这一数额虽比蒋介石原来要求的减少了，宋也表示决不可再增加了，但此口一开，终使宋子文精心确定的财政预算落了空。为了兑现向资本家作出的 4 年内不发行新公债的承诺，宋子文改采增加税收、直接向银行借钱等办法来增加政府收入。虽然在“剿共”军费问题上，蒋、宋仍有分歧，但作为财政部长，宋子文的一切努力仍是服从并服务于南京政府的最高统治者蒋介石。

为了不受宋子文的制约，蒋介石另辟蹊径，于 1932 年 10 月以鄂、豫、皖三省“剿匪”总司令部的名义发布训令，创办了鄂豫皖赣四省农民银行，后改组为中国农民银行。该行由蒋直接控制，为蒋的“剿共”提供资金，充当蒋的私人财库。该行的成立，多少缓和了蒋、宋的矛盾冲突。

第三次辞职发生在1933年10月。这一次宋子文没有像以往那样得到蒋介石和国民政府的挽留，而是被立即批准，并由他的姐夫孔祥熙接任财政部长及行政院副院长之职，宋子文的全国经济委员会常务委员一职被保留，另选他为国民政府委员，这两个职位均无实际意义。事实上，宋子文已被摒弃于国民党决策核心之外。宋宣布辞职后，社会上曾流传他的一句牢骚话：做财政部长无异于做蒋介石的狗，今后我要做人不愿做狗了！

对蒋介石来说，此时他是否已不看中宋子文的理财本领了呢？当然不是。宋子文的理财本领对蒋介石固然重要，但蒋更需要一位予取予求的“军需主任”，而宋子文不仅不愿也不可能成为这么一位“军需主任”，他更不时地要涉足蒋的政治与外交事务。当宋子文与蒋介石在内外方针上产生了重大意见分歧后，蒋介石便不能容忍他的这位财政部长大舅子了。

辞职后的宋子文步入了他政治生涯的低谷时期。在中日民族矛盾不断激化、中华民族危机日益加深的情势下，主张对日强硬的宋子文十分关注政局的发展，在一些非公开场合，特别是在同西方外交官的谈话中，他对国民党中央当局的亲日、和日方针提出了批评，并提出了实现国内团结和统一，共同抵御日本侵略的主张。他参与的1935年的币制改革即有抵制日本侵略的意义。

“九一八”之后，日本侵略者除了积极扩张军事外，还采取了种种卑劣的手段，企图控制中国的财政经济，使南京国民政府在财政金融上垮台，以达迫蒋投降的险恶目的。在财政金融面临严重困境之时，颇为英美人士赏识的宋子文被重新请出来，直接与英美交涉，以求尽快获得英美的援助，改革中国币制。这时的宋子文已离开国民党权力中心一年有余，但他对国家财政金融事务一直颇为关注。改革币制，是他担任财政部长期间着手经办但未来得及实现的宿愿。此次国民政府请他参与谋划币制改革的方案,正给了他实施抱负、展示才能的极好机会。而且,宋子文也清楚地知道,币制改革不仅是摆脱财政金融困境的根本途径,也是从经济上抵制日本侵略扩张的必要前提。基于上述种种考虑,宋子文不计前嫌、不图名义地与已接替他出任财政部长的孔祥熙实行了坦诚合作。币制改革由孔祥熙出面,南京国民政府没有委任宋子文参与此事的任何职务,但授予他处理财政金融事务之全权,宋子文可以做出他认为合适的任何安排。可见,在这场币制改革中,宋子文是有权而无名。从目前英国公布的档案资料看,宋子文是在 1934 年 12 月开始参与策划币制改革的。自接手这一事项起,宋子文一面参与谋划币制改革的方案,一面积极呼吁英美政府加速对中国的财政援助。在这场币制改革中,无论是谋划币制改革方案,还是在谋求英美援助方面,宋子文都扮演了十分重要的角色,起了极为重要的作用。国民政府颁行币制改革令后,宋子文给予了全力支持。

宋子文的作为与表现,不仅再次展示了他的经济才能,也显示了他的外交才能;不仅在一定程度上融洽了他与蒋介石的关系,也进一步博得了英美人士的赏识。来华谈判的英国财政专家李滋罗斯,在谈判结束后致英国政府的电报中,对中国的金融管理表示怀疑,但对宋子文表示了充分的信任与欣赏,他说:"对真正的金融管理而言,外国监督通常是必须的,可是中国决不会答应的。然而如由宋这样的人来负责的话,能达到合理、有效的管理。"所有这些,为宋子文不久的复出,并再度成为风云人物创造了良好的条件。

2. 聚财能手宋霭龄

在宋氏家族中,唯有宋霭龄从未在南京国民政府中担任过一官半职,也未在国民党或国民政府属下的任何一个经济机构担任过实际的职务,但她的触角却能伸展到政治、经济等领域,甚至发挥较大的影响。究其原因,一是关系网的作用,二是宋霭龄本人在宋家的地位。在注重宗法关系、讲求关系网的中国，作为南京国民政府行政院副院长（后升任院长）、财政部长、中央银行总裁的夫人，蒋介石的大姨子，宋子文、宋美龄的大姐，光是这些重量级的家族姻亲，就够宋霭龄“受用”了，更何况她从小就是家中的“领头羊”，是个大胆、有心计的现实主义者，她非常明白权力的重要性，也十分精通权术的运用。时为“第一夫人”的宋美龄从小受大姐的影响与照顾至深，一直以来都非常敬重她，妹夫蒋介石对她也不得不礼让三分，丈夫孔祥熙更是言听计从。如此身份，在当时的中国还有第二人吗？

爱权弄权是宋霭龄的一大嗜好，但她本人在政治上并没有野心，她的耍弄权术，为的是能够轻易“捞钱”。一位美国作家这样评价宋霭龄：“这是一位在金融上取得巨大成就的妇女，她的财富之多仅次于她的弟弟宋子文，她或许是世界上有过的靠自己的精明手段敛财的最有钱的妇女。”与别人不同的是，宋霭龄不是在前台大显身手，而是在后台策划、操纵。自成为孔夫人后，宋霭龄就把自己藏在幕后。至蒋介石上台、蒋宋联姻后，当宋子文、宋美龄两个弟妹在政坛上大展才华之际，宋霭龄凭借她那特殊的身份，在幕后大肆操纵、聚敛财富。

至于聚财的手段，因时因地而不同。军火交易是一项具有巨额利润的生意，宋霭龄一度经手过此项买卖。1933 年，蒋介石成立航空委员会，由蒋自任委员长，宋美龄任秘书长，孔祥熙任委员，负责对外接洽、采购空军军火业务。宋霭龄曾通过孔祥熙的关系而掌握空军军火生意，虽然时间不长，但已领略到军火交易中的种种黑幕，对其中的巨额佣金与利润大为惊叹。由此之故，当抗战时期宋子文被指派为根据“租借法案”接洽援华事宜的中国代表，在美国独掌援华物资（主要为军备物资）之大权后，宋霭龄和宋氏家族的其他成员及国民党内其他派系的人一样，妒忌宋子文，因为他切断了宋霭龄从“租借法案”中的获利之道。为了抢夺这一生财之道，宋霭龄甚至直接参与到削弱宋子文职权的权力斗争中。宋子文在 1943 年 10 月回国后，曾失宠于蒋介石而沉寂了一年,其中原因很多,宋霭龄、宋美龄两姐妹的联手倒宋是其中的要素之一。甚至,宋氏姐妹与宋子文的争权夺势的斗争,还影响到蒋介石与史迪威的关系。1943 年下半年,在蒋史矛盾不断激化的情况下,经宋子文与美方的反复交涉,“撤换史迪威,已获罗斯福同意”,“撤史”几成定局,而当宋子文离开美国抵达重庆后,蒋介石迫于压力,已改变了态度。虽然压力主要来自于盟国美、英方面,但宋霭龄、宋美龄的劝说也不无影响。她们担心史迪威被撵走后,原来由史掌握的租借物资控制权,会落回到宋子文手中,她们不愿意宋子文的权力过大,以至于影响她们的丈夫及她们本人的地位和利益。结果,宋氏家族内部争权夺势的斗争,暂时阻止了史迪威的被撤。可见,聚敛财富是宋霭龄人生的最大目标,谁要是挡了她的生财之道,她就会运用自己在政治上的能量,千方百计地打倒对手,哪怕是自家兄弟。只是军火交易关系到国家的安全与利益,宋霭龄无缘涉猎。

宋霭龄施展敛财手段的主要场所是中国的交易市场,包括证券交易、商品交易和外汇交易。从事证券交易,是宋霭龄与孔氏家族发财的始端。在宋子文担任财政部长期间,为给蒋介石筹措军费,发行了多起给予银行家巨大优惠的公债,宋霭龄及宋家的其他亲属皆藉此大发其财。孔祥熙执掌财政大权并兼任中央银行总裁后,宋霭龄更是“近水楼台先得月”,通过内幕消息,凭藉孔的权势,乃至蒋介石的这顶“保护伞”,在幕后兴风作浪,横行无忌。可以说,民国时期金融界的几起大的舞弊案,大多与宋霭龄有关。

孔祥熙执掌财政部大权之初,国库每月收入仅 1500 多万元,支出则达 2200 万元,其中仅军费一项月支就达 1800 万元。库存仅有现金 300 万元,以及尚未发行的公债库券 2700 万元,还有大量已发行而尚未偿还的内债,面对这一副烂摊子,孔祥熙有何点金之术去主持财政部之大局呢?他的宗旨就是唯蒋介石之命而行,坚持蒋的“剿共”第一、军费第一的财政方针。为了满足蒋介石的军费需求,他唯一的办法就是继续推行赤字政策,滥发公债。孔祥熙曾严厉批评宋子文的公债政策,此时的他不仅追随宋子文的办法,而且比宋子文有过之而无不及。从1934年到1936年的3年时间里,财政部共发行公债13种,发行额计11.4亿元。30年代,宋霭龄聚敛财富的主要手段就是通过上海证券交易市场炒卖债券。

有人说,"中国自有证券股市以来,最大的炒手当数宋霭龄。而宋霭龄称霸股市的最大杰作当数发生在30年代中期的'二三关'库券、'九六公债'、'统一公债'三大风潮,亦称中国股市'三大炒'。"宋霭龄所以能在30年代的上海证券市场上掀起轩然大波,其秘密在于她掌握了"炒股"的三大要素:首先,她可以随时掌握国家的金融机密,甚至可以"制造"出一些信息,以欺骗其他股民。其次,她可以得到取之不尽、用之不竭的雄厚资本。有宋氏、孔氏家族的雄厚财力为依托,又可利用孔的权势,直接动用国家资金,这样的"财力"是无人能比的。第三,宋霭龄身边有一批身居财经要职的官员们为之奔走策划。当时的证券业虽然没有禁止有关官员"炒股"的法规,但由孔祥熙亲自出面总不是件妥当的事,由无任何官衔的夫人操作"炒股",虽然只是掩耳盗铃的一种行为,同样会受到舆论的谴责,但毕竟宋霭龄不是政府官员,或许这也是宋霭龄不涉猎官场的精明之处吧。况且,她也不是自己直接出面,而是有一班深谙官场之道与孔家内幕的官员为其鞍前马后的跑腿。30年代,在宋霭龄身边最卖力且贡献最大的主要有3个人,他们是财政部次长兼钱币司司长徐堪、中央银行副总裁陈行、宋霭龄的二弟宋子良(宋子文把他摆到中国建设银公司总经理的位置上,孔祥熙又给了他中国国货银行董事长的职位)。在宋霭龄的亲自"领导"下,他们形成了一个专事在上海证券交易市场搞投机活动的秘密集团,人称"三不公司",即所谓徐堪的"不堪",陈行的"不行",宋子良的"不良"。《未加冕的女王宋霭龄》一书对此作了如下描述:"每次,根据宋霭龄的策划,徐堪以财政部次长兼钱币司司长的身份主持其事;陈行以中央银行副总裁的身份从旁协助,参与机要,并在必要时负责从中央银行国库里划拨资金;宋子良的任务是:负责掌握各种可以在必要时充作替身的证券字号以及化名散户的'毛人',令他们随时吃进吐出,暗中拉抬价格,并及时通过中国国货银行向证券交易所调拨头寸。"不少接近国民党政权高层的人物都清楚,"三不公司"的幕后主持是宋霭龄,因此谁也不敢碰也较量不起。可见宋霭龄的"炒股"发财并不是靠她个人的本事,而是有财政部与中央银行的"帮忙",有如此的"助手",宋霭龄的"炒股"岂有不胜之理?当然,宋霭龄的个人因素也是不能排除的。如果她不爱财、不会弄权作势,没有投机冒险的秉性,就不会有上述这一切的活动与结果。

1937 年,当国民政府的公债政策已失去信用,宋霭龄在上海证券交易所已吃饱捞足之后,她开始转移阵地,联合杜月笙,在上海花纱布交易所大做棉纱投机生意,以后又从事面粉投机生意。

美国人帕克斯·M·小科布尔在《江浙财阀与国民政府(一九二七——九三七年)》一书中介绍"孔祥熙集团"时,对宋霭龄的活动作了这样的评述:"孔夫人因从事商品和公债投资而声名狼藉。早年她和宋子良、财政官员陈行、徐堪成立七星公司,以上海为基地,从事公债、标金、棉花和面粉的投机。显然,她和杜月笙的勾结很紧密。杜是几家商品交易所和证券交易所的理事。严格说来,这些活动不属于政府。上海广为传闻她利用从她丈夫那里探听有关商情动态和政府决策的内部消息,进行投机并得到好处。"

抗日战争爆发后,宋霭龄先去了香港;在香港沦陷之前,她和妹妹宋庆龄一起飞赴重庆。在大后方,外汇、黄金与美金公债成了宋霭龄投机敛财的最主要手段。战时发生的几起黄金舞弊案,及大后方外汇市场的波动,皆缘自经济情报的走漏,而带头兴起黄金、外汇之投机活动,扰乱金融市场的,正是国民党上层的少数几个金融寡头。善做此类投机生意的宋霭龄无不参与其中。假手孔祥熙,操纵由宋子文在美国洽谈签约的 5 亿美元借款，是宋霭龄在战时所发的最大一笔横财；对5亿美元的不法使用则构成了民国期间一起巨大的贪污案。首先，在借款协定签署的第4天，孔祥熙未经通知宋子文，径自在重庆宣布，中国计划发行1亿美元联盟胜利公债及1亿美元储蓄券，并指定由他控制的中央银行作为中国政府的代表银行，将在美国联邦储备银行内开户。美国历史学家沙勒在《美国十字军在中国》一书中，对此事作了如下评述："虽然这想必是为了抑制通货膨胀而采用的手段，但结果却适得其反。购买公债和证券的只限于有权有势的官员、银行家和地主，他们获准以固定的美元和法币（中国通货）的比率认购，尽管在债券上市的18个月内美元和法币的实际兑换率发生了大幅度的变化。就这样，1943年当这些债券交易结束时，投机商纷纷进行了有利可图的疯狂抢购。蒋夫人和孔夫人在三天之中就买进了价值五千万美元的债券。"美金公债停售后，黑市价格扶摇直上，由最初的20多元、30多元一下子猛跳到100元以上，到1943年底已冲破200元大关。此中的暴利可想而知。如果加上在这之前购买美金储蓄券中得到的收益，数额之巨，更令人咋舌了。即使如此，这也只是宋霭龄从5亿美元中收益的一部分。

其次，1943年，国民政府在一般储蓄推而不动的情况下，为了回笼货币，阻止通货膨胀，从5亿美元借款中又提拨2亿美元，向美国购买黄金570万两，陆续内运，在市场公开抛售。当时，黄金的抛售是由中央银行委托中国国货银行和中国农民银行办理的，售价由中央银行随时通知两行照办，售出的数量和价格均是不公开的，外界鲜为人知。因为黄金的售价是由中央银行随时确定且不公开的，也就是说黄金的官价是由少数权贵操纵的，这就为他们的以权谋私活动大开了方便之门。战时发生的一场震惊中外的黄金风潮即由此而引起。1945年3月29日，国民政府内定提高金价，每两黄金折合法币由2万元提为3.5万元，提价前一天内情已经泄出，内部有关人员在当天下午银行停止营业以前，以每盎司2万元的价格，大批买进，有的甚至挪用公款抢购，第二天即以每盎司3.5万元的价格卖出，睡了一夜就获得如此暴利，此为民国史上一起有名的黄金舞弊案。其中获利最大者即为宋霭龄，她在提价的前一天，利用中央银行业务局长郭锦坤，勾结大业公司经理李祖永，借口承印中央银行钞券预付购料款，大量购进黄金。宋霭龄到底从5亿美元的借款中贪污了多少，除了她自己，实在是一个无人能够测算的数目。

宋霭龄鲸吞、贪污美金公债与黄金案，终因数额巨大而引起各方注目与指责。宋霭龄的大肆敛财为孔氏家族积聚了巨额财富，同时也为孔祥熙招致了声名狼藉的结局。国民参政会在重庆召开四届一次大会时，云南省参政员陈雅庚等人向大会提出此案，要求追究孔祥熙的罪行。在蒋介石的“关照”下，该提案不了了之。

3. 涉足政坛的宋美龄

闻名中外的宋氏三才女，性格迥异，对于权力也有不同的体认。大姐宋霭龄喜欢在幕后耍弄权术而不愿意直接参政；二姐宋庆龄享有崇高的政治声望，却始终不要权力、地位；小妹宋美龄爱权更愿意掌握权力。

做了“第一夫人”的宋美龄，有了夫君蒋介石的授权，积极参与政事，并做得有声有色。军队是蒋介石掌权的关键，宋美龄的参政也正从军队入手。创办国民革命军遗族学校、建立军官励志社，是宋美龄在北伐前后所从事的两件较有成就的事情。接着，在跟随蒋介石赴江西“剿共”的过程中，由宋美龄提议发起了日后在大江南北热烈开展的“新生活运动”。美国作家西格雷夫在《宋家王朝》一书中对宋美龄为什么要提倡新生活运动作了这样的解释：1934年，宋美龄与蒋介石一起在牯岭休养胜地度假。其实度假只是一个名目，实际是做英美的工作。宋美龄在那儿召见了一些正在休假的英美传教士。“传教士们认为,蒋的政府毫未将其获得的巨利用之于民。委员长现在虽‘控制’中国一块相当大的地盘,但老百姓只是把那些关于统一和进步的空谈当作耳边风。传教士们指出,如果南京想取得外国政府的支持和贷款,蒋必须首先有一明确的社会福利纲领,以便在中国的外国人能有良好印象。因为当今正值新政时期。美龄很快领悟他们的意思。她向蒋提出建议,蒋立即同意她的主张。美龄于是邀请传教士一同拟订一个中国‘新政’的实施细则,她称之为‘新生活运动’。”按宋美龄本人所说,“新生活运动”是蒋介石在江西“剿共”期间所悉心考虑而形成的,是“蒋委员长所倡导的”。不管由谁倡导发动,宋美龄卖力推行“新生活运动”是有目共睹的,她的工作主要体现在四个方面:(一)把妇女同“新生活运动”挂钩,认为妇女对于“新生活运动”正可作切实的辅助,极力主张发动妇女;(二)帮助蒋介石处理有关“新生活运动”的信件、报告和建议书;(三)向国外宣传这个运动;(四)向国内宣传这个运动。

1934 年 10 月,宋美龄跟随蒋介石视察边陲。“在旅行期间,她开始以自己的头衔出现于公众面前。她必须每天去演说,这使她不再胆怯,使她能够克服好象搞竞选活动那样的疲劳而且变得坚强起来。每到一个城市,她就召集妇女,敦促她们协助全国性的改革工作。她大讲反对中国的旧习惯,反对大家闺秀不出户,反对鸦片、肮脏和贫困的威胁。她恳求她们发挥社会责任感。”一路上,宋美龄既发挥了作为第一夫人的特殊作用,也锻炼了自己。客观地说,宋美龄的确非常适合这一角色。她的二姐宋庆龄在她 1943 年访美归来后曾对她作了这样的评价:“美龄看起来是这样阔绰高贵,举止又是那样的像最时髦的名流,我们发现她经历了一场巨大的生理上的变化,特别是面部表情。她看来很会适应,并且很容易受周围环境的影响,在这方面她很像克莱尔·布思①。”

国民党的空军建设，是宋庆龄、宋美龄两姐妹先后涉足过的领域。“航空救国”是当年孙中山喊出的口号，宋庆龄曾予以全力支持。当蒋介石重新提出这一口号，准备建设中国空军时，宋美龄承担起了这一任务。宋美龄为什么对建设空军情有独钟，这一重大的任务又为什么会落在宋美龄肩上呢？其原因是多方面的：

一是自1931年“九一八”事变后，蒋介石处于内外交困的局面，为了自救，他打算强化军事力量。而强大的军事力量应包括有一支空军，建立空军，需要有一大笔军费开支，蒋介石感到把这项经营交给他人来办理不放心，交给宋美龄是最靠得住的。正如《宋氏三姐妹》一书所分析的：“蒋介石的想法在这一点上是明确的：国民党必须使中国的军事力量现代化，需要战斗机。然而，购买飞机涉及大笔款项，蒋介石决定不了他那些易于贪污的幕僚中，究竟谁能负起这一重任。他知道自己的妻子可以信赖。因此，这位只受过音乐、文学和社会美德教育的宋美龄，便把许多时间花在有关航空理论、飞机设计和比较各种飞机部件优缺点的技术刊物上。她同外商洽谈，订购了价值两千万美元的产品。她从采购代理商进而成为中国空军司令，这在妇女中是没有先例的。”此前在宋家内部，主要是宋霭龄、孔祥熙夫妇与宋子文之间已为军购事宜而暗中较劲，原本涉及军品采购的军人也有意染指此事。当蒋介石提出由宋美龄来主持空军建设事务后，他的属下不敢有反对意见，孔、宋二人也都不反对，宋美龄还在调和宋子文与孔祥熙两人的矛盾上，起了相当微妙而关键的作用。为加强对航空部队的领导和建设，蒋介石设立了一个航空委员会，由宋美龄出面担任航空委员会秘书长，从此，宋

---

① 克莱尔·布思（1902—1987年）：美国《时代》杂志、《生活》画报创办人亨利·鲁斯的妻子，是位女强人，当时是美国社交界的美女。曾做过《名利场》杂志主编，国会众议员，还被任命为美国驻意大利、驻巴西的大使。

美龄与国民党空军结下了不解之缘。

二是在跟随蒋介石视察西北、华北乃至后来追击工农红军的过程中，宋美龄深深体会到现代化交通工具飞机的重要性。有书说：宋美龄“合理地断定说：在一切帮助中国统一的发明品中，恐怕要算飞机是最卓越的了。她说：真的，它的消灭距离的能力，与它的帮同消灭相互远离的地方长官间的，或中央官员与地方官员的怀疑和误会的成就，恰巧成了一个正比例”。宋美龄说：蒋介石“几乎飞到了中国的每一个省份——完成了他在平常情形下所永远不能够完成的旅行。从南京到云南以及回来，走着长江的一路，用平常的交通工具，将费两个月的急速的旅行。然而现在用了飞机，它却可以在一天内完成了。从重庆到贵州的贵阳的旅行，常需16天的可厌的轿子旅行和许多的精力。由贵阳到云南的旅行，要费同样数目的时间，而且需要同样多的精力。可是蒋委员长却藉着飞机，在一个半小时左右的时间内，迅捷地飞越一重高山，而完成了第一段的旅行；在两个半小时内，飞过了第二段”。因此，“飞机在蒋委员长的公务上替他所尽的效劳，实在是可惊的。”1937年3月12日，宋美龄还在上海英文《大美晚报》上发表了《航空与统一》一文。文章一开头写道：“一切促进中国统一的新发明，或许要推飞机的功绩，最为伟大。飞机消除距离的能力，和促进边省与各省间，或边省与中央间的密接而消除其误会猜疑，恰好成为正比例。在没有飞机以前，尤其是边远各省的官吏，大都各自为政，和中央隔膜得很厉害。特别是僻远各省的封疆大吏，绝少入京机会。就是交换代表，也因交通阻隔，往返需时，不能得到更多成效。而中央的高级人员，除了短距离间的旅行外，非万不已，也很少长途跋涉，亲临内地。从前这种旅行，不仅要费许多时间，并且交通不便，须经种种的艰难与困苦，即如少数官吏因职责所在，巡历辖境以内，亦复如此。航空交通没有发展之前，官吏沿铁道线旅行，还勉强说得上迅速舒适；可是我国的面积太大，铁路所达到的地方，只是极小的若干部分而已。”接着，着重叙述航空交通给蒋介石加强对全国统治的好处，还借机把蒋介石美化了一番。文章写道："我们不必说经济方面，只就我国政治社会的进展而论，航空交通究竟给了我们多少显著的影响，我们略略地估计了一下，蒋委员长飞巡各省的成果，就不难想象了。我们所有的省份，蒋委员长差不多完全到过的了——这种行程，决非寻常情形之下所能做到的。……他飞航的旅程，跨越了无数高山大川和广漠平原，几乎飞尽了四边的国境。时间既非常经济，来往也比较安适，凡是远省的僚吏，都能在他们自己的衙署里会晤他们，替他们解决各种问题，打消他们的疑虑，宣示中央亲切的诚意，这种飞行巡视，所贡献于国家的功绩，实在不是随便可以衡量的。"又说："全国地理和特殊情况的实际知识，凡是从前最高当局所没法知道的，委员长因此也都能了于胸中了。和地方官吏，各处民众有了这种直接接触的机会，当他推进改良中国的计划的时候，更多了实地参证的可贵资料。其他官吏以委员长为表率，争相仿效，虽范围较小，而成效则有同等重要的。彼此都因而消除了地方成见，以谅解为基础，缔结起敦睦的情谊来。"文章最后写道；"国人的航空意识，现在非常发达，实为将来推进航空事业的佳兆。中国排除了纷乱的荆棘，进步为有秩序的国家，那么繁荣也将接踵而来。航空交通的需要，同时势必激增，将来各大城市必定有精良的机场和航空交通的设备，到那时，中国在世界航空发达的诸国之间，也将获得相当的地位了。"

三是"西安事变"发生后，何应钦等主张轰炸西安，宋美龄和蒋介石都感到必须把空军掌握在自己的手里。《宋家王朝》一书评论说："西安事变期间，蒋委员长在南京的许多亲信幕僚曾密谋策划把他炸为齑粉；如此看来，让这伙人掌握空军，显然是不明智之举。蒋夫人对丈夫说，她愿意亲自出马，设法把空军变成克敌制胜的有效武器，这比仅仅作为政治筹码更强得多。蒋介石欣然同意，让她负责。"

宋美龄出任航空委员会秘书长后，首先着手扩大空军装备事宜。蒋介石在建立空军之初，是以对内打击中共为首要目标，加以宋美龄没有军事采购方面的专业知识,贪污贿赂行为更是无所不在,所以国民党空军军械的进口难免存在不合理或浪费的现象,不少书对此皆有所批评。而且,在宋美龄插手国民党空军的建设工作前,国民党空军已经历了 20 余年的酝酿筹组过程,其中存在的问题也不是某一个人在短时间内能够解决的。陈纳德(第一次世界大战时参加美国陆军航空部队,1937 年退伍到中国,任蒋介石的空军顾问,组织美国志愿航空队,后改称美国第十四航空队,任司令)刚上任时,他对所见到的中国空军是很不满意的。在陈纳德看来,这支空军害己胜于克敌,完全控制在意大利人手中,虽说有五百架飞机,但能飞的还不足一百架;腐败之风太盛。陈纳德一针见血地指出:“意大利人简直是在竭尽全力危害中国。”他还笔录了一些细节,在后来的回忆录中又重新加以了整理。他说:“意大利人尽管在中国航空界掀起了一场很大的风浪,他们在加强中国空军实力方面,实际是一无所成。意大利人在洛阳创办的空军学校是独一无二的;每一个空军学生只要习完正式驾驶的训练课程,不问其能力如何,都可以毕业。……中国的空军学生,乃系由中国的上层阶级的家庭选拔出来的;当他们被美国人主持的杭州空军学校淘汰出来时,便引起他们的家长对蒋委员长的抗议,使他困恼万分。而现在意大利人的这种教育方针,刚好解决了这个中国的社会问题,却毁了中国的空军。”又说:“中国航空委员会的离奇古怪的办事方法,也是意大利人订下来的。从来没有一架飞机因任何原因而在正式簿册上注销。有些飞机已经全毁,已经折毁或者竟完全是废物,可是仍列在飞机的簿册上,因此在纸面上看来,空军的实力简直惊人。……其结果是当中国抗战开始时,航空委员会簿册上登记的飞机有五百架,但是只有九十一架可用以作战。”这是陈纳德在视察一周后所发现的情况。

尽管有各种各样的问题存在,宋美龄对于国民党空军的建设还是尽心尽力的。随着中日战争的逐步展开,宋美龄更加紧了建设空军的工作。起初,她雇佣了美国陆军航空队的驾驶员罗伊·霍勃鲁克作为顾问。霍勃鲁克向她推荐了克莱尔·李·陈纳德。1937年5月,陈纳德来华,在上海会见了宋美龄。陈纳德在他写的一本回忆录中说:"一个炎热的午后,罗伊·霍勃鲁克来找我,把我带到法租界的一所大厦内,去见我的新的雇佣者——蒋夫人,接见的人说蒋夫人已出去了,于是便邀我们到一间幽静凉爽的内室中去等待她回来。忽然之间,一个穿着流行的巴黎式长袍的年青女子轻步跑了进来,这是一个洋溢着热情与活力的女子,照我当时推测,那是罗伊的一位年青朋友吧,便仍安坐不动,可是,罗伊把我推了一把,随即向她说道:'夫人,我可以介绍陈纳德上校给你吗?'原来这比我想象中要年青二十岁的女人就是蒋夫人!她讲的英语,带着南方尾音,这初次的见面印象使我至今尚在迷惑之中。那天晚上,我在日记上写道:'她将永远是我的女王。'"当时,宋美龄就同陈纳德交谈了几个小时。"他尽量将自己关于建立一支现代化空军的想法告诉她。她要他用书面报告形式写下他的想法。他答应在3个月内交给她。他们讨论了他如何当顾问一职的事。她表示如果陈纳德能致函航空委员会的高级秘书,说明他的职责,她将正式任命他担任这一职务。她建议他第一件要干的事是视察一下中国空军的设施,因为她想了解空军的现状和能力等情况。她要求他由南京开始。她拨给他两架BTI3式教练机,并要他自己挑选视察组人员。"

虽然视察的结果令陈纳德失望,但"七七"卢沟桥事变发生后,陈立即致电蒋介石,表示愿以任何身份为中央政府效劳。7月26日,陈纳德给宋美龄寄去了他任职的合同书,于是,陈就在宋美龄当然也是在蒋介石的手下,投身于中国抗战。端纳向陈纳德介绍了当时中国政治生活中的事实,"从孙中山创建共和国开始,谈到了蒋介石如何上台及其出身,详细介绍了宋查理一家……还介绍了各军阀以及其中一些可能忠于中央政府的军阀……还扼要介绍了少帅张学良绑架蒋介石、蒋的被释放和少帅的政治流放。"端纳对陈纳德说:"委员长是权欲熏心的,必要时，他回很狠心的，可他是一个爱国志士。……至于夫人，尽管她是妇道人家，……却像钢铁一样坚强。她像委员长一样，在政治上很有抱负，权欲极强。打赢战争对她来说简直是至高无上的事。你只要跟委员长和夫人打交道，其他人都是听命于他们的。”据“飞虎队”成员回忆：“陈纳德在中国期间一直遵循这些忠告。”

“八一三”淞沪战役爆发后，“蒋夫人问陈纳德该怎么办。空军的飞机已从开封调来保卫南京。陈纳德知道，炮弹是从停泊在黄浦江上的日本军舰上发出的。这些军舰向正在进攻的日军提供炮火支援。蒋夫人要中国空军拿出计划来，可是没有人知道该怎么组织战斗。

在美国陆军航空队里搞了 20 年战术训练的陈纳德此时确是如鱼得水。在《陈纳德》一书中有这样几段文字：

“他决定将他的寇蒂斯鹰式飞机派去作战，对付日本轻型巡洋舰的俯冲轰炸机，把诺思格普的轻型轰炸机派去对付设在‘出云’号重型巡洋舰上的日本海军司令部。这些舰只都停泊在黄浦江上。

“陈纳德驾驶着一架鹰 75 式单翼战斗机——是蒋夫人为他买的——从南京沿江而下来观察这次空袭。

“那夜在南京，陈纳德在日记中写道：‘空袭甚差。丁领导的第五组几乎炸沉了英国的‘坎伯兰号’。……第二组朝外国租界又扔了两颗炸弹。……第四组在杭州附近打下了几架日本轰炸机。日本人袭击时丧失了 12 架飞机。”

在上海会战和南京保卫战期间，宋美龄十分忙碌。她认得每一架飞机，每个飞行员。一有飞机起飞，她必在旁目送。一有空战，她就爬到高处观战；空战后，她还会兴致勃勃地向有幸生还者转述战况。当时不少外国航空队为中国作战，以美国人居多，这些美国飞行员对宋美龄的忠心超出对一般将领许多。中国空军的建设，宋美龄在时间上和精神上付出了极大的代价。每天，她都要面对许多的突发状况。虽然晕机，但是长年搭机的经验使她对飞机也有相当的认识。陈纳德在回忆中说:"当十月间日本轰炸机又光临南京时,还有战斗机保护而来。这一次,起飞迎战的中国飞机都像苍蝇一样地被击下了,有一些狼狈逃回。这种情形,并不能完全责难飞行员。日本飞机几乎每天出动一百架以上来轰炸南京。使这苦难的首都成为一片焦土。那时蒋夫人,冒着生命的危险,几次三番地来机场慰问这些舍身为国的空中战士。这对于他们,实在是一服很好的兴奋剂。这种工作,虽然是非常伤脑筋的,可是蒋夫人则始终如一。她每次来总是替战士们预备热茶,倾听战士们讲述着出征经过。有一天清晨,蒋夫人与我们一道守候着去上海夜袭的飞机,那天天气很好,十一架飞机都安全而回了。当看到这些飞机掠过机场的时候,她真是高兴得什么似的。但非常不幸,她的快乐仅仅昙花一现,尽管天气很好,可是下降时第一架却坠毁在稻田上,随即第二架在地上翻身,青烟直起。第三架总算安全降落了,可是第四架则又着火,坠在其余机根之上。结果下来,十一架飞机有五架全毁,殉难的机师共有四个。这时目睹当时情形的蒋夫人不禁声泪俱下了。'怎么办呢?怎么办呢?'她呜咽道:'我们已出了最高的代价,买了最好的飞机,并曾尽了最大的力量来训练他们。可是他们却活活的死在我的面前,这叫我怎么办呢?'这就是意大利人在洛阳的空军学校训练出来的毕业生,蒋夫人亦亲自目击了。"

随着抗战的胜利,宋美龄也从空军的幕前隐身至幕后。1946年6月,为了配合国民党军队整个军事机构的调整,"航空委员会"改组为"空军总司令部"。因为有过一段主持空军建设的经历,宋美龄对空军有着特殊的感情,被人称为"空军之母";她与陈纳德也因此建立了亲密关系,据陈纳德妻子陈香梅说:"对于他(指陈纳德)深具权威力的是蒋夫人,将军对夫人之敬仰与尊重,远超乎他所见过的任何女人。他认为她远胜世界上最显赫、最有成就,以及最坚决的女人,她是他的'公主',直到他生命的末日,他却一直是她的'上校'。"

主持航空委员会的工作，是宋美龄在蒋介石的授权下而开展的一项颇有成效的工作。有人说，这是宋美龄“迈向权力之路的一个奠基石”。就在宋美龄主持空军建设的过程中，她充分展露了外交上的才能。1942 年宋美龄的赴美，是她外交生涯中最为风光的一页。作为一个国家的第一夫人，能在美国国会和参众两院发表演讲并获得喝彩，这在世界上是唯一的。顾维钧对宋美龄有这样的评价：“如果她是一位男子，她很可能是一位第一流的外交家。”

4. 宋氏“兄弟店”

宋子文辞职后，专注建设工作，通过全国经济委员会从事了大量经济活动。据负责与全国经济委员会联系的国际联盟技术代表拉西曼说：全国经济委员会有 5 名常务委员即宋子文、蒋介石、孙科、孔祥熙和汪精卫，宋子文是最积极的。同时，宋子文也利用职权大大扩充他本人的实力，并借机扶持两个弟弟。这恰恰是中国官僚资本作用的一大后果——政治资本化的表现。“一个官，或一批有血肉关系的官，欲保持其已有的政治权势，或扩大其已有的政治权势，往往又得看他或他们是否运用有控制有大量的官僚资本，在这种意义上，官僚资本又变成了政治权势取得的前提条件，所以，接近，更进而支配某种较大规模较有利益的‘公营’事业，乃成为政治斗争最基本的动因。”

宋子文发起成立的中国建设银公司，是一个由国民政府要员和金融资本家合资的机构，被视为宋氏家族的事业，宋子文的两个弟弟宋子良、宋子安均为股东。中国建设银公司的成立，是宋子文争取欧美援助的产物。1933 年宋子文出访欧美时，曾提出让国际联盟为中国经济建设提供援助，以及成立不包括日本在内的国际对华投资咨询委员会的设想，后由于宋的辞职和日本的反对，计划落空，但宋子文没有放弃这方面的努力。经过与原国联官员法国人蒙内的筹划，宋子文利用他在政界和金融界的关系，于1934年5月31日发起成立了中国建设银公司——一个新的金融机构，它以引入外国资本作为重要目标，正如宋子文本人所说，发起组织中国建设银公司出于两方面的考虑："第一，如何能在国人可以接受之条件下，鼓励大量外资之输入，及如何获取外国技术管理之协助；第二，为如何促进国内资本市场之发展。……为解决上述两项问题，本人经本党同志及银行界友好之赞助，发起组织中国建设银公司，成为吾国第一个真正投资公司。"

中国建设银公司名义上属于私人合资的股份公司，实际仰仗的是宋子文和政府的关系，公司筹备时得到了蒋介石的同意和财政部的批准，时任行政院副院长、财政部长兼中央银行总裁的孔祥熙更采取了积极支持和介入的态度。1934年4月初，孔祥熙发表书面谈话，表示上海银行界有拟组织银公司，借以便利将来外人投资我国建设事业之议。4月中旬，孔再次向报界谈到，宋子文及孔本人加上中央、中国、交通等大银行，将以1000万元的资本合组银公司，该公司系以沟通中国和国际间之投资与建设诸事业之金融机关。1934年5月31日，宋子文在上海召集中国建设银公司发起人会议，参加者囊括了当时国内最为著名的金融界巨子，宋的弟弟宋子良、宋子安也参与在内。公司资本定为1000万元，共100万股，每股10元。与会人士同意先行共同购买50万元作为公司的基本金，宋子文个人认股25万元。会上还决定委托上海17家重要银行募集其余950万元，作为中国建设银公司的团体成员。其中，中国银行同意认购200万元，占总金额的五分之一，成为最大股东。6月2日，宋子文又召开全体股东会议，这次会议选出了宋子文、孔祥熙、陈光甫、张嘉璈、宋子良等21人为第一届董事会，宋子安被选入由7人组成的检察会。6月3日，召开首届董事会议，选举常务董事11人，其中孔祥熙为董事长，宋子文为执行董事，宋子良为总经理。宋子良实为宋子文的代理人，秉承宋子文的意志行事，公司的中心人物是宋子文。故有人将其称为宋氏金融"兄弟店"。

孔祥熙在中国建设银公司的董事长职务较多的是象征意义，他对公司的重大事项并不直接过问。孔的这一职务为他通过私营企业建设银公司做中间人，从他所控制的政府银行得到借款提供了便利。1937 年 2 月，公司贷款给财政部 6000 万元，财政部以印花、卷烟、酒三税做担保。而实际上公司并没有出钱，它是从有股东关系的政府银行如中国银行、中央银行和交通银行等处借来的。

由于与政府的密切关系，中国建设银公司成立后，其业务全面发展，赢利快速增长，公司得到了迅速发展。据统计，公司的资产由 1934 年末的 1260 万元增至 1936 年末的 3283 万元，当年纯利达 1914 万元。宋子文指使中国建设银公司紧密配合全国经济委员会的活动，投资国内工矿业，大致有：1936 年 7 月投资西京电厂（1600 千瓦）；1936 年 8 月向上海各行商借 600 万元投资陕西同官煤矿；1937 年接收资本达 1000 万元的淮南路矿公司，其中建设银公司占资本额 60%；扬子电气公司成立于 1937 年 5 月，由建设银公司接收原国营的首都电厂和戚墅堰电厂改组而成，并占资本总额 1000 万元的 60%，宋子文当选为临时董事长。可见，中国建设银公司的成立，是宋子文通过金融机构向实业界发展势力的开端。

尽管建设银公司的业务做得红红火火，资产额迅速增长，但它是一个合资公司，是靠宋子文与政府及金融界的关系拉来了众多有实力的股东，银公司要想继续在金融界呼风唤雨，绝不能离开大财团的支持，尤其是第一大股东中国银行。而中国银行的态度并不积极，中行总经理张嘉璈与宋子文之间更有相当的隔阂。对于中行，还在宋子文担任财政部长期间，政府即有将中国银行改为中央银行即为政府银行的设想，只因中行的坚决抵制而未成功，双方妥协的结果是政府加进官股，占总额的五分之一，并委派官董、官监，中行成了半官方性质的银行。据张嘉璈自述："民国二十二年十一月，孔祥熙继宋子文任财政部长后，每月筹款，弥补收支不足，必须向中央、中国、交通三行通融借款。中央银行虽在财政部掌握之中，而实力较逊，中国银行实力虽丰，唯不能事事听命，取求如意。”至1935年，国民政府借美国白银政策引起的金融恐慌，“计划改革币制，统一发行，自必须先置中央、中国、交通三行，于财政部直辖之下，庶几进行顺利，乃决定三行一律增资改组”。3月，宋子文、孔祥熙、蒋介石“一家人”会合汉口，商定发行公债1亿元，其中以2000万元交中行，充作增加之官股，使中行内官私股各占一半。3人还密谋将张嘉璈赶出中行，由宋子文直接控制中行。张嘉璈曾致电蒋介石，表示“璈与中国银行历史悠久，即行摆脱，深恐影响行基，踌躇未决。奈孔部长一再敦促，因思当此经济困难时期，苟利党国，捐糜在所不惜。顾又虑在金融尚未安定以前，设以个人进退，影响行务，间接及于财政金融，益增钧座焦虑。万不得已，或暂行兼任中国银行总经理，一俟渡过难关，再行完全摆脱。”张嘉璈还将此意“婉陈”财政部长孔祥熙。3月22日，蒋介石急电孔祥熙，指示应使张嘉璈“完全脱离中国银行关系”。随即由宋子文亲自面告张嘉璈，蒋介石希望他立即脱离中国银行。30日，财政部长孔祥熙指派宋子文等7人，包括宋子良，作为中国银行官股董事。4月1日，召开增加官股后的首次董事会议，宋子文等4人被增选为常务董事；经孔祥熙指派，宋子文出任中国银行董事长。孔祥熙本想让张嘉璈仍任中国银行常务董事，但宋子文不愿与之合作。于是政府方面有让张嘉璈出任实业部长或中央银行副总裁之考虑，蒋介石为此还急电孔祥熙，曰：“弟意公权就实业部较妥当，先安其心，且勿使人难堪也。请与子文兄一商之如何，盼复。”最后，张嘉璈答应先就任中央银行副总裁。宋子文从此领导、控制中国银行达9年之久，他利用这个基地积极发动经营工商业的活动，利用中行资产成立了为数众多的半官半私的公司。

与中行同时进行改组的交通银行，其最高决策曾也被彻底改组，宋子良进入董事会，并成为常务官董。

宋子文对广东银行的侵吞，是宋氏拥有“私家钱庄”的开始。广东银行原为一家颇有影响的侨资银行，至 1935 年因债台高筑不得不宣布倒闭。宋氏兄弟乘机筹集资金注入该行，进行投资改组。宋子文成为一大股东，其小弟宋子安被“选举”为董事长，而人事业务等大权实由宋子文把持。

接着，凭藉这“私家钱庄”，宋氏兄弟联合兼并了旧中国最大的一家烟草公司——南洋兄弟烟草公司。宋子文对南洋兄弟烟草公司觊觎日久。早在 1931 年 9 月，宋便提出以略高于市场的价格，购买南洋公司三分之一的股份，公司财权交由宋氏人物掌握，提议遭简氏拒绝。至 1936 年，由于英美公司的竞争，南京政府实行的税收政策的不合理，加以家族内部的矛盾，南洋公司在经营管理和财务上遇到了困难。1937 年，宋子文以“建粤银团代表”的名义与简家达成合约：简家将南洋兄弟烟草公司股份 27 万股中的 14 万股，以每股 5 元的价格出让与宋；并将“其余股份全数，连同股权”，交由宋“自由支配处置及运用”；双方全部股份，由宋“暂交广东银行代为保管”；简家所有余股，“非经乙方（宋）同意不得转移或出卖”。烟草大王惨淡经营数十年的事业，就这样以区区 70 万元的价格归到了宋子文的名下；而且这 70 万元，也是由宋子安掌握的广东银行代垫，宋子文本人未出分文。1937 年 4 月 27 日，公司召开改组后第 17 届股东会议，决议修改公司章程，由原来的总经理制改为董事长制：原章程中规定“总经理综掌公司一切事务而负其责任”、总经理“由董事会选任之”，修订为“董事长主持本公司一切事务，对外为本公司代表”、总经理“由董事长于董事中选任之”、“总经理秉承董事会之命处理公司一切事务”。宋子文被选为董事，其弟宋子良、宋子安也进入董事会。28 日，公司举行第 18 届第 1 次董事会议，宋子文被“公推”为董事长。旋即，在宋子文的旨意下，公司总经理及大部分处、分公司主任纷纷易人。南洋简氏兄弟烟草公司从此成了宋氏兄弟烟草公司。美籍作家小科布尔在《江浙财阀与国民政府》一书中指出：“次月财政部宣布实行新的四级烟税制，各级烟的税率都提高，高级烟比较低级烟增加的百分比较大。按箱计，每箱值100元的增税25%，每箱值800元的增税167%。新税制因此有利于中国烟厂。1937年6月，南京政府更突然关心进口纸烟的税率问题，宣布进口各级纸烟一律增税80%，虽无直接有力的证据，但看来宋子文购买中国最大烟草公司才使南京政府采取有利于中国工业的政策，而中国资本家以前关于改变征税的请求却一直无人理睬。"

有专家指出："官僚资本有三个具体形态：一是官僚所有资本形态，一是官僚支配资本形态，一是官僚使用资本形态，这三者相互的依存性和融通性，是官僚资本所以成形为官僚资本的具体内容和条件。""官僚资本的上述三个形态，就某一方面或其活动的归结来讲，似以第一形态即官僚所有资本为基本形态，因为对公营资本作自利的运用，对私人资本作自利的控制，无非是想使其所有资本形态迅速扩大起来。但从另两方面或从其活动机能立论，则第二第三两资本形态，不但同样重要，甚或更加重要，没有这两个资本形态，第一资本形态，也许根本不易产生，即使产生，也恐怕难得成形为官僚资本。"宋子文恰恰是通过后两个资本形态即借着"公营"事业的经营，从中渔利，以及对私营企业的"俘虏"，将两者作为其所有资本形态扩大的两大来源，而后再进一步发展他个人及家族的企业，从而使宋记企业带有很强的垄断性。在三四十年代，宋子文联合他的两个弟弟和一些亲信，开办了许多公司。"抗战前，宋家开办有中国棉业公司、华南米业公司、国货联营公司、中国物产公司等；抗战期间开办有中国棉业贸易公司、重庆中国国货公司、西宁实业公司、西南运输公司、雍兴实业有限公司、环球贸易公司、中国国防物资供应公司等；抗战结束后开办有孚中公司、中国进出口贸易公司、统一贸易公司、金山贸易公司、利泰公司等。"

在宋子文的带领下，宋子良、宋子安在金融、工商界的势力迅速扩大。据《江浙财阀与国民政府》一书中说："到1937年，与南京政府关系密切的所谓'私人'，如宋子文、孔祥熙、宋子良、杜月笙以及二十来个职位较低的政府官员，一跃成为上海工业、商业、金融活动的枢纽核心人物……就宋子良来说,他已经成为非常有权势的人物。在三大国家银行中担任要职,已积有大量流动资金;担任中国建设银公司和中国国货银行总经理,握有全权保证投资盈利;作为上海工商贷款检察委员会委员,有权给予或否定对企业生死攸关的紧急贷款;作为钱业监理委员会委员,对所有上海钱庄的虚实证信,他说了算;作为七星公司成员,他能为那些在股票、金融、商品交易所中捉摸涨落行情的投资者提供机密消息。资本家请宋子良在他公司中投资,参加董事会,分享利润,是期望从宋那里得到巨大的好处和利益。至于建立这种关系的代价,就是企业主要把他前所拥有的独立判断和行动的大部分权力交出来。"

俗话说,"失之东隅,收之桑榆"。被排挤出国民党权力中心的宋子文,在经济领域是"大显身手"。凭藉和国民党当局的特殊关系,凭藉他在政界、财经界的影响与实力,宋子文带领着宋家的两个小弟,在金融界与实业界大肆扩展势力,宋子文从此成为中国金融界的重要人物,宋家的家业则从此"兴旺发达"。近代中国官僚资本作用的后果之一是政治资本化,"把官僚资本当作保持政治权势的手段,那和把政治权势当作取得官僚资本的手段,本来是有其内在因果联系的"。辞去了行政院副院长和财政部长职务的宋子文,并没有终结他的政治生涯,他与蒋介石、孔祥熙也仍保持着联系。而身为"在野者",宋子文正好借口专心建设工作,利用全国经济委员会常委一职,"亦公亦私"、"假公济私",全力拓展他的经济事业,取得了其在金融界、实业界的举足轻重的地位与影响,为他个人也为宋家保有在民国政治舞台上的地位与权势奠定了基础。

5. 为民而战的宋庆龄

在宋氏家族各成员围绕着蒋记政权,纷纷为权利与金钱而奔忙或争斗时,与蒋记政权决然对立的宋庆龄也活跃在中国的政治舞台上,她在为民众的权益、为实现孙中山的遗愿而作战。孙中山在世时,宋庆龄是他最得力的助手;孙中山去世后,宋庆龄被公认为孙中山事业的继承人,但她从不居功自傲;蒋介石实行清党后,宋庆龄愤然谴责国民党,宣布退出国民党,不让投机分子利用她的名字。有人说,这时的宋庆龄跳出了政治大旋涡,过着退隐的生活。事实上,她从未停止工作,一直在为争取民主与自由而奋斗,凭着特殊的身份及其在国内、国际上的地位与影响,宋庆龄卓有成效地领导开展了多项爱国、正义的活动,对促进中国的进步发挥了积极的作用。从1931年回国至1937年赴香港,宋庆龄主要从事了如下几项活动:

一、组织民权保障同盟。宋庆龄自1931年7月回国后,不断听到进步人士惨遭绑架、逮捕的情况,并收到来自国内外各界人士的求助函电。由于"孙夫人向来主持正义,国际闻名",她收到了来自德国、法国、美国的教授、作家、艺术家的上百封请求营救泛太平洋产业同盟秘书牛兰及其夫人的电报。泛太平洋产业同盟是国际红色工会远东分会的公开名称,它的主要任务是组织和资助中国的工人运动,1930年3月由莫斯科来华的波兰人保罗·鲁埃格(化名牛兰)担任该同盟秘书,牛兰还担任着共产国际远东局的秘书。由于叛徒顾顺章出卖,牛兰夫妇于1931年6月15日以所谓共产党嫌疑的罪名,被上海公共租界英国巡捕房逮捕,后引渡给国民党军事当局。当时,蔡元培等正在营救陈独秀。面对残酷的现实,历史的重任,宋庆龄决定留在祖国进行斗争。这时,又传来了邓演达被捕和秘密监禁的消息。邓演达于1909年参加中国同盟会,1923年孙中山改组国民党,他竭诚拥护三大政策,参与黄埔军校创办工作,后担任教育长。"四一二"政变发生后,他坚持反帝反蒋,辞职出走,离国赴苏。南昌起义发动时,他的名字和宋庆龄等一起,被列入由周恩来等25人组成的革命委员会名单中。1930年5月回国,组建中国国民党临时行动委员会,反对蒋介石的独裁统治。11月29日,邓演达被秘密杀害于南京。在共同的对敌斗争中,宋庆龄和邓演达建立了深厚的友谊。邓演达的牺牲，使宋庆龄深感愤慨与悲痛。为抗议杀害邓演达，宋庆龄于 12 月 19 日在上海发表《国民党已不再是一个政治力量》的通电，《申报》刊载时题为《宋庆龄之宣言》，文中说：

当作一个政治力量来说，国民党已经不复存在了。这是一件无法掩盖的事实。促成国民党灭亡的，并不是党外的反对者，而是党内的领袖。一九二五年孙中山病逝北京，国民革命突然失却了领导，以致中缀。幸而当时在广州的党内同志严格遵守他的遗教，以群众为革命的基础，使北伐能于短期内在长江流域取得胜利。但是不久之后，蒋介石的个人独裁与军阀和政客之间的相互争吵，造成了宁汉分裂，使党和人民之间的鸿沟日益加深。

……

我不忍见孙中山四十年的工作被一小撮自私自利的国民党军阀、政客所毁坏。我更不忍见四万万七千五百万人的中国，因国民党背弃自己的主义而亡于帝国主义。

因此，我不得不率直地宣布，既然组织国民党的目的是以它为革命的机器，既然它未能完成它所以被创造起来的任务，我们对它的灭亡就不必惋惜。

1932 年 10 月 31 日，宋庆龄由沪抵宁，随即乘飞机去武汉，直接面见蒋介石。“四一二”以后，宋庆龄还从没有找过自己的妹夫。为营救爱国的革命的政治犯，宋庆龄不辞辛劳，亲赴武汉，与蒋介石当面交涉，但无结果。为营救一切爱国的革命的政治犯，她决计团结同仁，建立一个爱国的民主的革命团体，这个团体“借孙中山的民权主义一词”，定名为中国民权保障同盟。在酝酿成立团体的过程中，宋庆龄进行了一连串个别邀请的活动。宋庆龄邀请蔡元培、杨杏佛，蔡、杨共同邀请鲁迅，鲁迅邀请胡愈之，胡愈之邀请邹韬奋……美国女作家史沫特莱也成为宋庆龄的得力助手。在宋庆龄的发起与组织下,1932 年 12 月 17 日,宋庆龄、蔡元培、杨杏佛、林语堂等五人发表宣言,正式发起组织中国民权保障同盟。12 月 18 日,《申报》刊载《发起中国民权保障同盟》宣言,这是《申报》有关中国民权保障同盟最早的一篇公开报道。12 月 30 日下午四时,中国民权保障同盟在上海华安人寿保险公司大厦(今华侨饭店)八楼举行记者招待会,宣告中国民权保障同盟正式成立。宋庆龄因病未能出席会议,由蔡元培代为宣读了她对新闻界发表的书面谈话,着重提出了三点:一是申明该组织的“宗旨在于支援为争取结社、言论、出版、集会自由等民主权利而进行的斗争”;二是强调指出“本同盟首先关切的是援助那些拥塞在监狱中的大量无名无告的政治犯”;三是表明同盟在争取自由、促进人类社会进步的斗争中愿与新闻界结成统一战线,并希望新闻界“在舆论方面兴起一个有利于自由和正义的潮流”。会上宣布,由宋庆龄、蔡元培、杨杏佛、林语堂、伊罗生(《中国论坛报》美籍记者)、邹韬奋、胡愈之等九人组织同盟中央临时执行委员会,宋庆龄、蔡元培任正、副主席,杨杏佛任总干事,林语堂任宣传主任。翌年 1 月 17 日成立了民权保障同盟上海分会;1 月 30 日又成立了北平分会。中国民权保障同盟总会开会时,总是与上海分会举行联席会,活动的地点在上海法租界亚尔培路 331 号(今陕西南路 147 号),这里是中央研究院出版物之国际交换处,雇有法租界巡捕房的人在门口站岗。蔡元培、杨杏佛是中央研究院的院长和总干事,常在这里办公,因此在这里开会既方便又安全。杨杏佛等还常在莫利哀路 29 号宋庆龄寓所“讨论同盟的事情,他们是用英语交谈的。”

“民盟”成立后的主要工作就是营救被关押的民主人士与政治犯。当时,国民党是一起接一起的镇压,“民盟”则是一波接一波地营救。营救国际人士牛兰夫妇,营救共产党前总书记陈独秀,声援北平爱国师生许德珩等,营救共产党人陈赓、罗登贤、廖承志,营救被绑架的左翼作家丁玲,调查北平监狱……在宋庆龄的直接领导下,“民盟”或直接致函国民党最高当局,要求释放人犯,或公开揭露国民党的罪行,运用舆论、民众的力量,给国民党当局施加压力,迫使他们或释放,或减轻对政治犯的处置。民权保障同盟的活动,使国民党政权在社会舆论面前陷入十分尴尬和狼狈的境地。“民盟”成了他们的眼中钉、肉中刺。蒋介石对宋庆龄十分恼火,想除之而后快,只是由于宋庆龄的崇高声誉和特殊地位,也由于宋氏兄妹同二姐的深厚感情,使蒋介石不得不有所顾忌,不敢对她贸然下手。特务头子戴笠等曾策划了一个撞车阴谋,企图把宋庆龄撞成重伤,以此威胁她,并使她不能再参加革命活动。据曾为军统特务的沈醉回忆说,“蒋介石虽然认为这个办法很好,可是他顾虑万一撞死或伤势过重,宋美龄、宋子文会要吵闹”,因此不敢下手,只有派遣特务对她进行严密监视,据沈醉回忆,“几年间没有间断过监视的人,如宋庆龄先生,这是蒋介石亲自指示要经常监视的”。期间,宋庆龄也收到过多封用极其下流的语言写的恐吓信,有的还装着子弹。所有这一切都未能动摇宋庆龄的意志,蒋介石也觉得不能解心头之恨,于是他们将目标对准了“民盟”的骨干杨杏佛。1933 年 6 月 18 日,杨杏佛被暗杀于上海租界。“暗杀杨杏佛,意在孙夫人”,这一点不仅为时人所共知,宋庆龄心中也非常清楚。杨杏佛被刺后,宋庆龄怀着满腔的悲愤,发表《为杨铨被害而发表的声明》,严厉斥责蒋介石及其主使的一伙特务犯下的法西斯暴行。6 月 20 日下午,上海胶州殡仪馆举行杨杏佛成殓仪式。宋庆龄蔑视暴力的恐吓,以大无畏的气概前去出席杨杏佛的成殓仪式。仪式结束后,宋庆龄被一大群记者包围,她在接见记者时严正声称:“杨杏佛之死决不会影响运动的进展,相反地此事将激励同盟加倍努力工作。”然而,在国民党的严酷镇压下,“民盟”的活动受到了极大的阻挠,工作被迫停顿。

宋庆龄领导的民权保障同盟的组织活动虽然形式上被迫停止,但她“革命救国”的意志毫不动摇,反帝反蒋的活动从来没有停止过。“九一八”以后,随着中华民族危机的日益加深,全国的抗日救亡运动风起云涌，各地出现许多抗日救亡组织。在此形势下，宋庆龄和沈钧儒、邹韬奋等认为应当万众归宗，成立一个全国性的组织，于是便在上海发起组织“全国各界救国联合会”。救国会于1935年5月31日成立后，立即开展了轰轰烈烈的抗日救亡运动，其影响波及大江南北，磅礴于中华大地，而国民党当局非但不予支持，反而将其视为“共党阴谋”，扬言要予以取消。就在抗日救亡运动蓬蓬勃勃开展之际，1936年11月22日深夜至23日凌晨，由上海市公安局会同租界巡捕房逮捕了救国会的七位领袖，这就是震惊中外的“七君子”事件。这七位社会贤达是：

沈钧儒：63岁，前清进士，留学日本，律师；

章乃器：40岁，浙江省立甲种商校高才生，银行家；

邹韬奋：41岁，上海圣约翰大学毕业，记者；

李公朴：34岁，沪江大学毕业，留学美国，记者；

沙千里：35岁，上海法科大学毕业，律师；

王造时：34岁，美国威斯康星大学政治学博士，大学教授；

史良：女，36岁，上海法科大学毕业，律师。

七君子无辜被捕后，引起了国内外各界人士的关注与声援，在宋庆龄的号召下，上海各界群众发起签署《救援意见书》。为营救七君子出狱，宋庆龄领导开展了多项活动，但国民党当局对释放七君子的要求置若罔闻。最后，宋庆龄忍无可忍，在1937年6月25日，她与何香凝、胡愈之等16人发起“救国入狱运动”，联名具状递送苏州高等法院，要求与沈钧儒等并案办理。宋庆龄等在《救国入狱运动宣言》中说：“我们准备好去进监狱了！我们自愿为救国而入狱，我们相信这是我们的光荣，这是我们的责任！”宋庆龄等还制定了“救国入狱运动规约”，规定：“救国入狱运动以争取救国无罪为其唯一目的。凡参加者，可一人或数人联合向江苏高等法院或当地法院具状，声明愿与沈钧儒等案各被告联带负责，并请求法院，传押审讯，如沈等无罪，则同获自由；沈等有罪，愿同受处罚。”“参加者接到法院传票以后，应于二十四小时内即行到庭，束身待质。在沈钧儒等七人未经全体无罪开释之前，决不请求法院释放。”在宋庆龄等的号召与影响下，一时间，上海的许多作家、演员、大学教授、学生、职工，工商界纷纷联名具状，要求入狱连坐。江苏高院一日数起向蒋介石等急电报告请求入狱的呈文，蒋介石气得大骂“娘希匹”。宋庆龄送出具状，等待了整整 10 天，不见批答，她决计带头实践宣言，亲自赴苏州请求收押。正在这时，宋庆龄突然胃病发作，她的助手胡子婴问她说：“夫人胃病发得这样厉害，到苏州去不要紧吧？”宋庆龄斩钉截铁地说：“不要紧！精神还是很好的，别人因救国而受罪，我小小胃病，算得什么！为争取民族解放，救国自由，什么力量都阻止不了我！”7 月 5 日，正是盛夏酷暑，烈日当空。宋庆龄忍受着胃病的痛楚，避开国民党的耳目，乘火车前往苏州申请入狱。宋庆龄与胡子缨坐在头等车厢里。同行的胡愈之、彭文应等 10 人分头上车，分散坐在二等车厢里，彼此装做不认识。因为如果特务发现它们，肯定不会让她们顺利抵达苏州的。车到苏州后，宋庆龄一行 12 人，各自提着装有换洗衣服和日常用具的箱子依次下车，而后分车直奔高等法院。由孙夫人领头的 12 名不速之客的到来，对高院无疑是一强大的冲击波，令他们措施不及，慌了手脚。在宋庆龄一行人的严厉质问下，检察官无以答复，竭力搪塞，收押自然是不敢的。宋庆龄带病赴苏州投狱，使七君子深为感动。7 月 6 日，他们联名致函宋庆龄，云：“昨日扶病率同诸友莅苏投案，正义热情，使钧儒等衷心感动，无可言状。”宋庆龄回到上海后，为争取尽快释放七君子，于 7 月 7 日再次致函国民党当局。在全国人民的支持下，七君子于 7 月 31 日获释。宋庆龄发起营救七君子的运动，总算有了结果。

在民族危机日益加深，抗日救国运动日趋高涨之际，中共中央确定了抗日民族统一战线的策略。南京国民政府迫于形势，自 1935 年开始寻找同中国共产党接触的机会。当时蒋介石主要通过三条渠道寻找共产党人，其中之一即由宋庆龄传递要求谈判的信息。"九一八"事变后,宋庆龄在领导反帝反蒋斗争的同时,也力促国民政府反抗日本帝国主义的侵略。当国共双方皆有谈判之意向后,具有崇高声望和特殊地位的宋庆龄很自然地成了传递信息之最佳人员。国民党要求谈判的信息,"首先是经过宋庆龄的努力送到陕北的"。1936 年 1 月,宋庆龄托董健吾(以圣彼得教堂的牧师身份担任中共的地下联络工作)带信给毛泽东、周恩来,转达了国民党要与中国共产党谈判的意图,这是由她的弟弟宋子文代表国民党中央,请宋庆龄协助传达的信息。董健吾到达西安时陕北苏区已被国民党军队包围封锁,当张学良得知董健吾是受宋庆龄的委托后,立即用自己的座机把他送到延安,又命令他的部队用骑兵护送到达瓦窑堡。当时,毛泽东、周恩来已在山西前线,他们收到转送来的宋庆龄的密信后,立即复信于她。毛泽东、周恩来在致宋庆龄的复信中转达了中国共产党愿与国民党进行谈判的态度与意见,并提出了与国民党谈判的五项原则。这样,经过宋庆龄、宋子文姐弟的努力与牵线,国共两党中枢有了直接联系。

值得注意的是,当时的宋子文已离开国民党中央决策层,却担当起代表国民党中央传达谈判意向的角色,身为民主人士的宋庆龄则肩负起沟通两党中枢联系的任务。这是宋庆龄与宋子文自 1927 年分手后在政治上的首度合作,他们的这一次合作对中国未来局势的发展产生了重大的影响。

一位外国作家这样评价宋庆龄:"她身体柔弱,又不善智谋,完全凭她的个人品格、纯洁动机、至诚的心灵,使自己成了一位英雄。""她雍容高贵,却又那么朴实无华,堪称稳重端庄。在欧洲的王子和公主中,尤其是年龄较长者的身上,偶尔也能看到同样的品质,但是,对这些人说来,这显然是终身培养训练的结果。而孙夫人的雍容高贵有所不同,这主要是一种内在的品质。它发自内心,而不是装出来的。她的胆略见识之高,人所罕见,从而使她能够在紧急关头镇定自若。她忠于孙逸仙,忠于她认为她应当承担的职责,这使她经受住了无穷无尽的考验。这些品质——端庄、忠诚和胆识——使她具有一种根本的力量，这种力量有时能消除人们由于她的外表而产生的那种柔弱羞怯的印象，使她具有最坚毅的英雄主义的形象。”

6. 西安事变中的三姐弟

在日本帝国主义的侵略步伐日趋加紧，中国的民族危机日益严重的情况下，为促成国共两党的合作，宋氏姐弟庆龄与子文不约而同地走到了一起。西安事变发生后，宋庆龄、宋子文、宋美龄三人为推动西安事变的和平解决进行了密切合作，为国共合作的最后实现打下了坚实的基础。三姐弟在西安事变中的表现得到了国内外各界人士的一致认同，宋氏家族也因他(她)们而再度令世人瞩目。

“西安事变”发生的当天，宋庆龄即获知事变的消息。上海宋庆龄故居在整理宋庆龄遗稿时，发现了一份她关于西安事变的声明(英文打字稿)。宋庆龄认为西安事变是蒋介石长期推行“攘外必先安内”的反动政策的结果，决不是什么“由于张学良个人对蒋介石的不满而引起的”；张学良发动事变的唯一目的是“劝谏蒋介石同意建立一个统一战线，抵御日本的入侵”。故当孔祥熙前去请她签署一项声明，谴责张、杨，并要求无条件释放蒋介石时，宋庆龄明确回答说：“张学良做得对，要是我处于他的地位，我也会这样做，甚至还会走得更远！”不过，宋庆龄在声明中也精辟地分析了事变发生后复杂的政治形势，提出如果对事变处理不当，就将导致一场“更大规模的内战”。为此，她不仅呼吁“每一个中国公民尽自己最大的努力去阻止这样一场灾难的发生。让我们所有的中国人联合起来，抵抗日本的侵略，保卫自己的祖国”，更置个人生死于度外，决定亲赴西安劝说张、杨释放蒋介石，条件是蒋介石答应停止内战，实行抗日。

据胡子婴回忆：“事变的第二天(即12月13日)，孙夫人叫我到她家去，把西安事变告诉了我。作恶万端的独夫民贼落入法网，我以为她一定会高兴的，哪知她带着焦虑的样子，问我能否陪她到西安去。我好奇地问她：‘去做什么？’出乎我意料的回答是：‘我去劝说张学良释放蒋介石。’接着婉转地解释说：‘何应钦等亲日派惟恐中国不乱；蒋介石如果被杀，内战势必全面爆发，日军就可长驱直入，侵占全中国。’我很快地省悟过来，决定立即随她去西安。然后，孙夫人要我陪她一起步行到何老太（即何香凝）的住所，约她同行。何患心脏病，经常卧床不起，一听这话，立即从床上坐起，欣然答应同行。后来由于去西安的交通工具解决不了，未能成行。”

深明大义的宋庆龄不计荣辱恩怨，不顾危险而决计赴陕，只因当时何应钦正在调兵遣将，准备讨伐张、杨，以致没有飞机而未成行。而国民党方面仍视宋庆龄为危险人物，在蒋介石被拘留期间，宋庆龄收到了蓝衣社特务寄来的附有两颗子弹的恐吓信。信中说："蒋总裁被扣留在西安，万一总裁生命有危险，这些子弹是不认人的，勿谓言之不予也！"宋庆龄的立场是十分明确的，一切从国家和民族的利益出发。

蒋介石的"被绑架"，对宋氏家族无疑是巨大的冲击。首先得知消息的是孔祥熙，他立即直接找到时在上海的宋美龄，把这惊人的消息告诉她。当晚，宋美龄在孔祥熙与蒋介石的顾问端纳的陪同下，乘夜车返回南京。西安事变发生后，国民党内出现主和与主战两派。国际上对西安事变的反响十分强烈，出于维护自己在华权益的考虑，西方各国除日本外均希望中国政局稳定。由于消息的封锁，西方媒体对事件之进展作了种种猜测，并将关注之焦点投到与蒋氏关系密切的属主和派的宋家成员身上。在这样的形势下，宋子文、宋美龄兄妹的表现格外引人注目。显然，蒋氏不存，宋氏利益何在？宋氏兄妹如何救蒋出来呢？

面对紧张、复杂而又混乱的局势，宋氏兄妹着重从稳住南京政局、沟通宁陕对话、亲赴西安救蒋三个方面做了大量的工作。

在稳住南京政局方面，身为政府要员的宋美龄做了三件事：

第一,她同何应钦展开了针锋相对的争论。何应钦声称:“为维护国民政府威信计,应立即进行讨伐。”宋美龄反驳:“今日若速用武力,确将危及委员长之生命”,“委员长之安全,实与国家之生命有不可分离之联系”,并呼吁:“请各自检束与忍耐,勿使和平绝望;更请于推进讨伐军事之前,先尽力救委员长之出险。”何应钦说宋美龄是“妇道人家在这种情形下不可能保持理智的看法”。宋美龄感到极度的气愤,她回敬说:她“决非朝夕萦怀于丈夫安全之妇人”。第二,她说服国民党内那些激于对张、杨的所谓“愤慨”而附和何应钦的人。宋美龄向这些人解释采取军事行动的严重后果。她说:“惟目前处置西安事变,若遽张挞伐之师,迳施轰炸,不独使全国拥戴领袖之生命,陷于危险,即陕西数千万无辜良民,亦重罹兵燹之灾,且将使为国防而建设之国力,浪作牺牲。”她要求这些国民党军政人士,“妥觅和平解决之途径”。第三,她极力争取黄埔系将领的支持。事变发生后,黄埔系将领派代表见宋美龄,要她拿主意。于是,宋美龄就召集黄埔系将领开会,要求他们保持冷静。宋美龄向他们说明未明事变真相之前,切勿遽加断定,勿伤感情;在人们怨恨愤怒的情况下,希望他们不再以行动或语言刺激;同时向他们交底,她已派人到西安了解真情。宋美龄一再向这些黄埔出身的将领说:“委员长抚爱诸生如子弟,目前遭此事变,正为诸生敬谨遵行师训之时。”由于宋美龄做了上述的工作,终于使南京的政局稳住了。“蒋夫人巧妙而又大胆地对付南京政府的官员。”这些工作也只有宋美龄这样特殊身份与地位的人才能做得到,在客观上为和平解决“事变”,在国民党当权派方面迈出了可喜的一步。当然这一步纯属统治阶级以自身利益出发所采取的一个行动。

事变发生的第二天,宋子文由香港返回上海。次日,即12月14日,宋子文在上海对新闻界发表谈话,他说:

蒋委员长在西安绝对安全,本人以为西安事变,乃系国家最不幸之事,目前急需用有效办法,于最短期内解决,盖全世界之目光,刻正集中于中国也。本人与蒋院长公私之关系,及与张学良多年之友谊,均为人所共知,在特殊关系之中,如有任何可能之解决办法,本人极愿在政府领导之下,尽最大之努力。至于采取何种办法,须待政府决定,本人是否有赴西安一行之必要,亦待命于政府。

此段话,虽寥寥数语,但寓意明确,颇耐人寻味。首先,它表明了宋子文对事变严重性的认识,但言语中没有使用攻击性的词语,没有提"违法荡纪"之类的话,也没有指责张学良、杨虎城为"叛国"或"劫持"等,这与南京当局的态度是不同的。而且,在当时消息封锁、谣言四起的情况下,他仍坚信并公开表示蒋介石在西安绝对安全,这说明他对张学良等的信任,也暗示了他对张、杨行动的理解。其次,表达了宋希望尽快、合理解决事变的迫切愿望。在宋看来,西安事变已引起了国内外各界的关注,处理得妥当与否,将直接关系到国内政局的稳定与国家的前途。第三,鉴于他与蒋介石特殊的公私关系,及与张学良多年的友谊,提出愿意赴西安协助解决事变,实际上是间接提出了以和平谈判的方法尽快解决事变的主张,这一主张包含了宋对和平解决事变的可能性与必要性的充分认识。当然,鉴于他当时"在野者"的身份,谈话中特别指出"愿在政府领导之下,尽最大之努力",一切"待命于政府"。

宋霭龄虽没有公开做任何事,但她知道自己的作用,知道作为大姐会给小妹带来精神上的安慰,所以在事变发生后,宋霭龄立即来到南京,将小妹接到孔家公寓,陪伴美龄共渡"难关"。

接着,宋氏兄妹设法沟通宁陕对话,以图了解张、杨的态度和中共对此的立场,这是谋求和平解决事变的首要步骤。如何沟通对话呢?他们想到了与中共有密切联系的二姐庆龄。宋子文当即去见二姐,恳求她出面斡旋。事实上,不待弟妹恳求,出于团结抗战的考虑,宋庆龄已有释蒋之想法。在了解了弟妹的意图后,宋庆龄立即与她所信赖的中共驻上海办事处主任潘汉年联系，将宋美龄的要求转告他，征询潘的意见。潘将中共中央关于和平解决西安事变的方针和已决定派周恩来等代表到西安参加协商谈判的消息告诉了宋庆龄，同时建议她劝宋子文等人前往西安，和张、杨及中共代表商谈，谋求事变和平解决。潘还表示自己愿意赴南京，会见宋子文、宋美龄。在有了宋美龄"我们绝对保证对方的安全"之明确表示后，经宋庆龄的牵线，潘汉年从上海到南京住进了宋子文公馆。他把收到的《中共中央关于西安事变致国民党中央电》和《中华苏维埃中央政府及中共中央对西安事变的通电》交给宋子文，并请他转送国民党中央。

与此同时，宋美龄与张学良也取得了联系。当时，张学良首先给与其有多年友谊的蒋夫人宋美龄发来了电报，电文如下：

蒋夫人赐鉴：

学良对国事主张，当在洞鉴之中。不意介公为奸邪所误，违背全国公意，一意孤行，致全国之人力、财力，尽消耗于对内战争，置国家民族生存于不顾。学良以待罪之身，海外归来，屡尽谏诤，率东北流亡子弟含泪剿共者，原冀以血诚促其觉悟。此次绥东战起，举国振奋，介公以国家最高领袖，当有以慰殷殷之望，乃自到西北以来，对于抗日只字不提，而对青年救国运动，反横加摧残。伏思为国家、为民族生存计，万不忍以一人而断送整个国家于万劫不复之地。大义当前，学良不忍以私害公，暂请介公留住西安，妥为保护。耿耿此心，可质天日，敬请夫人放心。如欲来陕，尤所欢迎。此间一切主张，(以)文电奉闻。挥泪陈词，伫候明教。张学良叩。

接着，张又分别致电代理行政院长的孔祥熙及在野的宋子文。给孔的电文说："绥东战起，举国振奋，乃介公莅临西北，对于抗日，只字不提，而对于青年救国运动，则摧残备至，弟陈词再再，置若罔闻！伏思中华民国，非一人之国家，万不忍以一人而断送整个国家于万劫不复之地。弟爱护介公，八年如一日，今不敢因私害公，暂请介公留住西安，促其反省，决不妄加危害。”给宋子文的电文中称：“此间所有举措，皆为增强抗战力量，决非从事内争。”

在了解了张学良的态度并征得张的同意后，与张私交较好的端纳先行赴陕了解情况。端纳在完成了初步使命后，与14日电告宋美龄，说他见到“身体无恙的蒋委员长”。15日，端纳离开西安飞到洛阳，用电话再向宋美龄谈了西安事变的真相，蒋介石的安全状况和张、杨的意图，并说西安方面要求她和孔祥熙到陕去磋商释蒋问题。事变从此有和平解决的转机。但南京方面坚决反对时任国民政府财政部长、行政院副院长的孔祥熙赴西安。宋子文表示愿代替孔祥熙赴西安，西安方面当即电复南京，欢迎宋氏兄妹前来“洽商一切”，并表示绝对保证在陕安全。这时，南京政府中又有人提出：宋氏身任全国经济委员会常务委员，且亦为中央执行委员，果赴西安，难免有政府与叛逆讨价还价之讥。在政府方面的极力阻挠下，宋子文一度被迫取消原定行期，后经其“力排群议，最后请以私人资格前往”，并指出“政府虽不能与叛变者直接谈判以自贬威信，亦应准许我等作劝导叛变者之工作”，这才被允准赴西安。宋子文离京赴陕后，政府令各报登载，充分说明，“子文此行，纯为私人资格之意义”。宋子文被获准以“私人资格”赴陕，表明和平解决西安事变的主张在南京政府内部占了上风，这也是当时全国各地、朝野上下，反对扩大内战，主张团结一致，共同抗日的形势决定的。

宋子文于12月19日离开南京，当日下午5时许飞抵洛阳，20日晨8时离开洛阳飞西安，上午10时到达西安。在短短的一天时间里，宋子文目睹了蒋介石十分安全，了解了西安事变的实情以及西安方面和平解决事变的主张与基本条件，内心感到十分满意，决定迅速回南京汇报，以制止事态的恶化。据端纳事后对记者所透露的，“经过宋两天来的私人调停，蒋介石与张、杨间在许多点上达成了原则协议。虽然蒋警告张学良，当他还被拘囚时，不可能有具体解决。”21日中午，宋向蒋告别，并告之将再来西安。当日，宋子文离开西安，经洛阳返回南京。回南京后，宋子文到处宣传西安情况，告诉人们蒋介石很安全，称颂周恩来有“政治远见”，并带着讽刺的语气说：“南京有谁能承担这样危险去救委座？相反还有人要轰炸哩。”

西安方面对宋子文的行动抱有很大的希望。在宋离陕返京报告的当天，即 12 月 21 日，《解放日报》发表了《正告宋子文》的评论。评论中肯定了宋子文以往的“反日态度”和“反日行动”，对其“在西北民众热烈的救亡声中”，“不避风霜跋涉之苦，翩然莅临西安”，表示“竭诚之欢迎与敬意”。

宋子文从西安安全返回的事实本身，加以宋子文的宣传，使和平解决西安事变的主张有了更强的说服力，事变的和平解决已渐露曙光。

剩下的就是南京方面派人赴陕谈判的问题。得知了西安方面的情况后，宋氏兄妹稍稍感到了安慰。但当时的形势仍很紧张，一是何应钦的军事行动并没有停止，形势仍有逆转的可能，二是蒋介石的脾气暴躁，容不得张、杨的这次行动。对此，宋美龄决定亲赴西安，尽管赴陕的风险很大，张学良也来电表示：“如果内战不停，不宜来谈，因无法提供保护。”何应钦也恐吓说西安是“充满流血与火的赤色世界”。南京也有人提醒宋美龄：“倘赴西安，不独不能晤委员长，且将被囚作质，丧尽尊严。”对于这一切，宋美龄全都不顾。她为着她那个阶级与集团的利益，求得同蒋介石的直接联系，承担了风险，去胜任这个别人无法完成的使命。“她为着救丈夫的勇敢的努力，并不值得怎样惊异，因为甚至当委员长在统率着政府军，向中国共产军或者向顽强的军阀军队作战时，她也曾陪同他一同到各处战线去。大家以为委员长的安全和中国的命运，都决之于这三个人的努力。假如他们的使命不能成功，不单是蒋委员长和他在西安被监禁的随从们将都被杀却，并且必定会使中国遭遇到十年或二十年内战的混乱。因此，正有着许多比蒋委员长的生命，和被那些叛逆者所监禁着的许多著名官员的生命，更危险的事呢！”有的书评论说："蒋夫人还确认到，现在是她涉足于对立的双方进行调停的时候了。无疑，双方都有许多各自的道理，但若没有蒋夫人的影响，恐怕双方都不会有心去倾听另一方的见解。"也有外籍作家评论说："虽然她是政府中一个有权的人物——她有着管理空军的全权，并且每和她的丈夫讨论着一切国内和国际间的问题——蒋夫人的此次到西安去，却并不负着政府要人的任务，而是专为给予蒋委员长道德和精神上之援助的挚爱妻子。"

12月22日上午11时，宋美龄与宋子文、端纳、蒋鼎文、戴笠一行5人离开南京，经洛阳飞赴西安。下午5时许，抵达西安。那时，蒋介石仍想以死来威胁张、杨，不肯同张、杨进行谈判，对此，宋氏兄妹是比较理智的。在他们的劝说下，蒋介石决定授意宋氏兄妹代表他同西安方面谈判，并称对商定的条件，他以"领袖"人格作保证，不作签字，回南京后分条逐步执行。蒋并暗示宋子文，可以改组政府，三个月后开救国会议，改组国民党，同意联俄联共。

12月23日，宋子文代表蒋介石同张、杨及中国共产党代表团开始谈判。谈判一开始，周恩来首先提出解决事变的6项主张，即："子、停战，撤兵至潼关外。丑、改组南京政府，排逐亲日派，加入抗日分子。寅、释放政治犯，保障民族权利。卯、停止'剿共'，联合红军抗日，共产党公开活动（红军保存独立组织领导。在召开民主国会前，苏区仍旧，名称可冠抗日或救国）。辰、召开各党各派各界各军救国会议。巳、与同情抗日国家合作。"并声明，如蒋介石接受并保证实行这6条，中国共产党将"赞助他统一中国，一致对日"。

宋子文当即表示，个人同意这6条，并答应转达给蒋介石。同时，还谈了他本人的具体意见：1、提议先组织过渡政府，三个月后再改造成抗日政府。目前先将何应钦、张群、张嘉璈、蒋鼎文、吴鼎昌、陈绍宽赶走。关于过渡政府成员人选，张学良提议由宋子文出任行政院长，宋认为孔祥熙担任行政院长更合适，他本人可担任行政院副院长兼财政部长。张、杨及周恩来推荐宋庆龄、杜重远、沈钧儒、章乃器等入行政院。宋子文则强调,这是一个过渡政府,三个月后抗日帷幕揭开后,再行彻底改组。2、在撤兵和释放爱国领袖问题上,宋子文提议,由蒋下令撤兵,即允蒋回南京,到南京后再释放爱国七领袖。张、杨及中共代表则坚持在蒋介石回南京前,应先撤走中央军及释放爱国领袖。3、张、杨及周恩来提议在过渡政府时期,可先成立西北联军,以东北军、十七路军、红军成立联合委员会,受张学良领导,进行抗日准备,由南京政府负责接济军需。宋子文答应将此事转告蒋介石。4、要求西安方面明确告之,在实现何种条件下可允许蒋介石回南京。

最后,周恩来及张、杨提出,"在蒋同意上述办法下,与蒋直接讨论各项问题(即前述六项)"。宋子文告诉周恩来,宋美龄力主和平与抗日,建议周先同宋美龄会谈。周恩来在和宋美龄的谈话中,阐述了中共关于解决西安事变的主张及抗日的各项政策,希望蒋介石从速抗日。

12 月 24 日,三方继续谈判。这天,宋美龄和宋子文一道参加了谈判。根据前述的 6 项要求,三方达成了基本协议。根据周恩来 12 月 25 日致中央书记处的电报,三方达成的最后谈判结果是:

子、孔、宋组行政院,宋负绝对责任保证组织满意政府,肃清亲日派。

丑、撤兵及调胡宗南等中央军离西北,两宋负绝对责任。蒋鼎文已携蒋手令停战撤兵(现前线已退)。

寅、蒋允许归后释放爱国领袖,我们可先发表,宋负责释放。

卯、目前苏维埃、红军仍旧。两宋担保蒋确停止"剿共",并可经张手接济(宋担保我与张商定多少即给多少)。三个月后抗战发动,红军再改番号,统一指挥,联合行动。

辰、宋表示不开国民代表大会,先开国民党会,开放政权,然后再召集各党各派救国会议。蒋表示三个月后改组国民党。

巳、宋答应一切政治犯分批释放,与孙夫人商办法。

午、抗战发动，共产党公开。

未、外交政策：联俄，与英、美、法联络。

申、蒋回后发表通电自责，辞行政院长。

酉、宋表示要我们为他抗日反亲日派后盾，并派专人驻沪与他秘密接洽。

当晚，在宋氏兄妹的安排下，周恩来会见了蒋介石，并进行了长谈。会谈中，蒋介石表示了三点：1、停止"剿共"，联红抗日，统一中国，受他指挥。2、由宋氏兄妹及张学良全权代表他与周恩来解决商谈好的一切问题。3、他回南京后，周恩来可以直接去和他谈判。

从上述电文及周恩来与蒋介石会面的情形看，谈判已基本取得成功，宋子文的确有为实现国内和平、联合抗战作出努力的打算。周恩来在评说谈判结果时曾指出："蒋在此表示确有转机，委托子文确具诚意，子文确有抗日决心与改院布置。"

自谈判条件大体商定后，宋氏兄妹便催促张学良早日放蒋走，并提出最好在圣诞节回南京，以作为送给他们的最好的圣诞礼物。宋氏兄妹非常担心已经争取到的局面会起变化，因为蒋介石没有在协议上签字，中央军也没有撤到潼关以东，西安许多爱国将领坚持必有蒋介石亲笔签字才能释蒋，甚至有部分军官主张杀掉蒋介石。在这种情况下，宋子文一面加紧做张学良的工作，给张施加压力，催其尽快释蒋；一面往来于东北军和十七路军将领之间，作多方的疏通。张学良虽有早日放蒋走之意，但他无法说通诸将领，因为在其他将领看来，宋氏兄妹对张友好，所以张的脑袋是安全的，可是他们的脑袋没有保证，他们更认为，在蒋介石没有做出可靠保证的情况下就放蒋走，他们的处境将会从未有过地坏。对此，宋子文反复向诸将领说明，蒋介石"在此，决不能有亲笔命令，但返京之后，余信其决不咎既往"。宋子文还去找周恩来，请周恩来和中共中央信任他，他愿负全责去进行会谈中已达成的各项决定，要求让蒋介石当日（12 月 25 日）即离开西安。周恩来等提出，蒋在走前还须有一政治文件表示，并不同意蒋当日便走以及张学良跟去南京。

12月25日下午，张学良怕在放蒋这一着棋上出乱子，在没有同周恩来、也没有同杨虎城事先商量的情况下，拉着杨虎城陪同蒋介石、宋美龄、宋子文等人直往飞机场，并亲送蒋介石回南京。蒋在临行前对张、杨说："今天以前发生内战，你们负责；今天以后发生内战，我负责。今后我绝不'剿共'。我有错，我承认；你们有错，你们亦须承认。"

西安事变至此获得和平解决。西安事变的和平解决，粉碎了日本帝国主义和亲日派挑拨内战的阴谋，推动了国共两党的再度和作，开启了全国一致抗日的新阶段。在这件事情上，宋氏三姐弟的作用是不容低估的。宋庆龄为国共两党的联络进行了穿针引线，宋子文、宋美龄以私人身份飞赴西安，代表蒋介石与张、杨及中共代表进行谈判。他们的合作对沟通国共两党的联系，促使事变的和平解决起到了关键的作用。

因蒋介石的反共而分裂的宋氏姊妹兄弟，这一次为"救"蒋而团结合作，并因此融化了先前的芥蒂。在宋氏兄妹的共同努力下，蒋介石回到了南京。随即蒋介石扣押了张学良，蒋介石的出尔反尔激起了宋子文的愤怒和宋美龄的不满，在蒋介石官邸因此发生了多次争吵。

王书君以张学良将军口述录音内容为基础而撰写的《张学良世纪传奇》一书，对此事作了如下描述：当1936年12月29日国民党中央常务委员会做出将张学良"交军事委员会依法办理"的决议后，宋子文立即驱车来到蒋介石官邸，直冲冲便上楼来到蒋介石的办公室，双方进行了如下对话：

"委员长，你不放张学良回去，你说话算数吗？这对中外影响都不良呀！"

"汉卿犯上作乱，应交法庭审判，不这样，我还能当委员长吗？"蒋介石不轻不重地拍了一下桌子。

"你不讲信用，叫我怎么做人！"宋子文用力跺了下地板，脸色变得铁青。

"我不能放他回去！这不是我一个人说了算的问题。军事法庭一定要开！放他走,今后我对部下怎样治理！"

"你不要做人,我是要做人的！"宋子文勃然大怒,也不当面前是妹夫还是委员长:"你胆敢碰汉卿一根毫毛,我就把你全部内情公布于世。不仅让国内老百姓知晓,而且向全世界发布新闻,让外人也可以了解你！"

蒋介石无言以对,像没有听见一般。宋子文喘着粗气,恼恨交加,转身即走,将门摔得"砰"地一声响。

30 日下午,宋子文再度驱车去见蒋介石和宋美龄,又是沮丧而归。宋美龄虽也抱怨蒋介石,但在宋蒋争吵之时,只有尽力劝解双方。

31 日,宋子文陪同张学良赴国民政府军事委员会军法处大法庭。张学良被判有期徒刑 10 年。审判结束后,宋子文、端纳去见蒋介石和宋美龄,商议如何履行在西安的诺言。

"'委员长,汉卿的事怎样了?'端纳首先问蒋。

'判了十年徒刑,特赦文件什么时候发表?'宋美龄迫不及待地插问道。

蒋介石心里很不高兴,面露不快之色,慢吞吞地说:'两小时后就可以特赦了。'

端纳听了非常高兴。可蒋介石一挥手,又说道:'不过,这样做是不是好?'

'这样做有什么不好?委员长声望比以前更高,显出委员长的气魄宽宏,这不是很好吗?'端纳天真地应道。

'你又有什么新主意,你说说看。'觉得蒋介石的话里有话,宋子文立即变色道。

'大家不是都讲好了吗?'宋美龄也有点着急。

'大体上都依照你们的意思。'蒋介石慢条斯理道:'但关于汉卿的问题,由我来处理吧。'

'你怎样处理?'宋子文急不可耐地问。

'你不是说特赦吗?'宋美龄马上追问道。

‘特赦是可以的,特赦的目的是使张汉卿不受牢狱之灾。但他这一次的行为,确非寻常,他的修身养性功夫实在太差,无论作为一个上司、一个朋友、一个同事,我都应该负责。’蒋介石表情冷淡地说道。

‘你预备怎么办?’宋子文急忙问道。

‘我预备在特赦之外再加上一句,交军事委员会严加管束。’蒋介石冷冷地说。

……

‘不行!这样做绝对不行!你不让汉卿回去,你变卦了,我不干,你不能开玩笑,你不能开玩笑!’宋子文大声喊道。

‘难道交给我看管,我会把他吃下肚去不成?’蒋介石也怒声相对。

‘你这个流氓,一点绅士风度都没有。西北方面可能发动战争,我就要到上海去另想办法,不愿意同你这个流氓见面。’负责担保张学良安全的宋子文,此时看到蒋介石竟不认账了,怒气冲冲地用英语骂道。

宋美龄则急得不知该说什么好。”

第二天,宋子文、宋美龄和端纳,这三位西安事变的当事人相继去看望张学良。席间,宋美龄想转移话题以打破尴尬,她说:“汉卿,你看是不是找个什么清静的地方,好好歇一歇,这些年来你也——”话没说完,即被宋子文打断:“你说得这么轻松,汉卿他现在已没有自由了!他蒋委员长这种行为,简直没有做人的基本信义。你也来帮着他说话,我为你感到难受!”宋美龄尴尬至极。

回去之后,宋美龄与蒋介石发生了一场激辩。

“‘大令,这几天,子文同你吵了好几回。他觉得自己没有办法实现在西安许下的诺言,没脸再见汉卿和其他人了。……我觉得你也该好好想想,他们毕竟为你出过力、冒过险啊!’

‘冒险,冒险,在西安,有谁比我冒的险更大!华清池那天早上,弹雨横飞,乱枪四射……要是哪颗子弹偏一点点,打到了我蒋某人的身上，你们现在还会为张汉卿求情吗？政治是要流血的，不是靠感情来支配的！’蒋介石已是青筋鼓胀，呼呼地直喘粗气。

‘好歹汉卿也是个重信义的人嘛，不然他会亲自送你回到南京？’宋美龄腾地站起身，涨红着脸说。

‘我早就叫他不要来，不要来！他自己非要到南京来负荆请罪，我有什么话说？再说，南京的事也不是我一个人说了就算！’蒋介石忍不住大吼起来。

‘可你是军事委员会的委员长！’宋美龄仍不退缩。

‘这件事你不要管了。我已经对侍从室说了，明天我就离开南京，回家乡溪口休息养伤。’蒋介石阴沉着脸说道。”

从此，张学良被软禁了半个世纪，对西安事变进行积极斡旋的宋氏兄妹一直觉得对不起张学良。不过，据各方史料得知，张学良与宋子文、宋美龄的友谊仍一如既往，他们之间是相互理解和谅解的。

第六章 姊妹兄弟走到一起来

抗战期间，宋庆龄在致好友的一封信中说："你也许知道我们三姐妹都在这个城市里，各自为反法西斯战争而工作。……我的两个姐妹比我更忙，她们有许多社会工作和官方职务。……我的三个弟弟现在在华盛顿，他们为我们输送抗战物资。这样我们全家都在为抗战而工作。"

1. 难得姐妹再聚首

上海沦为“孤岛”后,日伪特务横行霸道,残酷迫害抗日志士,暗杀、绑架和爆炸等恐怖事件时有发生。上海不少社会贤达及各界进步人士纷纷转移到香港。中共中央十分关心宋庆龄的安危,通过潘汉年转达了希望宋庆龄撤离上海到香港的建议。1937年12月23日,宋庆龄由中共地下党员陪同乘一艘法国邮船离沪赴港。到香港后,宋庆龄换了名字,住在一所僻静的公寓里,很少会见宾客,但爱国活动从未停止。事实上,因为宋庆龄与世界各国有广泛的联系,她到香港开展抗日救亡活动更有许多方便的条件。

宋霭龄也在上海沦陷后撤到香港。

抗战爆发后,宋氏三姐妹不约而同地投入到抗日救国的行列中。宋美龄以“第一夫人”的身份,主动开展了多项能够充分发挥自己能力的社会工作,诸如抓紧做动员妇女的工作,向海外宣传中国的抗日战争,亲自做救济难民和安置救扶伤员的工作,救护因战争流离失所的儿童,等等。连一向深藏在“深宫后院”里过着纸醉金迷生活的宋霭龄也频频走向社会,来到租界难民营、医院或学校进行视察,甚至为红十字会、为部队捐献金钱实物。抗日民族统一战线的建立,国共合作的实现,为三姐妹重新走到一起提供了大前提。1940年宋美龄的到港,为三姐妹的团聚提供了机会,三姐妹联袂公开的亮相更使三姐妹“统一战线”享誉中外。

宋美龄抵达香港后,宋霭龄以大姐的身份,把美龄接到自己的住宅里一起生活。接着,姐妹俩又一起邀请庆龄搬来同住。

在香港沙逊街寓所，三姐妹相聚了六个星期。“在这些快活的日子里，三姐妹完全忘记了她们各自的公开作用，这是多年来她们第一次心安理得地抛除政治上的分歧，‘联合阵线’已在这所房子里成为事实。三姐妹一起闲聊，一起烹饪，一起开玩笑——这些都是外人无法理解的、昔日家中的笑话。她们互相试穿衣服，美龄要买一条便裤，并向孔夫人保证，去重庆时，她一定穿这条裤子。”

除了尽情享受外人不得而知的姐妹亲情外，三姐妹还频繁参加社交活动。不仅在自己家中举行会议，接受新闻界的采访，还出席了许多讨论会，共同从事有利于整个抗战事业的活动。救助伤兵在战时是一件非常急迫而有意义的事，正如宋美龄在《伤兵之友运动》一文中所说：我们的政府正在加强抵御侵略者的斗争，出现大量的伤兵是不可避免的，这些伤兵由于残疾而不能就业，只得依靠国家。如果我们能解决这个问题，那么我们就可以说，“和平带来的胜利，并不比战斗赢得的勋绩逊色”，这一运动的效果，“将如同电子一样加快民族奋斗的脉搏，将有助于爱国主义、士气和军队与民众的结合”。为了将已在内地开展起来的“伤兵之友运动”推展到香港，1940 年 3 月 28 日，宋美龄召集香港爱国团体举行会议，倡议发起“伤兵之友运动”，宋庆龄、宋霭龄一同出席了这次会议。在阐述如何开展此项运动时，宋美龄以称许的口吻介绍了二姐庆龄领导的保卫中国同盟和工合国际委员会所取得的可喜成就及其作出的巨大贡献。宋霭龄、宋庆龄在即兴发表的讲话中，皆大力呼吁各界人士支持“伤兵之友运动”。最后，会议讨论确定伤兵之友协会的主席人选，宋庆龄提议由大姐霭龄担任，并指出“没有人比她适合这个职务”，因为此前宋霭龄已担任了成立于上海的“伤兵之友总社”理事，理事长为孔祥熙。

此次三姐妹在香港相聚，本已引起了新闻界的追踪。她们共同在富丽堂皇的餐馆共进晚餐，更成了爆炸性的新闻。1940 年 3 月汪精卫在南京建立了伪政权，与此同时，日本的舆论界抓住宋氏三姐妹相聚在香港一事大做文章，妄言宋氏家族准备抛弃中国这艘沉船。在谣言纷起、国人之抗战信心受到打击的情况下，三姐妹做出了一个足以让世界上所有知道宋氏家族的人大吃一惊的决定，她们相约在香港饭店共进晚餐。《宋氏家族》一书对当晚的情景作了如下生动描述："这个举动令人感到惊奇有两个原因：首先因为她们三人中任何一人从未在这种地方露面；其次是十年来人们从未见过她们团聚在一起。"事实上，宋霭龄不久前来过此地，那是被她的弟弟宋子良动员来的。据埃米莉·哈恩说：有一天宋子良去看大姐，对她说："你的生活方式实在可笑，就像呆在修道院里，你生活在东方最大的一座城市里，但却像犯人一样畏缩在家中。你为什么不经常出去转转，看看人们？英国现在也打仗，但所有人都出门，哎，看看国王和女皇吧！"孔夫人解释自己的理由——人们要对此说三道四；也不体面，她怕……"瞎说，"子良不等大姐说完即武断地说，"明天晚上，你要穿戴打扮好，我带你去香港饭店用晚餐，就这样定了，不要忘记！""霭龄感觉在此时此刻听音乐、穿漂亮的衣服是有罪过的，但她却照办了。……坐进封闭的轿车里，他们庄重气派地驶向香港饭店……子良这天晚上包订了餐厅。这间富丽堂皇的餐厅里显得清静雅致，子良小心谨慎请来的这伙人都是霭龄平时老见的熟人，他们衣冠楚楚地坐在这里用餐，除了侍者外，没有一个外人进入餐厅，吃过饭，他们就回家了。"

"这一次，一切都变了。宋氏姐妹坐在舞厅里，背对墙壁，看着香港的名流、英国的洋行经理和官员、风流的英国女郎以及一些中国的百万富翁偕夫人在吃喝、跳舞。消息很快传开，不一会舞厅看起来像挤满人群的温布尔登闹市区（温布尔登位于英国南部，以举行全国性和国际性赛会闻名）。当对对舞侣踏着舞步经过那张长桌时，他们的头转来转去，似乎人人都长了猫头鹰似的脖子。一双双眼睛按英国礼貌许可的限度目不转睛地盯着她们。千真万确，宋氏姐妹在那里，全都在一起——孔夫人温文尔雅，风采卓著。新近康复的蒋夫人容光焕发。孙夫人穿一身黑衣服,她头发平滑光亮,双眼流露出欢快的神情。”也有书评论她们坐在饭店里的神态是:“气质沉静的孔夫人、容光焕发的蒋夫人和神情庄严愉悦的孙夫人。”三姐妹在那种场合的出现,使亲眼目睹的人都难以置信,以致有位记者说:“我相信她们俩在那里,我不相信孙夫人在那里。她从来没有,也绝不会同其他两个人一起光临这个大英帝国的前哨阵地。”

接下来,三姐妹的行动让新闻界目不暇接了。伊斯雷尔·爱泼斯坦写的《宋庆龄》一书对三姐妹在香港的活动有这样一段综合性的记述:“她们最初被人发现在一起是在香港一家旅馆里。消息传出后,人群聚集在这家旅馆门口(不只是为了满足对名人的好奇心,而是表达了绝大多数中国人对民族团结的热望)。后来,她们在一次集会上先后讲话,这次集会是为了成立宋美龄领导的全国性组织‘伤兵之友社’香港分社。最异乎寻常的是,宋美龄公开赞扬宋庆龄通过保卫中国同盟和中国工业合作协会为中国的战争灾胞所做的工作。据《保卫中国同盟新闻通讯》(以下简称《保盟通讯》)报道:‘在香港,保卫中国同盟被委托审计当地‘伤兵之友’运动的所有账目。保盟除了积极从事这一工作外,还首次捐款500元港币用于该运动的行政管理开支,用于救济目的之款项则不计在内。’更加令人惊奇的是,这一期封面刊登了宋美龄为该《通讯》撰写的专稿《‘伤兵之友’运动》。此文引述第一次世界大战后欧洲的经验教训,详细论述在这一次大战之后中国的伤兵安置工作(应该做什么,不应该做什么),对当前战场上的需要则一笔带过。但引起人们注意的倒不在于文章的内容,而是文章发表的场合。保盟总算第一次得到了来自国民党权力圣殿的默许。还有,要求保盟审计‘伤兵之友’账目一事也是以一种含蓄的方式承认保盟正直无私的声誉。这些都是在救济工作及整个国家统一战线工作中解冻——即使是暂时的——迹象。(主要的冰块当然并未融化,对解放区的继续封锁即是其中之一。)”

宋霭龄、宋美龄还一同参加了宋庆龄发起的“一碗饭运动”。这一运动由宋庆龄主持的“保卫中国同盟”发起，呼吁各界人士点滴捐助，救济伤兵与难民。当时的香港总督也支持这一活动，各界反应热烈。其间，“同盟”组织了一次大规模的筹款嘉年华会，正值宋霭龄、宋美龄也在港，三姐妹一起出席主持了嘉年华会。

宋氏三姐妹在香港的联合行动，引起了轰动效应，也为她们赢得了美誉。紧接着，按宋美龄的提议，三人赴重庆继续开展社会活动。“即将到来的旅行，被安排在汪精卫临近就职典礼的日子，这真是个绝妙的主意。”有的书评述：“她们决定一起返回重庆，她们的结论是，如果她们一起在中国的战时首都工作和生活一段时间，将有利于鼓舞士气。尽管庆龄对此决定有些勉强，她仍然同意前往。”

1940 年 4 月 1 日（有的书说是 3 月 31 日），三姐妹离港赴渝。这一天，香港的启德机场忙忙碌碌，还特地为宋霭龄准备了氧气瓶，送行的人不多。三姐妹是在秘密的气氛中搭乘中国民航公司的专机“D · C – 3”号离去，到达重庆时她们受到了热烈的公开欢迎。宋霭龄和宋庆龄是第一次赴重庆，对宋庆龄来说，这是她多年来第一次去重庆陪都会见蒋介石。这一次赴重庆，虽只是小住，宋庆龄仍没有同大姐或小妹同住，而是单独另居一地。

重庆《新华日报》对三姐妹的同来重庆作了连续报道。4 月 2 日的报道中说：宋庆龄和宋霭龄是“初次访问战时首都”，三姐妹抵渝，“对于增强抗战力量，咸具最大热忱，故此次利用蒋夫人赴港疗养返渝之机会，相偕同来。三位夫人同来后方，将共同从事抗战建国之工作，致力于奠定新中国基础，发扬中国旧有光荣。据悉三夫人将视察各种合作事业暨救济机关。夫人等于妇女工作素所热心，推进不遗余力，现各妇女工作中心蓬勃发展，人人殚精竭虑，为国努力，实为抗战中之重要干部，故夫人等亦拟前往访问，并加鼓励。”

4 月 3 日发表《欢迎孙夫人来渝》的短评，说：

孙夫人宋庆龄昨日偕同病愈归返行都之蒋夫人及孔夫人由港到渝。我们除向领导妇运，积劳成疾，病后重行工作的蒋夫人，及初次来渝的孔夫人致敬慰问外，谨向久与我们阔别的妇女界领袖孙夫人，表示最热烈诚挚的欢迎和敬意。

孙夫人于中山先生逝世后，始终积极的坚决的为实现中山先生的遗教而奋斗。始终和广大人民站在一起，领导着妇女界，不倦的为中华民族的解放而努力。她在促进团结抗战，力求实施民权方面，尤多显著的成效。这几年来，虽然离境在港，但在港时间，仍然是对我国抗战事业，尽极大的努力，不懈的领导侨胞，为祖国的抗战而工作。

当兹抗战进入艰巨阶段，反汪除奸，和宪政运动正在逐渐展开，而更需要加强民众抗日的力量，首先是举国一致的精诚团结，更需要团结妇女界，组织广大妇女群众到抗战中间来的时候，孙夫人的来渝，定能在这些方面，有极大的宝贵的贡献。我们深信，重庆的、以至于全国的妇女界，在孙夫人和蒋夫人领导之下，一定能够获得更进一步的团结，能够使妇运有更迅速的，广泛的和深入的发展。这样的一个有广大群众基础的妇女运动，将大大的增强抗战力量，将促进人民所要求的民主宪政，而使抗战更早的得到胜利。

在重庆的第一天，蒋介石与宋美龄以主人的身份，在室外草坪上举办欢迎会。重庆所有显要的中外女士应邀出席了这个宴会。接着，三姐妹联袂进行了多项活动。

一是访问了工厂、农场、学校、医院、防空洞和孤儿院。

二是出席了一连串的讨论会、晚会和招待会。

三是发表了对美国的无线电广播。

历史有这样一些记录：

“三姐妹走遍了这座被围困的城市，访问了学校和医院，进行了参观并且走访了成都城。她们视察防空洞和看望孤儿的活动被摄成电影”,她们“在防空洞的烛光下挤在一起,以及她们的脸温柔地紧贴着孤儿的脸”,“有一张令人难忘的照片,拍的是她们三人小心翼翼而仍然颇有风度地择路走过一片废墟瓦砾,那是当年一度引人注目的朱门大院的一切残余陈迹”。

“不知疲倦的宋氏姐妹,经常参加活动——向各团体讲话,出席各种会议”。“孙夫人虽然不喜欢公开演讲,但还是发表了许多讲话;孔夫人虽然害怕在会议上说不出话来,这次却显露出她应付这种讲演的不可否认的真正才能。”

4月7日下午4时,宋霭龄与宋庆龄出席妹妹美龄在私邸主持举行的重庆各界妇女欢迎会,会场设在室外的大草坪。5点钟,三位夫人从屋内来到草坪,全场的人都站起来欢迎她们。宋美龄首先致开场白,她说:“今天开这个会,是为了欢迎孙夫人和孔夫人,同时介绍两位夫人同大家见见面。孙夫人和孔夫人不仅是我的姐姐,而且也是全国姊妹的同志。”接着她扼要介绍了两位姐姐抗战以来所做的工作:孙夫人在香港努力做宣传工作,孔夫人在上海为伤兵和难友做了不少工作,不久前,她们在香港推动伤兵之友运动。并表示:“今天,就在这里要求两位姐姐长住在重庆领导妇女工作。”随后,大家一致鼓掌欢迎孙夫人讲话。宋庆龄说:“这次回来,和孔夫人看到了不少地方遭到敌机轰炸的残迹,看到不少同胞的受难,但也看到了许多姊妹们的努力工作”,她希望“妇女们都能够起来做坚持抗战的工作”,并希望妇女同胞“多参加国民大会,因为民主政治的实施与妇女解放有着很重要的关系,宪政运动和妇女也是不可分离的”。宋庆龄讲话之后,宋霭龄也应邀讲话,她说:我虽然在外地,心却一直挂着重庆,希望全国姊妹们继续努力工作,“要以忠诚来贡献祖国,这只是为了一个可以在短期内达到的目的——造成一个新的强盛的中国!”最后,蒋介石来到会场,他以简短的致词对两位夫人的到来表示欢迎,他说:“孙夫人和孔夫人的到重庆来,不仅是全国的姊妹们喜欢,而且是全国的民众都喜欢的事情。因此,我代表全国民众表示欢迎。”

4月15日，三姐妹应中央广播电台及国际广播电台之邀，在重庆向美国作广播演讲，由美国ABC电台转播全美国。战时，日寇常常扰乱破坏各国无线电广播，宋美龄此前的对外演讲就受到过严重的干扰。这一次三姐妹同时作广播演讲，其在国内国际上的影响无疑是巨大的。为此，“我国事前布置周密，使敌方恶劣卑鄙之手段无所施用，获得成功。据关系方面消息，美国已来电报告，收听三夫人的播音，异常清晰。”宋庆龄首先发表讲话，指出：“日本藉着它拥有优越的武器，在开战以前，曾经向世界夸说，要使占全世界五分之一的中国人民于三个月内向日本屈服。可是我们中国，曾始终不屈地作有效的抗战，三十三个月以上，而且抱定了继续抗战的决心，自信必能获得最后胜利。”言毕，她对下一个接话筒的宋霭龄作了介绍，说：“她不仅是一位在困难中开辟道路，从而使中国妇女能同男子一起参与国家生活的先驱，而且作出了最宝贵的爱国贡献，又是‘中国工业合作社’、儿童福利工作和‘伤兵之友’等重要活动的卓越赞助人。”接着，宋霭龄发表演讲说：“当我向美国讲话时，我感到并且深知，我正在向真正同情中国的朋友们讲话。在不断捐赠我们最需要的救济金中，我们看到了这种同情。”并指出：中国“妇女们已从与世隔绝的生活中解放出来，到处参加工作；在前线，同战士和伤员在一起；在后方，同受到战争震荡的同胞在一起；在大后方、在乡村、在医院、在战时孤儿院、在工业和公共事业机构里，我们正在掘壕据守，抗战到底。”最后，宋美龄发表讲词，说：“我只用几分钟的时间对孔夫人的话补充几句，我所说的话，是要请一切爱好自由的人们知道应该立刻得到正义的援助，这是中国的权利。中国为了正义，已经经过了将近三年之流血和困苦的奋斗，我们请你们制定美国法律的国会议员，对下列两件事，必须做到一件，或者是对于侵略不再表示恐惧，或者停止鼓励侵略的行动，也就是对日禁运汽油、煤油、以及其他战争原料。”并指出：“我们并不是没有放弃战斗的可能，但我们仍旧在这样困难艰苦的情形之下，不怕挫折，为着自由而继续抗战。

我不知道贵国的国会议员,曾否想到,万一中国被日本军阀的武力征服了,将发生何等的情形?结果是很明显的。日本军阀将保有它完满的海陆空军实力,并且可以利用中国的领土、人力和资源,来和民主国家为难。日本军阀会给民主国家以强大的打击……若果美国继续帮助日本军阀,竟使日本军阀在东方逞它的野心,那么事态的开展,就不堪闻问了。"宋美龄在这次广播的最后说:"只要给我们以正义的同情,到相当时期,一定能使他们(这里的"他们"是指日本帝国主义)完全失败,然后它就根本不能助长人类的祸患,摧残民主主义和人道主义来扰世界的安宁。那时节,世人将会公认我们的功绩对于整个人类是怎样珍贵的贡献,问题只在能不能对我们表示正义的同情,这个问题只能让美国人民美国国会议员给我们一个答复,炸弹的爆炸声,虽使中国的同胞震耳欲聋,但是仍旧渴望听一听贵国方面的答复。"

对三姐妹这次重庆之行以及所干的事有什么反响呢?外国人有这样一些报导:

"欢迎夫人们的到来成了如此狂热的社会活动,以致不得不为此订立了一条规矩:她们任何一人都不许接受私人的邀请,仅仅各个协会和委员们才特许招待她们","重庆的居民紧张到了百无聊赖的地步,不在战争条件下生活的人是体验不到这点的,他们贪婪地观察宋氏三姐妹的一举一动,眼睁睁地盯住她们,而宋氏姐妹也回看着这些人","三姐妹在重庆的数月间,人们跟在她们身后,尽可能地靠近她们,向她们招手,同她们说几句话,或者只是投以微笑"。

当然,三姐妹在重庆的活动是很辛苦的。"快速旅行、欢迎庆祝会、参观学校以及无数的讲演,一直困扰着三姐妹,她们四处奔忙,并感到操劳过度,但是,一种压倒一切的希望和活力使她们经受了这场考验。自从离开香港以来,所有报纸都报道了她们在四川的经历。自从轰炸期开始以来,三姐妹尤其受到了日本人的'关照',夜晚在月光下,她们从寝室里被唤起,沿着台阶走入防空洞，在洞中，她们秉烛商讨形势，一呆就是几个小时"。但是，三姐妹都感到很高兴，尤其是宋美龄，有二位姐姐陪伴她，情绪更高，且很得意。"从照片上看到她发自内心深处自豪的微笑，这是动人的微笑，因为当知名人士表明也有私人的感情时，不知是什么原因，我们总是对此产生一种亲切的感觉"。之所以很高兴，是因为她们"深深地为眼前发生的一切所震动，不管怎么打动人心的新闻报导和统计，也不能向人转达第一眼看见重庆时的那种感想。人们忙忙碌碌显得坚定而又快活，到处是千奇百怪的、经过改进临时凑合的设施。庆龄承认她从未看到过自己的同胞显示出这种卓绝的精神。尤其使霭龄感到高兴的是，她在奥柏林——山西纪念学校看到了用日本人的炮弹残片和飞机残骸制作的机器和武器，这所学校是孔博士得意的工程项目和机构，霭龄还是新娘子时，曾为学校工作过. 如今学校的教师和学生都一起转移到成都"。

宋美龄和她的二位姐姐的香港相聚和重庆之行，有一个共同的志向即"打败日本"，也正是这一个共同的愿望把她们拉在一起，正如美国的罗比·尤恩森说的那样："对这三位富有感情和教养的女士来说，这是一个狂乱的年代，一个恐惧的年代，一个悲伤的年代，但这也是她们共命运的年代，她们共同希望和祈求打败日本的年代。"她们的行动产生过积极的影响，给人以团结抗战的印象，尤其在汪伪政权建立的时刻，"人们就不再会相信宋家分裂以及政府分裂的谣言了"。同时，也不能不看到一个消极的后果，即处在蒋介石发动反共高潮的时刻，宋美龄拉了宋庆龄，在客观上帮了蒋介石一个忙。在重庆，三姐妹联袂出席的一系列活动，都有摄影记者争先恐后地抢镜头，包括蒋介石与宋氏三姐妹在一起的镜头，可以说是"宋家难得的大和解"。的确，这是蒋介石建立南京政权后的 10 年来，三姐妹首度共同亮相出席社会活动，也是宋庆龄首次与蒋介石站在一起拍照，表示了宋氏家族在抗战问题上的一致意见。

5 月 9 日，宋庆龄和大姐霭龄相约一同返回香港。当月，宋庆龄在她领导的保卫中国同盟机关刊物《新闻通讯》上发表小妹撰写的《伤兵之友运动》一文。与此同时,《新闻通讯》还发表《伤兵之友运动在香港》的报道,介绍宋美龄和宋霭龄推行伤兵之友运动的情况和捐助办法,这办法是:在伤兵之友运动中,捐款一元(法币)者为普通成员,捐款十元者为特别成员,捐款百元者为荣誉成员;在伤兵之友运动中,募集到五百元捐款的个人、募集到五千元之捐款的团体,可得 B 级证书;募集到一千元捐款的个人、募集到一万元捐款的团体,可得 A 级证书;募集到五千元捐款的个人、募集到五万元捐款的团体,可得特别奖章。

回到香港后的宋庆龄,接受了中外记者的采访,讲述了"视察后方之观感":总的来说,她是受到鼓舞的,人民的民族意识大为增加,"对抗战信念甚为坚定","内地生产建设与日俱进,过去散漫之人力,亦逐渐组织化,或团结于生产部门,或团结于军役服务","只要坚持抗战,必可战胜日寇";在政治方面,"不能否认,自抗战以来,已有许多进步,但尚未达到应有之程度。……对于领袖,对于主义,空言拥护者不乏其人,对于抗战中改善民生,尚少明确具体之实际办法,此则不能不令人深为遗憾。"

总的来说,宋氏三姐妹在香港、重庆的集体行动是对中国的抗日起了积极作用的。

2. 宋子文复出

抗日战争爆发后,宋氏三姐妹的举止固然令世人瞩目,宋家长子宋子文在抗日方面同样有着出色的表现。在国民党上层人物中,宋子文一直被各方视为对日强硬派的代表人物,他较早地认识到日本的侵略是中华民族面临的最紧迫的危机,也是对国民党统治的直接威胁。早在 1933 年访问意大利,与墨索里尼谈及日本侵略中国之问题时,宋子文就曾指出:日本侵略中国,这是其一贯的政策;日本有统治世界的野心,世界其他国家迟早将不得不起来制止之。

"七七"事变后,宋子文一面公开表明他的坚决抗日立场,一面利用他在国民政府和社会上的特殊地位,积极从事抗日救亡活动。

经济方面,协助政府维持战时财政金融。抗战爆发时,财政部长孔祥熙尚在欧洲诸国访问未归。仍为"在野者"的宋子文,以全国经济委员会常委、中国银行董事长、中央银行常务理事之身份,参与了对财政金融和经济领域里重大事项的管理。

"八一三"事变后,奉蒋介石之令,宋子文在上海主持成立了中央、中国、交通、中国农民四银行联合办事处,简称"四联总处",意在加强国家银行间的联系和协调,以便集中国家银行的资力协助政府经济政策的实施。从资金上配合沿海企业的内迁,是四联总处在抗战初期为支持抗战所作出的一项积极的贡献。

全面抗战的爆发,使国民政府之军费支出急剧上升。随着战事的扩大,沿海地区的相继沦陷,不仅国家财政收入的三大支柱关、盐、统税受到严重打击,而且我国原有的生产力亦遭到极大的破坏。国民政府之财政收支因此严重失衡。为支持军需,维持战时财政,宋子文于 1937 年 8 月 23 日发起成立了救国公债劝募总会,由其本人任会长,宋庆龄为 27 名常委之一。机构成立后,宋子文即着手开展救国公债的劝募工作:一方面,通过新闻媒介宣传购买救国公债的意义,说明此项公债的用途,动员人们踊跃购买救国公债。"当此国难极度严重关头,凡我国民,对于政府,希望尽其分内之天职,殆为同一心理";另一方面,及时刊登广告,昭告认购公债的机构及具体办法,以便利人们认购公债。为切实推动此项公债的发行,宋子文更以实际行动带头认购公债。他在公债发行之初,便认购了 5 万元,正好相当于救国公债发行总额的万分之一。宋子文直接控制的金融、实业机构中的各级人员及各机构本身,跟着相继以个人或机构的名义认购了大量公债。以宋子文为董事长的中国银行认购了 1000

万元。此项救国公债的劝募发行工作,很快得到了各界人士及广大民众的热烈支持。从1937年9月1日到10月1日,救国公债的认购总额已达2.4亿元。

政治方面,自1933年10月"下野"直至1940年6月,以蒋介石私人代表的身份赴美国,宋子文在官场上一直没有大的进展,与蒋介石的关系始终是若即若离。1937年11月,日军占领了上海华界各区后,宋子文离开上海赴香港。此后,他主要往来于武汉与香港两地,处理中国银行的业务。1938年10月武汉沦陷后,中国银行总部所在地——香港便成了宋子文的主要居住地,直到1940年赴美国。在这段时期里,宋子文以"在野者"的身份,利用他的特殊地位与影响,从事了各项抗日活动。

(一)在卢沟桥事变后至上海失陷前,宋子文发表了一系列对内对外谈话,揭露日本侵华的罪行,呼吁欧美各国尽快放弃"孤立主义"政策,采取有效措施,制止日本的侵略行为。谈话中,他对西方大国曾采取的"中立"、"不干涉"态度进行了批驳,并表示:中国没有权力,也不要求欧美各国"卷入战争",但吁请美国及其他"酷爱和平之国家合作,并对侵略国实施坚决之经济抵制,和平必可实现,君等只须表示统一之战线,狂暴者则可屈服,如此君等可以从威胁毁灭近代文明之暴乱者手中,拯救世界与自身矣。"

同时,宋子文也表明了中国的抗战决心:即使上海失败,亦仅能当作是中国为争取生存而战的开端;进言之,即或南京失守,抗战也仍将继续进行。如现时休战为可能,则吾人何须有在卢沟桥抗战之一举。吾人在当时即可讲和,有何必坐待华北之被占。

在中国军队明显出于不利地位的情况下,宋子文依然对中国获取最后胜利的前景充满信心。他以中国共产党领导的武装力量为例,说明中国取得最后胜利的可能性。他说:"第八路军在晋北抵抗武装精备之敌军,已迭获胜利。往日共产党在华南维持长期之抵抗,足为中国人民有以弱胜强、以寡胜多能力之明证。共产党仅以江西半省为根据地,能与政府军50万周旋,此足证全国动员、共赴一的,其能力为何如矣。"

上述言谈,再一次表明了宋子文自九一八事变以来所持的抗日立场与态度:1、他仍致力于获取西方大国的援助,虽然对他们先前采取的立场与政策有所不满与批评,但仍寄希望于他们采取有效措施,制止日本的侵略扩张行为。2、在国难当头之际,极力主张动员与联合全国一切力量,枪口对外,共同抗日。

(二)担任国际反侵略大会中国分会会长。国际反侵略运动总会成立于1936年9月,会长为英国人,副会长是法国人。1938年1月23日,中国各界群众和人民团体在汉口市商会成立了国际反侵略大会中国分会,宋子文出任会长,邵力子为副会长。大会通过了分会章程、宣言和《告世界人民书》,选出宋庆龄、毛泽东、宋子文等72人为名誉主席团成员,朱家骅、周恩来、董必武等139人为分会理事。国际反侵略大会中国分会成立后,立即采取多种形式,向全国及全世界揭露日军的暴行,动员全国人民奋起抵抗,争取世界上一切爱好和平之国家与人民的同情与支持。

1939年9月,欧战爆发后,国际形势发生了重大变化。英、法身陷欧战,无暇东顾,为了换取与日本的和平,在远东继续对日本的侵略推行绥靖政策。苏联在欧战爆发前曾给予中国道义与物质上的极大帮助,就在欧战爆发前夕,苏联出于对德、日两面夹击的恐惧,对国际形势作了错误的判断。在欧洲,它与德国签署了《苏德互不侵犯条约》;在远东,它于援助中国的同时,又着手改善与日本的关系,中苏关系因此渐渐淡化。1941年4月,苏、日签订《日苏中立条约》,中苏关系从此恶化。战火还未烧身的美国,则继续奉行"孤立主义"的思想与政策,对远东危机采取了某种超然的态度:一方面同情中国的抗战,给予中国道义与物质上的某些支持,另一方面又不愿为支持中国的抗战而对日采取制裁行动。此时的国际形势可以说是十分严峻。

在这种情况下,南京政府除了坚持声明坚决抗击日本侵略、遵守国际公约外，对于此后的外交政策特别强调了两点：（1）“自欧战发生以后，敌人亟欲利用时机，以小惠缓和各国，达其速和速结之梦，我国自应在各方面唤起各国注意，以打破敌人阴谋。同时应加强对外使领馆之情报工作，预作各种应付”。（2）“继续加强与美、苏、英、法等各友邦之合作，以促成各国对远东之行动，使国际形势有利于我国抗战之发展”。在广泛争取国际同情与援助的政策指导下，南京政府根据美、英、法、苏等大国对中国抗战的不同态度，制定了不同的外交策略，其中尤把争取美国对华援助列为外交工作的重点。在南京政府眼里，美国是当时唯一有实力、且有可能在太平洋地区采取重大行动的国家。为了加强争取美援的工作，在国民党内以对日强硬派、亲英美领袖著称的宋子文被重新起用，宋子文的政治生涯从此发生重大变化。

1940 年 6 月，驻美大使胡适电告蒋介石：罗斯福总统表示，将向中国提供更多的援助。蒋介石立即致函罗斯福，提出他将派私人代表宋子文赴美，专门接洽援华事宜。此时正值美国举行总统大选之际，现任总统罗斯福已连任两届，由于美国历史上无连任三届总统的先例，故宋子文此行的目的就是要抓紧时间，在罗斯福下台前，尽量多争取一些款项。宋子文原打算事毕即返回国内，不想竟长驻美国，并出任外交部长，掌理中国战时外交，折冲于美、英、苏之间，直至抗战结束。在宋子文的一生中，所以会有这一段迥异与他一生其他阶段的外交生涯，既是因为当时特殊的时代背景，同时与宋子文个人所具备的诸种条件有着密切的关系。

抗日战争进入到相持阶段后，经济实力的强弱越来越成为决定最后胜败的关键。鉴于当时中国的财政经济情况，争取国际经济援助，实为抗战中期以后，中国外交工作面临的第一个需要。1938 年 9 月，国民政府曾派遣为美国财政部长摩根索所信赖的上海商业储蓄银行总经理陈光甫，以“国民政府财政部高等顾问”的头衔，赴美争取美援。经过一年多的谈判，先后达成了两笔借款，即 1939 年 2 月达成的铜油借款 2500 万美元和 1940 年 4 月达成的华锡借款 2000 万美元。这两笔借款不仅数额较少，而且都严格规定只能在美国购买非军火类的工农产品。陈光甫在完成第二次借款后，便托病告退回国。对陈光甫的活动成效，蒋介石不甚满意，于是想到重新起用宋子文。

宋子文在财经方面的专长和地位，他对中国财经状况的深切了解，是他被征召为蒋介石的私人代表以赴美求援的第一个特殊因素。

蒋介石在致罗斯福的函中说："因世界局势之剧变，余觉有与阁下交换意见并请界予援助之迫切需要。因余不能亲来乘教，特派宋子文先生为代表，前来华府晋谒，彼固为阁下所熟悉者。余已授予宋先生代表中国政府在美商洽一切之全权，彼受余之完全信任，且其对国内之情形与对外之关系完全明了。敬请阁下慧予亲切之洽谈，一如与余私人接触者然，不胜企盼。"此段话实际上包含了宋子文被派赴美国求援的另二个特殊因素。

一是宋子文能够打入美国决策层。在美国，总统罗斯福和他的助手霍普金斯等是"天然的、坚决的亲华派"，而政府决策的执行机关国务院与总统对中国的态度不尽相同，蒋介石对美国国务院极不信任，"他相信国务院的亚太政策受到太多的主张姑息日本的人士的影响"。曾受罗斯福之委派，担任蒋介石私人顾问的拉铁摩尔也认为："国务院内有股强大势力，认为日本军国主义者可以在中国建立法律和秩序；同时处理对华事务的高层人士又对中国的团结和中国的抵抗能力缺乏信心。"

在拉铁摩尔看来，罗斯福并不太信任国务院。因此，蒋介石非常需要一个能直接进入美国决策层的人，来沟通他与美国最高当局的联系。宋子文的经历正符合了蒋介石的需要。宋氏家族特殊的西方教育背景，使宋子文比较熟悉美国的政治文化，在许多人眼里，宋的思维方式、政治理念、及行为方式都相当的美国化。这是宋子文较易与西方人打交道、并为许多英美人士所欣赏的一个方面。早年在美留学期间，宋曾结交了不少美国朋友；投身于南京政府后，他又多次代表中国出席重要国际会议，签订重要条款，早已成为国际知名人士，他的亲美态度以及1933年的美国之行，更加深了美国决策者们对他的好感，也奠定了他与美国决策层直接联系的基础。

二是蒋介石完全信赖宋子文。这主要取决于：

1. 宋子文的政治立场。宋与蒋之间虽发生过多次矛盾冲突，宋甚至一度被蒋排斥于国民党决策层，但无论在野或"下野"，他始终坚决维护国民党中央的统治地位。

2. 宋子文与国际间的联系，及他对国际局势的了解，使他能较好地担负起赴美求援的使命。自九一八事变以后，宋子文逐渐地被国内外人士公认为国民党内亲英美派的领袖。1933年辞职后，虽然离开了国民党权力中心，但一直关注着国内外局势的变迁，私下里还与英美驻华外交人员保持着联络，不时地向他们发表对时局的看法，英美人士也十分看重宋的意见。担任过英国驻上海总领事的白利南曾谈到："宋子文的意见和观点，对研究中国政治的人来说，始终是十分有意义的，无论宋是在位还是下野。"

抗日战争爆发后，宋子文出任国际反侵略会中国分会会长，进一步加强了他与国际间的联系。宋的抗日态度以及长期以来他对英美的期望，使他具备了赴美求援的自觉性与积极性。此外，宋的亲英美态度，使美国决策者们比较愿意与宋接触。

3. 宋子文与蒋介石的姻亲关系，虽然不是宋子文得到蒋介石重用的决定因素，但不能否认，这层关系是他们彼此依靠与信任的主要因素之一。

自1940年6月抵达美国开始，宋子文正式走上了外交之途，直至抗战胜利。在掌理外交的5年中，他忠实地执行了蒋介石的意旨，在争取外援、提高中国的国际地位、及巩固国民党的统治方面，做出了相当的努力，并在中国近代历史上产生了一定的影响。

宋子文偕夫人张乐怡于1940年6月下旬抵达美国后，立即开展了求援工作。中国在战时争取的援助主要为信用贷款与军用物资两大项。宋子文抵美后，立即就这两大目标进行了接洽与交涉。

他首先与美国政府的主要领导人，如总统罗斯福、国务卿赫尔、财政部长摩根索、国务院政治事务顾问贺百克，以及各部门首要人士，进行了广泛的会晤与交谈。会谈中，宋子文或慷慨陈词，或恳切相求，反复申明援华的迫切性。在与罗斯福的会谈中，他反复强调了中国对美国的期望：中国三年来不惜牺牲，忍痛苦撑，以期民主集团最后胜利，使得中日问题在美国领导之下公平解决；此次赴美，即是受蒋介石委托，专门来听取罗斯福关于今后应付战局的大政方针的。与财政部长摩根索会谈时，宋子文向其介绍了他与罗斯福总统会谈的情况，意在向摩根索暗示，罗斯福原则上同意援华，宋向摩根索提出了中方的具体要求。

在宋子文刚到美国的头几个月里，虽然他费尽心思，一次又一次地奔走于美国有关政府部门及各要人之间，但获得美国大笔援助的前景依然十分暗淡。7月15日，宋子文致电蒋介石，说明了他抵美后的活动情况："借款事文到美后无日不在洽商进行中，惟因美国专心注意英国战事，加以准备大选，各部又缺乏联络，而政府要员于暑期中常不在京，以致迁延时日。然文仍抱最大耐心，积极向各方进行，冀收实果。"

为了打开局面，宋子文通过各种方式，广泛结交能直接或间接影响白宫、国务院、财政部及军界的人，由此建立起一个"关系网"，以使中国的要求得到美国政府决策层的重视。如他常在家里款待罗斯福政府的内阁成员，其中包括联邦贷款局局长杰西·琼斯（后来任商务部长）、财政部长亨利·摩根索和进出口银行的沃伦·李·皮尔逊。又如，宋在美国设立的负责承办租借物资援华的国防供应公司（英文全名China Defence Supply Co.）中，聘用了若干与美国政府关系良好的政府官员为经理人，其中有罗斯福总统的母舅德兰诺（Delano，任董事长）、罗斯福最亲密的助手之一托马斯·科科伦(任公司法律顾问)、美国志愿航空队队长陈纳德、人称华盛顿万事通的惠廷·威劳尔(任公司秘书),等等。

对于宋子文的交际能力,《宋家王朝》一书中有这样一段描写:

宋子文他知道在华盛顿办事的奥秘,他也培植了自己的好朋友,包括有影响的报界人士约瑟夫·艾尔索普和埃德加·安塞尔·莫勒,他们与各部门都有密切关系。艾尔索普是罗斯福的许多连襟之一……若非为己之故,他是决不肯为任何事或任何人效力的。……艾尔索普和莫勒为挽救中国,在美国政治领袖和国会议员中进行了疏通游说活动。宋子文结交的其他人,还有总统特别助理哈里·霍普金斯和助理陆军部长约翰·麦克洛伊。宋最有影响的老朋友,是罗斯福的贴身助手托马斯·科科伦。

关于科科伦,在罗斯福的前两届任期内,他是白宫中最有权势的人物之一,"新政"的许多立法都出自他的主意。由于他在国会中树敌太多,于1941年离开联邦政府,在罗斯福的后两届任期内由霍普金斯接替他在白宫中的位置,但科科伦未离开罗斯福的内部圈子,他仍然是罗斯福最信任的顾问之一。

通过这个"关系网",争取美援的困难局面被渐渐打开。正如塔奇曼在《史迪威与美国在华经验》一书中所说:"在白宫、国务院、财政部、陆军、海军和其他机构里,都有一批同情中国的人"提建议,立誓言,力陈自己的主张,又推又拉又敲打,使尽浑身解数",千方百计地促使美国援助中国。

1940年11月,罗斯福在竞选中获胜,连任总统。出于远东战略需要,具有亲华感情的罗斯福开始重视援华问题。珍珠港事变发生前,美国对日本采取的是又拖又挡的政策,与此相应的举措是,一面加强援华,希望中国能有力地拖住日本,以为美国赢得时间；一面尽量避免激化对日矛盾。太平洋战争爆发后，美国在远东的战略目标，是在首先打败德国的全面战略中实现日本的无条件投降。为了达到这一目的，也为了维护战后美国在远东的利益，保持远东的稳定，美国制定两项对华政策目标："第一个目标是采取共同行动，有效地进行战争。第二个目标是在战争之中和战争之后，承认中国是大国，她享有与强大的西方盟国家——俄国、英国和美国平等的地位并得到复兴。"

国民党政府于是利用一切机会，增强美国对中国的希望，以争取更多的援助。同时，也利用美国惧怕失去中国这一盟友的心理，在关键时刻，提醒美国中国将会出现丧失士气、军事上即将崩溃、与日本单独讲和或与美国断绝关系的种种可能性，以此向美方施压，要求加强对华援助。在蒋介石眼里，宋子文是传递其意图的最佳人选，事实表明，宋子文也的确不负使命。

宋子文在争取财经援华方面，应该说取得了较大的成就。自 1940 年至 1942 年，宋子文经过与美国财政部长摩根索等有关官员多次反复、艰难的谈判，达成了三笔大的借款，第一笔是 1940 年 10 月签署的 2500 万美元的钨砂借款；第二笔是 1941 年 2 月签署的 1 亿美元信用借款；第三笔是 1942 年 3 月签署的 5 亿美元借款。这三笔借款为中国的抗战争取了政治、经济和外交上的支持。

期间，美国国会于 1941 年 3 月通过了"租借法案"。5 月 6 日，美国政府正式宣布中国为有资格获得租借物资的国家。同月，中国政府通过驻美大使胡适正式通知美国政府，宋子文被授命代表中国政府，对美负责获取及接收租借物资中之援华物资。宋子文自接手这项使命后，既为获得更多的美援物资而殚精竭虑，也乘机"中饱私囊"，同时也不忘提携自己的两个弟弟，让他们皆插手此项事务。《宋家王朝》一书对此有这样几段描述：

子文利用外交部长职权，发给其弟宋子良一份特别外交官护照，派他速往华盛顿和纽约。实际上派子良火速出国，担任首席采办官员和全部美国租借物资运往中国前的代办。一开始，子良就是在中国掌管租借法案物资的负责人。当时把大量美国战争物资的丢失，归罪于仓库失火和有人破坏。在一个时间内这是盛传的丑闻。……

西南运输公司拥有六百辆卡车装运租借物资，它的经理就是宋子良。物资到达中国，有时不出两个小时就出现在黑市上出售。有时候物资索性不再出现。总之，战时约有价值三十五亿美元的租借物资，有的在到达中国之后，有的在离开纽约环球贸易公司之前，据说都通过子文和子良之手，但极少达到目的地。英国外交部一位高级官员有一次推测说："宋氏兄弟把几十亿美元转入自己的腰包，许多钱根本没有离开美国。"

子文把子良的工作基地从中国移到美国，使他的弟弟不再受到委员长、陈氏兄弟和戴笠的干预和掣肘，同时也摆脱霭龄的直接插手。不管子文在重庆的政治命运发生何种变化，在美国巨大财源的控制权通过子良仍然保持在子文手中，此种权力使子良处于影响极大的地位，能与美国最大公司谈判价值几百万美元的合同。他在纽约城建立办事处，那里也是他中国妻子的富有家庭的住所，住在里弗代尔孔家宅第里，那所房子过去大部分时间空着。

1942 年 2 月 11 日，美国财政部钱币司司长怀特（Harry D. White）向财政部长摩根索报告他所了解的有关宋氏三兄弟及孔祥熙等人在美国的存款数额：宋子文，281023 美元；宋子良，794000 美元；宋子安，868958 美元，孔祥熙，6501 美元。怀特并在报告中指出，宋子文和孔祥熙都可能以其他的姓名开立存款户头。

宋子文在大洋彼岸拥有的越来越多的独立性，及由此带来的财富和权力，引起了宋霭龄、宋美龄姐妹俩的妒忌，姐妹俩与她们的兄弟宋子文之间因此展开了明争暗斗，这场争斗最终影响了宋子文与孔祥熙的政治生涯。在大哥子文与姐姐们的"争权夺利”中,宋家的两个小弟子良与子安始终没有介入,一直与他们每一个人友好相处,也一直得到他们每一个人的关爱与提携。

3. 协力办“工合”

“工合”的全称是中国工业合作协会或中国工业合作社,起源于1937年,由同情和支持中国抗战事业的国际友人埃德加·斯诺夫妇和路易·艾黎发起组织。目睹上海许多工厂在战争中遭到破坏,沿海工业区逐渐沦陷,大批人员涌入内地,后方工业品匮乏,三位外国友人萌生了“在非敌占区发起一个建立一连串的小工业合作社运动的想法”。他们的想法得到了上海爱国人士和社会名流参加的“星期一聚餐会”的响应,并着手制定了一份在全国范围内发展3万个工业合作社的计划书,目标是使工业生产恢复到战前的水平,并使千百万人得到工作的机会,从而实现生产自救的目的。

中国“工合”运动发起后,发起者和组织者都认为,这样一个规模庞大的运动要取得成功,须有两个基本的前提,一是政府的支持,二是资金。为此,他们派人携带计划去汉口,当面向行政院长孔祥熙汇报,寻求支持。同时,斯诺等人通过友人,争取到英国驻华大使科儿的支持,科儿大使亲自到汉口将计划交给蒋介石夫妇和孔祥熙,努力说服他们接受与批准这一计划。

“工合”运动得到了宋子文与其姐妹宋霭龄、宋庆龄、宋美龄等人的一致支持,虽然他们的目的、参与的方式及介入的程度不同,但毕竟在推动“工合”事业这件事上达成了一致,这是自1927年蒋记政权成立以来,宋家成员不分党派、不分立场,唯一达成共识的一件事。

宋庆龄是宋家第一个站出来支持“工合”事业,也是最热心的一个。当她得知艾黎等人的想法与计划后,立即表示“百分之百地支持”,并通过各种渠道支持“工合”运动。宋庆龄认为:

"再没有别种运动能比中国工业协会更为应时和重要的了。因为它的目的是人类的复兴,经济的改进和培养民主教育。"

"工合"的最大困难是经费问题,为此,宋庆龄充分利用她与世界各国的广泛关系,在香港积极向海外发动募捐。她曾多次发表广播讲话,宣传中国的工合事业,并写信要求国际友人支援中国的工合事业。在一封《致全世界的朋友们》的信中,宋庆龄写道:"我们的人民正在英勇地和成功地同世界侵略集团成员之一的日本交战";"中国人民绝不会投降。他们正在为自己也为世界各国人民而战斗着",为取得世界反法西斯斗争的胜利,"请你们支援中国工业合作协会,这种工业合作运动不仅重建着被破坏得支离破碎的中国工业,使千万个流为难民的工人有了工作和恢复自尊心,并为中国的经济民主开辟了一条新的道路。""我们有权这样要求你们,因为中国政府和中国人民在斗争中已经在帮助着你们。而正在成长过程中的新的、强大的和民主的中国,将来会给你们更多的帮助。"宋庆龄的信,言简意赅,意味深长,赢得了国际友人的普遍同情与共鸣,中国的"工合"运动因此得到了许多国际朋友的捐助。

艾黎在与宋庆龄商讨资金问题时,曾对宋庆龄说,中国工业合作协会重庆总部有帮人往往只为自己着想,他们提出种种所谓理由,企图"控制全部海外捐款",并"力图利用捐款建立官僚主义的工合组织,如果我们不想看到这些钱被孔(祥熙)公馆那帮贪污腐败的人攫取,那么,只有成立一个国际委员会,由它来把宝贵的援助送到最急需的地方。"对于国民党上层分子包括自己家族成员的贪污腐败行为,宋庆龄也有所风闻与了解,她赞同艾黎的意见,觉得有必要有效地保管与控制那些来之不易而又非常宝贵、有限的资金。于是,由宋庆龄发起,于1939年1月在香港正式成立中国工业合作协会国际委员会,该委员会争取了香港地区的中外知名人士参加。宋庆龄亲任名誉主席,香港的英国圣公会主教R·O·霍尔又名何名华担任主席,美国人艾尔达·普律德女士担任秘书,不久,普律德受宋庆龄之委派赴美开展工合工作，由陈翰生接任秘书，斯诺、艾黎和香港中国银行行长郑铁如及宋子文等20余人为委员。

该委员会成立后，宋庆龄立即派人到国外去建立“工合”推进委员会，较重要的有：派普律德回国负责建立援助中国的美国“工合”推进委员会，该委员会由罗斯福总统夫人出面担任名誉主席，太平洋舰队司令雅纳尔任主席，委员多达百余人，由普律德自己担任秘书，在“工合”的外国捐款中，美国占第一位；委托斯诺夫妇赴马尼拉等筹组“工合”菲律宾推进委员会，由于宋庆龄的声望，很快就建成了菲律宾“工合”促进委员会，由美国驻菲律宾专员夫人任名誉主席，委员多达百人，他们当即筹募基金；宋庆龄还派人赴伦敦筹组“工合”英国推进委员会，英国建立的援助中国“工合”事业的英中合作发展公司，由英国工党领袖夫人担任名誉主席，国会议员、工党政府交通运输大臣巴恩斯担任主席，英国《新政治家和民主》杂志编辑吴德满女士担任秘书。另外，在新西兰和澳大利亚等国也建立了“工合”推进机构，向中国“工合”国际委员会提供了大量捐款。在“工合”的资金来源中，外国捐款是最重要的一项。

“工合”国际委员会的宗旨是在国民党统治区及共产党领导的敌后抗日根据地，组织难民及生活无着者开展生产自救运动。因此，在把大量的捐款送往大后方的同时，宋庆龄积极资助八路军和新四军地区的“工合”运动。她曾在香港安排“陈翰生经由上海银行，通过廖承志和唐明照把捐款直接转到延安，交给李富春。”第一批拨到延安的资金，当即得到应用，建立起许多合作社。1939年初，在宋庆龄的关心下，“工合”延安事务所正式成立。受宋庆龄的委托，艾黎于1939年和1940年两次赴延安，了解情况，帮助推动西北地区的工业合作事业。宋庆龄还委托艾黎到新四军根据地，帮助发展“工合”事业。在宋庆龄的鼎立支持下，“工合”运动取得了显著的成绩，尤其是抗日根据地的困难得到了很大的缓解。据统计，截止1942年9月底，延安地区已建立工业合作社41个，社员1,040名，入股资金达3,

434,040元法币;"工合"每月的产量是:羊毛毯270条,棉毯600条,毛鞋毛袜1,325双,毛帽1,500顶,肥皂30,000条,牙粉16,796包,面粉3,250市斤,豆粉1,400磅,植物油6,000磅,盐3,888磅,碱257箱,酒精605磅,酒2,043磅,粉笔3,888磅,墨水2,250瓶,纸550,000张。

太平洋战争爆发后,宋庆龄领导的"工合"国际委员会由香港转移到重庆,宋庆龄继续任名誉主席,何名华继续任主席,并增聘了不少中外进步人士。"工合"国际委员会因热诚援助八路军和新四军,机构中的不少进步青年、工人和共产党员因此被逮捕,甚至被杀害。1942年,艾黎被解除中国工业合作协会总会技术顾问的职务,宋庆龄则继续让艾黎担任"工合"国际委员会的执行秘书,委托他到抗日根据地协助培养经济建设人才、发展工业合作社。

在宋庆龄的影响下,宋子文很快表示"百分之百"地支持"工合"运动。他以个人身份允诺给予"工合"事业以财政上的援助。1939年初,艾黎抵香港与宋庆龄磋商发展工合事宜,应宋庆龄的要求,宋子文从中国银行拨了一笔20万元法币的贷款。艾黎用这笔钱在赣州建起了包括机械、造船、印刷、纺织、制革、制鞋、毛巾、袜子、砖瓦等各行业共130个合作社,既发展了当地生产,也解决了大批难民的生活问题。宋子文还帮助出点子说,可以通过宋霭龄和宋美龄两姐妹去做蒋介石和孔祥熙的工作,最好取得当权者的同意,这样既可得到政府贷款,又易于取得同盟国的协力。

受宋庆龄、宋子文的影响,宋美龄成了宋家第三个赞成"工合"事业的成员,她主动且信心十足地表示会说服政府支持这一计划。但蒋介石与孔祥熙一开始均对此表示冷淡,时任行政院长兼财政部长的孔祥熙更是明确表示"不予考虑",宋美龄一时觉得很没面子,于是向时在香港的大姐霭龄"告状"。与此同时,艾黎等人也在做宋霭龄的动员工作。宋霭龄听了"工合"的详细计划后,对"工合"大感兴趣,因为她发现"工合"与她早年创办实验工厂的设想不谋而合。宋霭龄虽以“爱钱”出名，但接受过高等教育、参加过社会运动的她在早年也考虑过一些社会问题，比如调解劳资冲突的方法。从维护资本家的利益出发，宋霭龄认为如果能够创造一种形式兼顾劳资双方的利益，就能够消除劳资之间的对立，从而实现资本家与劳工阶级的和谐共处，平息罢工，消除革命。为此，她曾设想在一个试点村建立小型实验工厂、棉纺厂、学校、母亲训练中心、公共设施等，并考虑在这些新式的企业中建立新的雇佣关系与新式利润分享制度，如在企业开始赢利后，可以将棉纺厂的股份做为工人的奖励，以使他们年迈后也可以成为工厂的股东之一。在宋霭龄看来，这也许行不通，但值得一试，哪怕只是很小规模地试一试，因为“除非资本家自愿帮助劳工，否则总是有办法逃避立法机构，不仅中国是这样。我们的工厂应该让负责人看到，从长远来说，公平处理事情会有好处，说不定还能平息罢工。”“工合”运动的出现，给了宋霭龄实验设想的机会。为此，宋霭龄特意从香港赶到汉口，做孔祥熙的工作。当然，宋霭龄对“工合”的兴趣与宋庆龄不同，宋霭龄有她的私心，正如她对孔祥熙所说，“工合”运动采取的是私人银行能进行剥削的小手工业方式，若能将“工合”掌握在自己手中，这在经济上是有利可图的，而且还可从政府的拨款中得到数量可观的回扣，通过领导“工合”，又可在国内的政治斗争及国际影响方面积累政治资本。宋霭龄的这一番“远见卓识”，顿时使孔祥熙的态度由冷淡转向积极。在国民政府的支持下，1938 年 8 月，“中国工业合作协会”总会在汉口成立，孔祥熙任理事长，他答应由政府对“工合”提供行政经费和贷款 500 万元，但没有立即兑现，因为艾黎等人拒绝给予高额回扣。经孔提议，宋美龄任名誉理事长。20 名理事中，有国民党、共产党及救国会等民主党派方面的代表，实际工作由技术顾问艾黎、总干事刘广沛、组织组长卢广绵等进步人士主持。宋庆龄、宋子文在香港都表示将尽其所能地支持“工合”事业。宋美龄考虑到自己社会活动频繁，主要精力又放在新生活运动妇女指导委员会方面，难以专心负责其事，故劝说宋霭龄出任“工合”理事及主任一职，宋霭龄则一如既往，既不愿担负实际责任，也不愿抛头露面，只答应挂了个“顾问”的虚衔，继续发挥她幕后策划的作用。

在其位谋其事，宋霭龄、宋美龄两姐妹虽均未在“工合”总会中担任实际职务，但还是尽其所能地关心、支持“工合”事业。“工合”总会成立后，宋霭龄曾以顾问的身份亲自找艾黎讨论“工合”的发展计划，及如何将这些计划付诸实施。宋美龄则以中国工业合作协会名誉理事长的名义，积极对外宣传“工合”的意义与前途，呼吁世界各国爱好正义和平的人士支持中国的“工合”事业。她在1939年5月发表的《中国工业合作运动》一文中指出：“中国是为正义而抗战。凡是慷慨的人士，或是为人道正义而愿意帮助中国的人们，则中国工合社和新生活运动内的生产部，是接受这种帮助的一个最实际的地方。这是一个最好的机会来帮助中国难民，来发展他们自己的力量。”

1940年，三姐妹利用重庆之行，一同参观了重庆与成都的“工合”企业与事业单位。1940年4月下旬，三姐妹相偕至成都“工合”事务所视察，受到隆重欢迎，她们分别发表了致词。三位夫人的光临，给予社员们“莫大的鼓舞”。欢迎仪式结束后，她们相继参观“工合”产品展览会等机构，并由随行的美国摄影师格里芬当场摄成电影，作为宣传“工合”的资料，与其他“工合”影片一起寄往国外进行放映，以此扩大中国“工合”事业在国际上的影响。

1941年11月，宋庆龄领导保卫中国同盟与中国“工合”国际委员会在香港北角举行规模宏大的嘉年华会。嘉年华会是一种普及性的民众娱乐集会，会场布置有各种游艺玩具，并展销工业产品，美国和菲律宾等国比较流行这种娱乐集会。宋庆龄此次在香港举办嘉年华会，目的是要以这种方式进行筹款，以支持中国内地的工业合作运动。会场上展出了中国“工合”在发展过程中所取得的辉煌成就及“工合”的各种产品，还展出了中国各地职工反法西斯的斗争资料和图片。当时，宋霭龄、宋美龄都在香港。11 月 11 日，三姐妹一起出席主持嘉年华会的开幕式，情形甚为热烈。开幕式之后，在南华球场进行了募捐基金的义卖会和展览会，观众成千上万。这次嘉年华会为期三周，总人数达几十万人次，影响甚大。三姐妹对“工合”事业的关心与支持，在国内外引起了很大反响，国共两党的舆论媒体均对此作了报道与称颂。

“工合”运动的发展，解决了大量难民和伤兵的生活问题，促进了各地经济的发展，也使军队获得了某些必需的物资，从而有力地支持了中国的抗战。宋氏姊妹兄弟的参与，为解决“工合”发展所面临的两个主要问题，即政府的支持和资金问题发挥了关键的作用，三姐妹的共同出场，更扩大了中国“工合”运动的国际影响，故有人说三姐妹是“工合”事业的强大后盾，只是她们的目的并不相同。在宋氏家族中唯一不谋私利的是宋庆龄，她是为着人民有一个美好的未来而生活、工作的，人民称她为“中国的良心”。

4. 姐弟合作

抗战爆发后，宋子文与二姐宋庆龄走得更近了。1937 年 8 月 23 日，宋子文在上海发起成立了救国公债劝募委员会，宋自任会长，常委包括宋庆龄、孙科等 27 人。接着，应宋庆龄的邀请，宋子文担任了保卫中国同盟的会长。保卫中国同盟，是宋庆龄联合中外一些著名人士发起组织的一个非党派性的救济机构，1938 年 6 月在香港成立，其宗旨是争取广泛的国际援助包括物质的和精神的，以支持中国的抗日战争。宋庆龄任主席，香港医务总监司徒永觉的俄籍夫人希达尔·沙尔文·克拉克女士担任名誉书记，香港大学教授诺曼·法朗司担任名誉司库，爱泼斯坦担任宣传。当时在香港的国民党左派人士何香凝、八路军驻香港办事处主任廖承志，以及廖梦醒、王安娜、邹韬奋等人，都同保卫中国同盟有着密切的联系。该机构的工作由宋庆龄直接领导进行,宋子文提供了不少物质上的便利,如保卫中国同盟中央委员会的办公地点——香港西摩道21号,便是宋子文提供的。

作为保卫中国同盟的会长,宋子文曾与宋庆龄联名发表了一些重要的文件与信函,如保卫中国同盟成立宣言、致海外友人之公开信等,向海外朋友介绍中国人民的反侵略斗争,呼吁国际社会加强援华工作。

1940年4月15日,宋氏姐弟发表《帮助中国就是帮助你们自己——致海外友人的一封信》,信中呼吁海外友人支持中国的抗战,直至最后胜利:"我们的人民毫无怨言地坚持着,因为他们知道,只有长期抗战,直到把最后一个侵略者赶出国门,才能赢得自由和美好的未来。我们希望你们能以同样的决心,尽你们的一切力量来减轻他们的苦难,坚持工作,不间歇、不懈怠,一直到我们获得胜利、亦即你们获得胜利为止。"

在1941年1月1日联名向海外友人发出的一封公开信中,宋氏姐弟对当时的国内国际形势作了精辟的分析,揭露了日本对中国政府从政治上发起的"和平攻势",即政治诱降手段,抨击了民族投降主义,进一步呼吁"所有太平洋国家更紧密地团结,增强对中国的支持,并在日本改变政策之前,停止对日本所有直接或间接的援助"。与此同时,姐弟二人也明确表明了他们坚定的抗日立场:"保卫中国同盟坚定地站在中国的团结、民主和继续抗战的一边。没有民主就没有团结,没有团结就没有抗战。"

持有不同政见的宋氏姐弟,在国家危难之际,联合发出团结一致、坚决抗日之宣言,这在国内、国际上均产生了极好的影响,它使人们看到了中国人民团结抗战的新气象。

但是,宋氏姐弟之携手仅维持了3年,终因政见之分歧而再度分手。在大革命时期,宋氏姐弟曾为共同的事业而进行过合作。自1927年之后,他们因政治上的分歧而分道扬镳。抗日战争爆发后，为了共同的目标，他们再度携手，为拯救危难中的祖国而奋斗，一时成为佳话。但 1941 年初皖南事变发生后，他们的合作再次因固有的政治裂痕而发生分裂。

事变发生后，宋庆龄领导下的保卫中国同盟机关刊物——《新闻通讯》连续几期发表文章，揭露国民党破坏抗日民族统一战线的罪行。时在美国的宋子文看到文章后，为表明他与国民党当局的一致性，于同年 5 月 30 日致电保盟中央，宣布退出同盟。他在电文中说：当初决定接受保卫中国同盟会长这一职务，“是基于这样一种认识，即同盟将致力于向国内外朋友募捐物资，以援助中国的抵抗力量和帮助受日本侵略蹂躏的平民”；如今所以决定退出保盟，是因为“我认为，同盟不应变为国内政治党派性的工具。既然同盟未征得我的同意，就在它的正式的《通讯》上刊登这类性质的文章，我很遗憾我必须退出同盟”，最后并请保盟中央发表他这个电报的全文。

6 月 1 日，宋庆龄对宋子文的电报作了公开答复，她说：

我作为保卫中国同盟的主席，对于宋博士感到必须采取这一步骤，只有表示遗憾。我认为我们之间没有什么原则的分歧，因为宋博士一向支持中国的团结、民主和继续抗战，这些也正是同盟的主要目的。

现在，任何有关党派性的说法，都可能是极为混淆视听的。

目前在中国只有两种现实的政策：以我们的全部力量来抵抗日本帝国主义；或者是妥协、屈服和投降。

保卫中国同盟全力支持第一种政策。如果我们这样做是“有党派”的话，那么我肯定宋博士也是有党派的，而且我们真诚地希望他将保持这一点。

我们在保盟《通讯》中公布了一些事实，发表了一些观点，因为我们认为必须让海外朋友知道这些事实和观点。我们信仰民主和言论自由，我们为能让外国朋友从这些事实中作出他们自己的判断而感到高兴。

我们对中国团结的支持决不动摇，对任何危及中国团结的事情坚决反对。

同盟当然会应宋博士的要求发表他的电文。我们确实为宋博士担任会长长达三年之久而感到高兴,也为他现在离开我们而感到遗憾。

从宋子文的加入保卫中国同盟到他的退出,可以看到,在坚持抗日、反对投降这一点上,宋氏姐弟是一致的;但在停止内战、共同抗日这一点上,宋子文不如宋庆龄坚定。当日本的侵略威胁到中华民族的生存、威胁到国民党的政治地位时,宋子文是坚持团结抗日的。但强化国民党的一党专制,是他自投入蒋介石集团的那一天起从未动摇过的信念。皖南事变发生时,宋子文正以蒋介石私人代表的身份驻在美国,为了表明与重庆当局的一致性,为了维护国民党集团的利益,宋子文宣布退出保卫中国同盟。无疑,他的这一行动是他先前所持进步立场的动摇与倒退。

海伦·斯诺对宋庆龄有这样的评价:“孙夫人之所以成为一位伟大的女子,不单纯因为她能在诸多矛盾的处境里活下来,而且还能将矛盾加以糅合。”为了中国的抗战事业,她团结了弟弟子文,邀他共建“保盟”,但最终,弟弟子文还是因政见不合而退出了“保盟”,宋庆龄深以为憾。

“保盟”所发起的一些活动也得到过宋霭龄、宋美龄两个姐妹的支持,不过,“保盟”的募捐工作,曾与宋美龄正在从事的向海外募捐事宜发生过一些矛盾,虽然都是为中国的抗战服务,两项工作的领导者又是亲姐妹,但毕竟它们是两姐妹各自的事业。宋庆龄在致友人的一封信中谈到了这一问题,她说:“就在不久前的一天晚上,我听到蒋夫人抱怨说,美国援华会利用战争孤儿的宣传捐钱,但不是为了她的协会,而是为了保卫中国同盟。我当时正好在另一张桌子上,因此未能进行驳斥。她是向马休上校说这番埋怨的话的。她还提到必须告诉爱得华兹多给她一些资金。但是当然爱得华兹只是对华救济联合会的一位分配人员,他不比你、我或其他人有更多的发言权。”可见,孙夫人在国际上具有很高的威望,某些时候甚至超过了"第一夫人"蒋夫人。

海伦·斯诺认为:"孙夫人在某些程度上也侵犯到宋家其他姊妹兄弟的地盘,成为英美自由派同中国自由派运动之间的联系者。"从宋庆龄领导的"保盟"运动及其影响看,这一评论不无道理。

5. 殷殷手足情

1941 年 12 月 8 日,日本偷袭珍珠港后,立即出动飞机轰炸香港。在日军逼近九龙启德机场前的几小时,宋庆龄在新西兰友人詹姆斯·贝特兰和保卫中国同盟其他委员的说服下,乘坐最后一班飞机离开整整战斗了 4 个春秋的香港,抵达重庆。她的姐姐霭龄与她同机抵达重庆。

自 1927 年蒋介石发动"四一二"政变,建立南京政权后,无论是国民党的官方邀请,还是兄弟姊妹的私下邀请,宋庆龄始终拒绝去蒋记政权所在地南京居住,不给蒋介石以利用她的任何机会。香港沦陷,宋庆龄由香港飞赴国民政府的陪都——重庆后,消息不胫而走。她与兄弟姐妹的关系,她对蒋介石及其政府的态度,成为舆论界关注的热点。

在重庆,宋庆龄先是住在姐姐霭龄家,她在给友人的信中说:"因为在这城里几乎哪儿都连个空房间也找不到,而在农村则又盗匪横行。这就是生活……我姐夫租赁的住宅叫'范庄',街道叫'国府路'。自然,要请你用我的正式姓名,我在这里只用这个名字。"但住在孔宅,实有诸多不便。一是与朋友接触不方便;二是与蒋介石见面较尴尬,一个外国朋友曾对爱泼斯坦讲述了在孔宅经历的一件事:"这是一次家庭聚会,我想是在圣诞节。蒋介石到的时候已经很晚了,快到半夜了。大家都站起来。她怎么办? 蒋是国家显赫的领袖呀! 宋庆龄从椅子上抬起半个身子,然后就又坐下了。这是一种在政治上很有分寸的表示";

三是孔府名声不佳,尤其是飞机洋狗事件[1]被揭露后,以宋庆龄的身份,不便长住孔宅。后在宋子文的安排下,宋庆龄另找到了一住处。

鉴于宋庆龄在国内外享有的崇高的政治声望,国民政府常常邀请她出席一些重大的政治或外事活动。宋庆龄一如从前,较少接受访问,也较少在公开场合露面,但凡是有利于团结抗战的活动,她会欣然前往。

宋庆龄到达重庆不久,在国民党内众多党员的要求下,国民政府主席林森决定在国府礼堂召开茶话会,欢迎宋庆龄。出席茶话会的有国民党中委及新闻界等100多人,包括国民党元老于右任、李烈钧、居正、张继、戴传贤等。在热烈的掌声中,宋庆龄起来发表讲话,她说:要争取抗战胜利,必须实行民主,发扬民气,各党派要团结起来,一致对外。公开表明了她对团结抗战的希望与态度。

1942年4月17日,宋庆龄与大姐霭龄、小妹美龄联袂出席中美文化协会在孔祥熙寓所举行的规模盛大的游园茶会,出席茶会的有各国驻华使节、美国和英国等军事代表团400余人,会上同时举行了向中国空军美国志愿队献赠“海鹰图”典礼。宋氏三姐妹的共同亮相,尤为西方媒体所关注,它在某种意义上显示了中国的团结,显示了统一战线的稳定,也显示了宋家在联络国民政府与英美关系中的重要作用与影响。

1943年1月23日,为庆祝中美中英签订平等新约,国民政府在军事委员会会议厅举行茶会,参加茶会的国内人员包括国民党中央党部、国民政府各院部的长官、国民参政会驻会委员、各报社负责人、各文化团体代表等,外宾有各国驻华大使或使节、美英两国的军事代表团成员及外国记者等,宋庆龄与中共代

---

① 飞机洋狗事件:指国民党财政部长孔祥熙的女儿孔令仪占用飞机舱位把自己的洋狗由香港运至重庆。当时的背景是太平洋战争爆发后,日军侵占香港、澳门,在香港的国民党元老、左派人士、大批进步文化人士和民主党派领袖因缺少交通工具,不能及时撤退,陷入敌占区。孔的恶劣行为激起了广大人民的愤慨。

表董必武也应邀参加了茶会,宋庆龄并发表了谈话。

1944 年 6 月,美国副总统华莱士来华访问,由时任国民政府外交部长的宋子文陪同与接待。华莱士于 6 月 20 日抵渝,在重庆逗留了 3 天,与蒋介石就国共关系、中美关系及中美苏关系等问题进行了广泛的会谈,期间他于 22 日 12 时特意拜会了孙夫人宋庆龄,晤谈"约半小时",可见宋庆龄之国际影响与人格力量。

宋庆龄还应邀参加了中苏间的一切友好活动。"自孙中山逝世后以迄中日战争,孙夫人就是中苏之间唯一坚定的联络人"。

在重庆的四年中,三姐妹既各忙自己的工作,也不时地一同参加一些社会活动。共同参加妇女界的活动,是她们的一项重要工作,她们曾一道被推为重庆各界妇女"三八"节纪念大会主席团成员。一直以来三姐妹都非常重视妇女的解放问题,在抗战中她们更强调如何发挥妇女的作用,并热情地向外宣传中国妇女抗战的功勋。

抗战时期,三姐妹统一战线享誉中外,令她们的母校感到无上容光,为此威斯里安学院同时授予她们三人名誉法学博士学位,时在美国的宋美龄专程赴校接受学位。她由纽约乘火车抵波士顿,到站迎接者有威斯里安学院院长、波士顿市长代表及华侨数十人。当宋美龄"自车站出现时,鹄望多时之群众数千人,均挥手欢呼!"翌日,美国各高等教育机关纷纷赶到威斯里安学院参加盛典,宋美龄代表姐妹三人接受学位,并即席发表演讲,她首先向学校的校长及当年的老师表示敬意,并向大姐蔼龄、二姐庆龄在抗日战争中的工作致意。哥伦比亚公司向全国广播了此次典礼的盛况。

在重庆期间,宋庆龄既参加国民政府举办的活动,也与中共保持联络。自 1927 年以后,宋庆龄成为"蒋介石下面的中国自由派分子与内地共产党之间联络线的象征"。国共两党实现第二次合作后,宋庆龄与中共的联系更加密切。她领导的保卫中国同盟是唯一替国民政府和共产党同时筹募救济基金的重要团体。保盟内部有明确的分工："由保盟香港分会负责支援八路军，由上海分会负责支援新四军。"香港被日军攻陷后，保盟中央委员会被打散。宋庆龄一到重庆，就重整旗鼓，着手恢复保卫中国同盟的组织。据廖梦醒回忆，重建后的保盟所筹得的款项和物资，"极大部分是交给解放区"。宋庆龄在重庆时还多次参加与中共有关的活动，如参加《新华日报》的社庆活动，在自己寓所举行欢送中共驻渝代表董必武等同志返回延安的茶会等。虽然是在国共合作时期，宋庆龄与中共的交往仍受到国民党当局的阻挠，如保盟对中共领导的抗日军民的支援，由于当局的严密封锁就很难运送出去。

显然，宋庆龄与蒋介石政权的分歧与斗争依然严峻，她与妹妹美龄的关系究竟如何呢？这是中西方媒界均十分关心的话题，也是他们追踪的热点。有人说，"宋氏二姐妹的关系便是国共关系的晴雨表。当国共之间团结时，她们也能团结，当国共破裂时，她们也就破裂。"从政治角度看，的确如此；但若从亲情角度看，不全是这样。

在国共合作的大背景下，宋庆龄参加了国民政府举办的多项政治或外事活动，她也不完全拒绝参加蒋氏官邸举行的政治性聚会。1942 年 7 月初，美国总统助理卡里来重庆，调解驻重庆的美国人与蒋介石的关系。临回国前，蒋氏夫妇在官邸为其举行了告别宴会，宋庆龄与宋霭龄、史迪威等应邀参加。但宋庆龄尽量避免与蒋介石的私下会晤，哪怕是家庭聚会。据说有一次，宋子良、子安兄弟同时到了重庆，蒋介石想邀请宋家姐妹兄弟一起到黄山举行一次家宴，宋美龄说要先问问二姐，她随即打电话给庆龄说："……这是我伲姊弟自家聚会，其他人没有呀……"宋庆龄听后犹豫了一下，即说："不来喽，这两天我正犯病，身体很不适意……"美龄一听即说："那么我马上派医生来看看……"宋庆龄说："不用了，我正在服药。"这次由妹夫蒋介石倡议的家宴，宋庆龄就这样回绝了。

宋庆龄保持与蒋介石的距离，这不能不给妹妹美龄带来一定的压力。不过，撇开政治立场，姐妹之间还是很亲密的。早在1936年底，西安事变的和平解决已多少消除了姐妹之间的隔膜。抗战以后三姐妹的重聚与一同工作，更使她们的感情日益升温。据曾任国民党军事委员会委员长侍从室电话监听员的王正元回忆：在重庆时，“宋美龄交代侍从室侍卫长俞济时，给宋庆龄安装了一部对外不公开的电话，以便于姊妹间通话。宋美龄与宋庆龄之间的通话，均由军话台接通，而且多数是由宋美龄先呼唤：‘接宋委员电话’。当时宋庆龄是国民党中央委员。”“宋美龄用电话通话，一般系用英语，对外国人当然不用说，即使对一些官员如董显光、吴国桢……也一律使用英语通话。但她和宋庆龄通话，则用道道地地的上海话。她们两人的上海话，都讲得极为清脆流利，语气之间始终保持亲切、热情。每次通话时，都是美龄先开口说：‘阿姊吗？’宋庆龄回说：‘美龄吗？’宋美龄通话的内容都不外乎两个方面：一是生活，对其饮食起居，问寒问暖无微不至。再就是拉家常。当时，宋子良任滇缅路总办，宋子安也在昆明。她俩在通话中，谈及他们兄弟。在她们姊妹间的电话中，从未涉及其他方面。”“宋美龄和宋庆龄的每次见面，事先都由宋美龄通过电话与宋庆龄联系，得到同意后，由宋美龄去看望宋庆龄的。间有约在范庄孔祥熙官邸会晤，那是因为大阿姊宋霭龄同时可以在一起见面。”

宋庆龄虽十分反感蒋介石，因不愿与蒋介石共处，甚至不参加单纯的家宴，放弃与兄弟姐妹聚会的机会，但对姐妹亲情始终是十分在意的，从她给友人的信中可见一斑。在1943年7月16日写给友人格雷斯的信中，宋庆龄聊到了家常，当时宋美龄刚从美国回来，宋庆龄在信中说：“听她座机的机组人员说，她带了无数的行李，还有那么多的罐头，等等。但我并没有见到一听烤豆或沙丁鱼，我分到的惟一的‘战利品’是一面塑料镜子，我很宝贵它，还有我兄弟给的两件外衣和厚圆领衫。一双鞋也没有。我听说，她带不下了，所以我的鞋要等‘下一班飞机’。好哇！

到那时我也能炫耀一下真正的美国鞋了……我想这大概要等到战后。”信中所说的兄弟当是宋子文,此时姐弟二人已因政见的不同而再度分手,但姐弟亲情依然。在这封信中,宋庆龄还对妹妹美龄此次访美的效果作了评价:“说正经的,她这次访美的一个直接结果是委员长决定在美国开展一场反对中共的运动。”同时,宋庆龄也充分肯定了宋美龄此行的成绩:“不管人们怎么说,她为中国做了最广泛的宣传,并且正如她自己在一次集会上对倾慕她的人说:‘我让美国人看到,中国人不全是苦力和洗衣工人!’我想,中国必须为此而感激她……”

对宋美龄来说,给二姐的礼物可以遗漏,但二姐的安全是绝不能马虎的。自蒋介石发动反革命政变,宋庆龄公开予以谴责后,宋庆龄的活动一直受到国民党特务的监视,即便是在抗日民族统一战线的大环境之下也如此。当时重庆的报纸,对宋庆龄都以国母称呼,似乎很尊重,但实际上宋庆龄处处受到牵制,甚至暗中遭到监视。宋庆龄则一如既往,对此岿然不动,毫无惧色,屡次在公共场所露面,明确表示坚持抗战,反对倒退,并常发表激励民众的公开言论。作为蒋介石的妻子,宋美龄十分清楚蒋介石对二姐庆龄的态度,她也多少风闻一些国民党特务欲行刺二姐的阴谋,对此,宋美龄是绝对不能允许的。如今同处重庆,她更是直接进行干预。除了“警告”蒋介石外,宋美龄还通过哥哥宋子文直接向戴笠施压。宋子文与戴笠之间本没有什么交往,王亚樵案①是他俩换取交情的开始。此后,两人间的交往渐渐增多。直至抗战中期,他们为各自的利益进行了“合作”,宋子文不仅在经费上接济戴笠的军统力量,还利用在美负责援华物资之便利,帮助戴购进了许多特工器材。鉴于宋子文与戴笠的这种关系,宋美龄打电话对哥哥说:“你关照他们(指戴笠)

① 王亚樵(1877—1936),早年参加辛亥革命。“四·一二”后,曾在上海、南京、两广、香港等地积极开展反蒋活动。1931年王曾派人于7月27日在上海火车站行刺宋子文,宋虽未被刺中,其秘书却被刺死。庐山刺蒋事件、“中央党部”刺汪事件和王都有关系。1936年王被戴笠派员刺死于广西梧州。

一下，不准在阿姊那里胡来，如果我听到有什么的，我是决不答应的。”宋子文马上把话转告了戴笠。据王正元的回忆，“确实，特务头子们曾遵照蒋介石意旨，对宋庆龄是有所举动的，而宋美龄对此则坚决反对。一次我和一个中层特务——重庆航空检查所主任姚某闲谈，姚说：‘戴老板对此非常为难，很伤脑筋，照委员长意旨办嘛，夫人不答应，闹出乱子来，委员长还是拗不过夫人，大家都有所顾忌。’接着又说：“底下人都知道，闹出乱子来吃罪不起。而且戴老板也深知夫人是不好惹的。’所以特务们一直有所畏惧，不敢胡来。”

同样是宋家的人，特务的“关照”是大不一样。宋庆龄是长年受国民党特务的监视，宋子文、孔祥熙则备受特务的保护。据曾任国民党特务头目的沈醉回忆，“宋子文的家中驻有军统派去的一个便衣警卫分队，十多个特务在维护着国舅的安全。孔祥熙家中虽有他自己的卫队，戴笠为了讨好他，仍在国府路范庄的孔公馆里，或孔家在南温泉的别墅中举行宴会舞会时，总得派特务去附近警戒。孔祥熙在广播大厦大开寿宴时，戴笠还亲自站在门口当招待，并派遣大批特务去保护前往祝贺的达官贵人。”

虽然宋庆龄与姊妹兄弟的政见、立场不一致，他们之间也有过种种矛盾，但抗战时期是宋庆龄与姊妹兄弟自 1927 年以来走得最近的时期，宋庆龄更是为宋家所有成员的表现而感到自豪与欣慰。她在 1942 年 10 月 5 日致好友阿莉的信中说：“你也许知道我们三姐妹都在这个城市里，各自为反法西斯战争而工作。……我的两个姐妹比我更忙，她们有许多社会工作和官方职务。……我的三个弟弟现在在华盛顿，他们为我们输送抗战物资。这样我们全家都在为抗战而工作。”

在宋氏三姐妹中，宋子文与二姐的感情最好。宋子文虽是蒋记政权的要员，但与二姐之间的姐弟情谊始终是情真意切的。抗战后期，当宋子文从美国返回重庆后，姐弟俩曾有一段时间经常见面；仅二三个月不见，宋庆龄在致友人的信中即谈到，她发现弟弟“体重减轻了许多”,但觉得“他看起来比过去健康了”。抗战胜利后,宋庆龄准备返回上海,她知道当时的上海很难找房子,而孙中山留给她的那所房子因荒废日久,加以日本鬼子的劫掠和破坏,已不能住了,为此她请弟弟宋子文帮忙另找住处。宋子文立即帮姐姐找了房子,并致函说:“亲爱的姐姐:收到你本月10日的电报,很高兴得知你对房子满意。政府想给一处永久的住所,因为你决定将你在莫利哀29号的房子作为孙博士的纪念馆。如果有什么事需要帮忙,请告诉我。我在中央银行大楼里有直接联系上海和重庆两地的无线电台,爱你的子文。”

6. 宋子良与日本人谈判的真相

宋庆龄以全家都为抗日出力而感到骄傲,但此间也传出了宋子良与日本人谈判的消息,果有其事吗?

1937年“七七事变”爆发之初,日本方面有一部分人以为只一个回合就可使中国军队订立城下之盟。虽然日军连连攻陷了中国的重要或沿海城市,但其“速战速决”的战略很快破灭。随着战事的发展,中国民族抗战的情绪日益高涨。日本侵略者对解决事变的方策从武力第一转变为重视政治策略。从1939年秋季开始,日本在进行与汪精卫建立和平政府之工作的同时,又另外开辟与重庆政府的联络路线。“桐工作”是此间日本帝国主义与重庆直接进行和平谈判活动的代号。这一项工作的中方主角之一据说是宋子良。

今井武夫在其回忆录中对“桐工作”作了这样的记述:

当时,日本海军全面封锁了大陆沿海地区,香港已成为重庆政府唯一的对外联络线的基地,成为各种机关和要人的集中地点。因此,中国派遣军总司令部于一九三九年十月在南京设立后,十一月底就起用参谋本部的铃木中佐(他名义上是日本驻香港的武官),命令他策划建立同重庆政府的联络路线。

……

铃木中佐到香港上任时，历任重庆国民政府行政院长和财政部长的宋子文，虽然是蒋介石夫人宋美龄的亲兄，当时与政府不能相容，他和次弟宋子良等兄弟一同住在香港，宋美龄也时常乘飞机从重庆往返。

铃木由香港大学教授张治平的斡旋，提出要和宋子良会见。但宋表示：政治行动必须特别得到其兄子文的同意，以此为理由，一度予以拒绝。但到了十二月下旬，宋又表示希望会面，铃木认为：宋开头回绝，后来又要求见面，从这种态度来判断，大概是反映了宋子文或重庆政府的意向。

事实上宋子良也说他显然没有对日本谈判之类的政治权限，但因为他充分得到宋美龄的支持，可以暗中活动，把日华两国政府的意向向双方转达，使联络易于进行。

宋子良以前做过广东省财政厅长，当时以西南运输公司主任的名义，住在香港。

后来，铃木同宋子良来往了几次，在由宋提议的第一次会谈时，宋表示了如下的要点：

‘倘使日本是尊重中国的名誉和主权的，重庆政府有和平会谈的准备，因此希望日本在承认汪兆铭政府之前，认真同重庆政府协商。

‘中国方面为了和平是希望美国等第三国从中调停的，但不管怎样，日华两国在开始谈判前必须休战，而且日本必须保证撤兵。’

接着，在第二次、第三次会谈中，宋听了铃木的说明，表示已经消除了一个误解：把一九三八年年底的第三次近卫声明仅认为是日本政府的一个宣传姿态，并同意这是在实际上已经决定了的日本的最高国策，因此约定于最近赴重庆，通过宋美龄转达给蒋介石，但强调说，重庆政府同汪兆铭合作这类事是绝对难以设想的。

……

我在青岛会谈后回到南京，应铃木的要求，二月十日从南京出发，经过广州匆匆到了澳门，铃木中佐到该地迎接，二月十四日结伴进入香港。

为了保守秘密，我们照以前一样，对外用'满铁'工作人员佐滕正的名义住进了铃木中佐的宿舍。后来在台湾拓殖公司经营的东肥洋行会客室中，才第一次把自称为宋子良的那个人介绍给我。我们初次见面，他果真宋本人吗？当然不可能断定。这人四十岁左右，白皮肤，身长不高，约五尺二、三寸，英语流利，手里时常拿着雪茄烟，态度很有礼貌。

宋子良同铃木的居间人张治平，当年我在北京大使馆武官室任职时，他就在冀东政府工作，曾经是北京的新闻记者，这次的奇遇使我吃了一惊。不过，原来只是相识，我毫不了解他的历史和性格等。当时，宋的建议是这样的：

'希望在举行日华两国政府正式和平会谈前，二月底首先在香港举行两国秘密代表各有三人出席的圆桌预备会谈，讨论和平条件。

'重庆政府对于这次的秘密讨论寄予很大的期望，所以它的代表都携带着委任状。同时，宋美龄也预定前来香港，从侧面进行援助。'

张治平英语讲得很好，据他说，他曾经在牛津大学读书，从上海圣约翰大学学生时代起就与宋子良认识。我们姑且依照张的讲话相信他是宋子良，万一宋即使是另外一个人，既然重庆政府让他携带着代表的委任状，那么，目前也只好抓住与重庆方面的这个联络线索，寄希望于这事的进行，所以接受了对方的建议。

……

这次和平路线命名为桐工作……

接着，自称为宋子良的人作为中国方面的代表，在香港参加了中日之间的会谈。日方代表有参谋本部第八课长臼井茂树大佐、铃木和今井武夫三个人，中方代表除自称的宋子良外，还有重庆行营参谋处副处长陆军中将陈超霖和前驻德大使馆参事、时任最高国防会议主任秘书章友三共三人，另以侍从次长陆军少将张汉年为预备代表，以张治平为联络员，派遣到香港。就在会谈期间，日本方面秘密地对宋子良的来历进行了调查。据今井武夫回忆说：

自从去年十二月铃木同他开始会见以来，在我们周围找不到以往和宋子良相识的人，因此更扩大范围，探寻同他有过交往的人，但因为属于秘密事项，难于公开向中国方面明讲，得不到积极的协助。不得已，姑且信赖张治平的介绍，但第一次秘密会谈时，陈超霖和章友三两人都带来了身份证明书，唯独宋子良一人却不曾携带，而且看他在会谈席上发言的情况和地位的比重，也使人感到有疑问之处。

还有，关于宋子良的能力，中国人是有一些传闻的，同这个实际的对手比较起来有优劣之别，更加深了我们的疑问，正好利用半岛旅馆会谈的机会，想彻底追查清楚。

从而，安排了一些从中国事变前起就认识宋子良的中国人，在第二课参谋冈田芳政中佐等努力之下，或者收集情报，或者查阅文献，但没有任何可以下断定的材料，很不容易辨别。

这一次，趁着半岛旅馆会谈的机会，铃木在不使他们察觉的情形下，秘密地从门锁的洞眼中拍摄了宋子良在会谈时的相片。

十八日我乘'白银丸'从香港出发，在船中对参谋本部派来联络的门松少佐说明了情况，经过广州、台北，二十一日回到南京。

我立即把从香港带来的宋子良的相片拿给汪政权的陈公博、周佛海等许多中国要人看，周说虽然相像但更像宋的弟弟子安，陈说不象。还有四明银行的吴启鼎也说像子安。其他人的意见各式各样，依然不能决定，终于得不到解决的方法。

当时得到情报说：有一个重庆政府派到香港的军事委员会

调查统计局，即俗称蓝衣社的香港地区负责人，名叫王新衡，与蒋介石是同乡，生于浙江省奉化，他很受蓝衣社首领戴笠的信任，年三十六岁，白皮肤，身长五尺二三寸，这个人似乎就是我们谈判的对手。我们也觉得单单根据相貌来看，这个人的相貌比起宋子良来，更和这个实际的对手相像。

总之，自称是宋子良的这个人的真伪，当时难以明白断定，但这个人同蓝衣社的关系似乎特别密切之点，可以从会场周围的警戒情况以及吐露清洗和平反对派的秘密和其他方面来判断，有充分可以肯定之处。至于他们与重庆政府的中枢要人有直接联系一点，从陈和章提出的身份证明书，从他们在重庆和香港间乘飞机随时往返联络，或是从他们在会谈席上充满信心的回答情况等等，可以推测得出来。

再则，中国方面代表也曾讲明，他们每一次来港时，宋美龄似乎也来到香港，这从每次的新闻报道中也得到了证明。因此我们对这个自称宋子良的冒名顶替者虽然有不少疑问，但我们商定不必过于拘泥他的真伪了。

可见，日方在当时就已怀疑宋子良身份的真假。事实上宋子良的确另有其人，是重庆方面有意冒宋子良之名与日方进行谈判。《蒋介石传》（杨树标著）一书中对“桐工作”作了这样的评述：

在反共高潮时，蒋介石是一面对日本密谈，一面积极反共。当时是派军统特务曾广[①]打扮成宋子文的弟弟宋子良，对日本进行秘密谈判。

当时日本想用武力及谋略务使重庆的国民政府在1940年

---

① 据童德诚（1940年到1942年军统浙江站站长）、章微寒（1946年到1948年浙江站站长）回忆，军统内无曾广其人，可能系王新衡的化名，王当时是军统香港区区长。

底屈服,因此一面利用汪伪作为威胁重庆讲和的手段;另一面更注意建立和重庆的直接接触的线索,以便了解重庆的动向,加强和平攻势。所以,从1939年秋季开始,日本"在与汪建立和平政府的工作并行","努力开辟与重庆政府的联络路线"。9月15日,日本参谋本部以《建立中央政府为中心处理事变的最高方针》为题起草的文件中说:"建立新中央政府的工作,其实质包括促成重庆停战的指导,吸收其武力、财力。"日本将这项工作叫做"桐工作"。1939年12月下旬,以宋子良身份出现的曾广,在香港和日本驻香港武官铃木中佐会谈。铃木的实际身份,今井武夫说:"中国派遣军总司令部于一九三九年十月在南京设立后,十一月底就起用参谋本部的铃木中佐驻在香港,命令他策划建立同重庆政府的联络路线。"

1939年12月27日,曾广同铃木第一次会见,曾广表示了如下要点:一、重庆政府继续进行抗战的真意(摘要)1、日本方面破坏了陶德曼工作。2、对日本所说的尊重主权、保全独立大有疑问。3、看不出日本有停止侵略、举行会谈的态度。二、重庆方面关于收拾时局的意见(摘要)1、日本若尊重中国的名誉和主权,就准备和日本和谈,因此希望在承认新中央政府之前就协商。2、中国希望美国等第三国从中调停。3、在谈判前休战,希望日本方面提出撤兵的保证。4、请日本相信国民政府会镇压共产党的抗日行动。5、希望日本避免干涉国民政府进行改组等内政。三、中国方面对日本的质疑(照录原文)1、日本是否想重新考虑不以国民政府及蒋介石为对手的声明,若想重新考虑,那么用什么办法使中国方面确认此点?2、日本的对华态度果真是采取中日经济提携的话,那么,在能够达到此目的之前,是否能恢复七七事变以前的局面?3、日本政府有没有向国民政府提出和平提案的意思?如果有,能不能暗中向蒋介石本人递交有关和平问题的亲展函件。因为公开进行会谈对蒋介石的对日和平工作造成极大妨碍。你方的《近卫声明》就是因已公开,以致使蒋介石的立场陷于极端困难。"对以上的质疑,当时铃木毫无回答的准备，只是要曾广在所谓中国派遣军或地下潜伏工作范围内维持联络。1940年1月22日和2月3日及10日、14日，曾广又先后多次同铃木会见。日本就“不以国民政府为对手”的声明作了说明，说这是“日本政府的一个宣传姿态”，请曾广消除这个误解。在2月14日的会见中，曾广转达说：在中日两国正式会谈前，2月底在香港以三名代表举行圆桌会议讨论和平条件，重庆政府对此抱有极大期待。

1940年3月7日至10日，蒋介石的代表曾广、章友三（前驻德大使，当时任最高国防会议秘书）、陈超霖（重庆行营参谋处副处长、陆军中将）和日本代表铃木中佐、今井武夫、臼井茂树（日本参谋本部第八课课长、大佐）在香港东肥洋行举行第一次预备会议。中国方面除曾广以外人员均出示了最高国防会议秘书长张群签发的证明书，日本方面人员也出示了陆相佃俊六签发的证明书，相互确认对方的身份后，开始讨论。当时蒋介石为了确保这次会谈进行，在5日特派宋美龄到香港，从侧面协助中国方面的代表。会议的结果除了利用无线电联络外，还特别设立联络组，每天乘班机往返于香港和重庆之间。在整整四天的会谈中，从表面上来看，大体能够在谈笑声中交换了意见。在这个期间内始终成为争论的中心，结果不能得出结论的，依然是中国承认满洲国问题和日本在中国部分驻军的问题以及对汪精卫政府的处理问题。其中最大的问题是中国承认满洲国的问题。这时，日本把汪伪政权的建立推迟到3月30日成立，等待蒋介石对香港会谈的答复。3月24日，蒋介石给香港的铃木的答复：“关于承认满洲国问题，政府内部的意见形成对立，不易决定，希望延期到4月15日再作确定答复。”对此，日本政府很恼火，认为这是“辜负了我们的期望”。于是在3月30日汪伪政权就成立了。

1940年4月11日，曾广从重庆到了香港，向铃木提出再开预备会议，表示重庆政府已决定了成熟的方案。5月7日，章友三也到香港。同时报纸报导了宋美龄到香港治疗牙病。6月4

日，曾广和今井武夫等在澳门举行第二次预备会议。会前，曾广对今井武夫私下说了这么一些话："蒋介石委员长表面上姑且不谈，内心在希望和平却是事实，因此，在香港第一次秘密会议的备忘录中，日本方面如能认可第一条和第三条（第一条关于满洲问题，中国在原则上同意考虑，但方式如何另详商议之。第三条关于共同防共问题，原则上同意，但军事秘密协定在和平恢复后秘密协议之）中中国方面的意见，估计必然可以签订协定。""目前，在重庆政府内部，反对达成和平的是共产党和冯玉祥。""秘密会议如果实现，当然要讨伐共产党。已经订立了讨共计划，如果不能，希望在七月以前就实行，胡宗南、蒋鼎文、朱绍良、卫立煌、邱岳等将领已经集中在重庆协商完毕。因此恢复和平后恐怕要向日本请求补充武器等的援助。""中国在日华停战的同时，就要发表反共宣言，所以在第三次秘密会议中希望从时间到内容方面能同日本协商。""对于国民党内反对派的元凶冯玉祥，已准备用各种方法挫杀他的锋芒，如不得已时，考虑到用最后的强硬手段。"在会议中，曾广等说明：重庆对于承认满洲国及驻兵问题有困难。日本方面的立场很强硬。6月6日会谈结束时，"双方同意了一项令人不能想象的妙策；请蒋委员长、汪精卫和坂垣征四郎三人在湖南长沙（中国第九战区）会谈，一举解决一切问题。"日本同意这个计划，并通知汪精卫。结果，这个计划并没有实现，"因为汪系认为这是重庆的谋略，并且如在中国第九战区的长沙会谈，他的安全警戒是非常困难的。"后来，板垣就想改由自己和蒋介石两人会谈，预定会谈在7月28日举行，在中日两国由局部停战到全面停战，再结所谓"东亚联盟"。不久，由于德、意、日结成三国同盟，英、美加强了对蒋介石的援助和压力，日、蒋谈判就中断了。

在曾广以宋子文的弟弟宋子良的身份在香港同日本进行妥协活动的稍后，还有中国交通银行董事长钱永铭和前国民党铁道部财务司司长张竟立同西义显进行妥协活动，称之为"钱永铭工作"。结果是日本于1940年11月30日承认了汪伪政权，使这一活动停止。

就这个阶段蒋介石的妥协活动来讲，由于“日本正式承认了汪兆铭的伪政权，而中日两国的一线接触即完全截断”。蒋介石在1940年12月2日的日记上说：“近卫无智无能，承认汪伪，使中倭酿成不解之仇，既为敌国惜，更为东亚危也。”

重庆方面为何要借用“宋子良”这个名字，日方明知有假又为何将错就错呢？日本政府知道，自“九一八”以后，南京国民政府的外交政策在政府内的两派——英美派与亲日派之间势力消长的斗争中，呈现出错综复杂的变化。宋子文是国民政府中英美派的代表，是对日强硬派。而且，当时的宋子文与其二姐宋庆龄一样，同情共产党，宋子文曾多次参加了南京国民政府与中共的谈判。抗战爆发后，闻名中外的宋氏家族更有抗日救国的不凡表现。所以，若能动员宋家成员参与中日间的和谈，意味着国民党内对日强硬派态度的转变，这将有助于蒋日谈判。1938年初，曾有日方代表访晤过时在香港的宋子文，允诺中国如果愿意和谈，日本的条件会是非常容易被接受的。之后意大利大使柯莱又向宋子文转告了日方关于调停中日关系的条件：1、中国应承认‘满洲国’；2、日本将在华北驻兵；3、日本在华北享有经济特权；4、在上海设立一个中立区，日本将不提出特权；5、应支付赔款。宋子文询问柯莱哪个国家应收到赔款，日本是否打算对南京大屠杀和轰炸上海而向中国支付赔款。柯莱回答说，任何一场战争结束之后，总要支付赔款，日本肯定期望得到些什么。事后，宋子文在向美方报告有关情况时指出，柯莱传递的条件看来比以往来得温和，显然日本试图尽早结束与中国之间的冲突；但是中国将继续战斗下去，因为除此之外没有任何办法可以解决目前的危机。宋子文的对日态度，显然仍是强硬的。一年以后，由宋子良出面与日方商议和谈之事，在日方看来意味着重庆方面对日态度的转变，当然乐意接受。到后来对其身份有所怀疑时，日方与重庆方面的谈判之门已打开，是否真是宋子良已不重要，在日方看来，“我们充分谅解象宋子良这样的地位不是一个处理和平大事的那样高级人员，我们也一向只是在利用一个和平路线的窗口，不强行论及他的人物大小和职位高低，今后也专以这条路线沟通与重庆的直接联系为主要着眼点，依然继续进行谈判”，而且，“当时，日本政府内心里是在希望找到日华和平会议的端绪，可是不容易开辟出联络的路线，正处于焦急之中。大本营也还不舍得放弃桐工作，已决定方针，一面慎重地加以警惕，一面继续谈判”。

可见，宋子良参与和谈，只是一个幌子，宋美龄却是真正地参与其事。作为蒋介石的夫人，宋美龄参与了蒋、日之间的一些和谈活动，做了一些联络协助的工作。

第七章 豪门恩怨

你方下台我上台，此乃蒋记政权执掌大陆时期，宋氏家族在中国政坛上的一个突出现象。20年来，宋子文与孔祥熙轮流在国民政府中位居高位。有人这样概括蒋、宋、孔之间的关系："委座之病，唯夫人可医。夫人之病，唯孔可医。孔之病则无人可医。"最后，随着蒋记政权的垮台，树倒猢狲散，宋氏姊妹兄弟各奔东西。

1. 大起大落的国舅

权倾民国政坛且富甲于全国的宋氏家族，在不少人眼里是一个神秘而令人好奇的家族。同许许多多普通的家庭一样，它曾是一个充满了温馨、友爱与和睦的家庭。可自从蒋、宋、孔连成一体，宋家成为中国政治舞台上的显赫家族后，家族内部的纷争与其外表的荣耀同步增长，及至蒋记政权在大陆溃败，往日的恩怨已是积重难消。

宋子文自1928年1月出任南京国民政府财政部长，至1947年3月辞去行政院长职务，在这20年中，他担任过国民政府财政部长、外交部长、行政院长等要职，也不止一次地“失宠”于蒋介石，其中更有连续7年被排挤于国民党决策层之外的经历。宋子文在政坛上的起起落落无不与他的姻亲蒋介石、孔祥熙有关，他们之间的纷争既有为权利而争，也不乏政见的分歧。宋霭龄、宋美龄两姐妹因夫君的关系也参与其中。宋家内部的纷争不仅破坏了手足间亲密无间的感情，促成了宋子文起伏跌荡的政治生涯，而且对中国政治的发展产生了较大的影响。

1933年，对于宋子文个人来说是富于戏剧意味的一年。这一年，他在国内外的声望大增，他的政治生涯却在一年内戏剧般地跌落。1932年10月，行政院长汪精卫因故出国，身为行政院副院长兼财政部长的宋子文代理行政院长职务，此时的宋子文无疑是位高权重，“一人之下万人之上”。在代理行政院长期间，宋子文负起了对日外交的职责，并试图利用他的职权与地位，促使蒋介石改变对日方针。1933年1月1日，日军挑起山海关事件，由此开始了它由关外向关内的进攻。2月11日，宋子文飞抵北平，亲自部署抗战。身为代理行政院长兼财政部长的宋子文，在热河危机期间亲赴前线，表明中央政府的态度，激励前方将士与全国民众坚决抗日，这在国内外均产生了良好的影响。《大公报》于2月19日发表了题为《华北健儿之幸运》的社评，对宋子文此行大加赞扬。1个月之后，汪精卫销假视事，宋子文于3月31日起不再代理行政院长。

几天之后，宋子文辞去了中央银行总裁这一重要的职务。提出辞去央行总裁一职是与宣布废两改元同天进行的。4月5日，宋子文在南京出席国民党中央政治会议，提议自4月6日起在各地实行废两改元，当经决议通过。接着，宋子文提出辞去中央银行总裁职务，并请行政院长汪精卫保荐孔祥熙继任。同日，宋子文以财政部长名义颁发废两改元布告，由此解决了民初以来拟议许久而未能解决的一大问题，完成了改革币制的第一个步骤。关于宋子文辞去中央银行总裁一职，有两种不同的解释。据财政部次长徐堪致中央银行副总裁陈行电称，宋辞央行总裁，“其目的，大概俾各方明了财政状况，不致仍然继续要求增加经费。”另据说，宋子文辞央行总裁，是其姐宋霭龄不断向蒋介石施压的结果。原本，蒋介石认为宋子文是“自家人”，把财政金融大权交由宋子文一人之手，他是放心的。无奈，蒋宋二人对于治国理财的意见并不一致，已几次发生冲突，为不受宋子文限制，又经宋霭龄的要求，蒋介石决定削弱宋子文职权，起用孔祥熙，为此他征询了宋子文的意见。此时的宋子文正春风得意，并未把孔祥熙视为将取其而代之的对手，于是同意让出央行总裁一职。

半个月后，宋子文出访欧美，历时4个月，这是他加入南京国民政府之后，第一次以官方身份代表政府出访，也是他登上三四十年代世界政治舞台的开始。宋子文的此次欧美之行，可谓声势浩大，来去皆得到各界的捧场，并得到了朝野各界极高的评价。应该说，这是一次成功的外交活动，虽然寻求欧美经济援助的成效并不显著，实际到手的只有美国棉麦借款一笔，国联与中国的技术合作也只是处于初创阶段,但宋子文向欧美各国揭露了日本侵华的真相,说明了中国的立场与态度,这在一定程度上改变了中国因签署《塘沽协定》而在国际上造成的不良的外交形象与被动地位,也向欧美各国表明了中国对西方经济技术援助的迫切需要,为以后欧美各国加强与中国的经济关系,奠定了良好的基础。宋子文回国后所得到的各方的赞誉,说明了朝野各界对宋子文此行的肯定,也反映了他在国内威望的增高。但两个月之后,就在宋子文声望日隆,各界尤其是金融、工商界人士对其寄于极大期盼之时,他却突然辞去财政部长及行政院副院长之职,被摒弃于国民党政权决策核心之外。

宋子文的此次下台,原因很多,其中与蒋介石的不满,孔祥熙、宋霭龄夫妇的拆台不无关系。对于宋子文的这次辞职,当时的报界及官方说法不一。一种普遍的说法是:在宋子文出国期间,蒋介石突破了他的预算,并把钱用于"剿共"军事行动上,宋回国后对此非常恼火,急忙去见蒋介石。这次交锋发展到激烈的互相对骂,最后蒋打了宋一记耳光,宋子文为此辞职。当然,事情并不是一记耳光那么简单。宋的下台,实与蒋介石的财政政策、外交政策有密切的关系。另据胡汉民说,宋子文辞职还有其他方面的原因,即蒋介石感到宋子文有功高震主之嫌。胡认为,蒋介石总喜欢消除那些正在变得强大的力量,当时的宋子文恰恰由于国外之行和举借棉麦贷款的成功而声望大增,上海金融界对宋子文尤其称赞有加,蒋担心宋子文与上海金融界的联盟会成为一个强大的相互利用的集团。总之,宋子文在国内外威望的提高,使其难以继续为蒋所容。

宋子文下台后,财政部长一职成为国民党内各派系争夺的焦点。对蒋介石来讲,他需要的是一位予取予求的"军需处长",宋子文做不到,孔祥熙却能做到。就在1933年4月至8月宋子文出国期间,蒋介石为筹集剿共军费,要求时任中央银行总裁的孔祥熙额外增拨军费,孔祥熙全然不理宋子文先前确定的财政预算制度,如数照拨,仅在4个月的时间里,政府已透支

6000万元。宋子文回国后发现他曾费尽心力努力维持的平衡局面被破坏殆尽,不由得对蒋、孔二人十分气恼。而蒋介石已对孔产生了好感,孔不仅和宋一样是“自家人”,而且用起来比宋更顺手。

蒋、宋闹翻后,宋霭龄适时出面,为孔祥熙争来了这一令人眼红的掌握国民政府财经大权的职务。《未加冕的女王宋霭龄》一书对宋霭龄当时的表现作了这样的描述:“宋霭龄考虑好了在蒋面前的说词,当即乘车赶到南京,直接去见蒋介石。宋以内亲关系要见蒋,不用会客手续即可长驱直入。蒋见宋霭龄由上海匆匆赶来,以为是为宋子文作说客的,故以先发制人的手段怒气冲冲地说:宋子文搞武力。蒋的本意是,如果宋霭龄是为宋子文说情而来,那就免开尊口了。但是,宋霭龄并不为此表白。她让蒋介石发完牢骚,这才慢悠悠地说:‘介兄,子文究竟是自己人,我想事情实在不实在,要防一着,人家离间计要留神。我看叫子文下来也很好,换哪一个人要慎重一点,万一不听你的话,军费发生问题,后悔也来不及了。’宋霭龄仅寥寥数语,果然击中了蒋的要害。他的态度当即犹豫起来,气也平下去了。在略事沉默后,蒋突然问:‘庸之为什么不来?’宋霭龄是一点就透之人,她机灵地趁势答道:‘明天来。’蒋点点头嘱咐说:‘庸之来了,请他来谈谈。’宋霭龄回到南京高门楼住所,立即通知孔祥熙于第二天去见蒋。结果,政学系经多方活动即将争得的一个财政部长宝座,被宋霭龄一声‘介兄’,轻轻数语,就夺了过来,把孔祥熙推了上去。”

宋子文事后得知大姐霭龄去找过蒋介石,紧接着姐夫孔祥熙就取代自己,形成了蒋孔合作的新体制。此事令宋子文十分的失望与伤心,也伤了姐弟的感情,宋子文万没想到大姐会落井下石。也难怪,俗话说“一山容不下二虎”,学经济出身的宋子文、孔祥熙皆属意执掌财部,冲突自然不可避免。夹在丈夫与弟弟之间的宋霭龄,在孔、宋早期的权力斗争中,还能力求平衡,居间调停,但慢慢地天平就倾向丈夫,以至为了丈夫而大拆自己兄弟的台。从此，在宋氏家族中，长姐与长兄的矛盾日趋尖锐，斗争也逐渐表面化。宋子文与孔祥熙的关系则更加恶化。孔祥熙刚到财政部接事时，曾致电宋子文要求协助，但宋子文在回电中只是敷衍了一番，并不愿意给予合作，甚至在离开财政部时，示意次长以下的高级干部都辞职不干。

宋子文的下台，对南京国民政府的内外政策均产生了重大影响。从其后南京国民政府采取的经济、外交政策看，显示了国民政府内部亲日派的抬头。

此后长达7年的时间宋子文被排挤在国民党决策层之外，其间也应邀参与了一些关系到国家和国民党政权前途命运的金融活动，如1935年的币制改革。抗战爆发后，应蒋介石的要求，更因稳定金融之需要，宋子文及时在上海成立了四联总处（中央、中国、中国交通、中国农民四银行联合办事总处，简称四联总处，该机构在战时成为金融中枢），孔祥熙从国外回国后直抵武汉，以财长身份夺取了四联总处的领导权，宋子文于是挟中国银行、交通银行不与合作。二人争执不下，结果在四联总处第一次改组时，蒋介石亲自出面，出任理事长，宋、孔二人任常务理事，实际事务则交由孔办。四联总处最高职位之争，突出地反映了宋、孔、蒋之间既争斗又互相利用的复杂关系。

从种种现象看，蒋介石虽容不下宋子文，却一直很看重宋的理财能力，宋子文对国家的财政金融事务也一直颇为关注。1935年币制改革时，宋子文被授予处理财政金融事务之全权，只是没有名分。抗战爆发后，蒋又要求宋、孔合作，商量金融对策。1937年12月18日，孔祥熙通过在香港的长子孔令侃，致电宋子文，希望宋赴汉口："子文弟鉴：待商之事甚多，介兄与兄皆盼弟来汉，何日命驾，并祈先复。兄祥熙。"22日，孔令侃电告孔祥熙："文舅侃再三说情其来汉，彼诿称暂不能离港，详情函呈。"1938年2月上旬，孔祥熙自汉口抵香港，与宋子文数次会晤。2月10日，蒋介石电示在港的孔祥熙，请其必须与宋子文商议解决金融问题之对策："孔院长：顷由港来友谈及我金融意见不一，甚为悲观，不胜系念。今迭次金融问题关系抗战胜负与国家存亡，实为各方所注意，尤不可为敌方希冀所及，务须乘庸兄在港期间，由两兄弟尽量商讨决定具体之整个办法。如此次仍无切实办法，则不特谣言更多，人心动摇，且军事亦必受影响，为公为私，均不能不希望两兄为我分责，此时无论如何困苦艰难，吾人唯有共同担当，集中力量，即使见解上之异同，均当委曲求全，以利大局，想见两兄必有以慰我之忧念也。弟中正叩。"2月14日，孔祥熙自香港复电蒋介石，报告与宋子文晤商之情况："弟自抵港，即与文弟商谈，伊很知艰苦。决以中国银行竭力拥护党国，弟等见解尚无径庭。"孔祥熙返汉口后，于2月18日电宋，称"介兄与兄急盼弟早日命驾来汉。"2月23日，宋子文自香港飞抵汉口，当晚访晤行政院长孔祥熙。在国家危难的大背景下，孔、宋二人终于顾全大局，进行了合作。不过，矛盾依然存在，蒋介石也始终未授予宋子文大权，只是让其参与商决金融大事。

随着抗战局势的演变，宋子文明确表示愿意不计前嫌地与蒋合作，重返政坛也是宋子文一直翘首以盼的心愿。1938年4月，时在汉口的宋子文对在华美国海军助理武官麦克猷表达了他的想法，说：只要国民党当局邀请他，他会不提任何条件地回到汉口；他已答应蒋介石将以可能的方式帮助他。当时的宋子文正与英国方面商谈英国对华借款问题。英国方面不仅催促宋子文尽快缓和与蒋介石的关系从而复出，并向美方指出，伦敦金融界信任宋子文而不相信孔祥熙，如果宋子文担任财政部长，英国金融界可能会向中国提供一笔新的贷款。同时，英国大使卡尔在武汉向新任国民党总裁的蒋介石明确表示：英国希望宋子文取代孔祥熙出任财政部长，这是英方在决定是否对华贷款时所要考虑的。蒋答称，他无法同宋子文合作，如果这意味着失去外援，他也将接受这一事实，并将在没有外援的情况下继续抗战。同年7月，卡尔再次就英国援华问题向蒋介石建议：孔祥熙可以继续担任行政院长，但不宜再主管财政；应让宋子文管理财政,英国顾问罗杰士可以协助他,这样才可能获得英国的借款。结果再次被蒋拒绝。可见,宋、蒋、孔之间虽有合作,但矛盾丝毫没有缓解。

时至1939年,情况发生了微妙的变化,宋子文与蒋介石的关系有所改善,原因有三:一是中国的抗日战争已转入相持阶段,国内外局势发生了较大的变化;二是中英平准基金借款事项仍在进行,英方希望宋子文到英国进行磋商;三是孔祥熙政声不佳,豪门贪赃枉法事件连连发生,孔氏家族早已成了国内外舆论抨击的对象。1939年1与1日,蒋介石致电宋子文,谓:"请兄接庸兄电时,务望速飞伦敦主持借款与外交,切勿犹豫迁延,否则必误大局,并须乘飞机立行,如乘船则必误时机。无论成败利钝,在所不计,必先尽我人事,无负党国也。"宋子文却以无适当身份为由,没有应允赴英。9月7日,宋子文由港抵渝,据侍从室高级幕僚唐纵当天日记载:"宋子文来重庆。外间谣言甚多,谓政府将改组,宋有任行政院长说。此次宋之来,系委座一再催促,其将有所借重,自不待论。惟宋不愿居孔之下,宋孔亦难相容。外间之责难于孔者亦多,故宋之声望,仅见重于人民也。"这时的宋子文不仅以抗战派著称,因远离国民党中枢日久,受政坛丑闻牵连也较少,因此在政誉方面优于孔祥熙。11月,国民党当局决定让孔祥熙辞去行政院院长,由蒋介石复兼。在王世杰的进谏之下,蒋介石考虑让宋子文接替孔祥熙的财政部长之职,宋答应出任财政部长,但以解除孔祥熙的中央银行总裁之职为条件,蒋介石拒绝了宋子文的这个要求。

1940年6月,宋子文以蒋介石私人代表身份赴美接洽美国援华事宜,他的政治生涯由此出现转机。宋子文的重返政坛,甚至因此有了一段迥异于他一生其他阶段的外交生涯,既源于当时特殊的时代背景,也因为宋子文具备了担任这一使命的诸种条件包括与蒋介石的姻亲关系。1941年12月7日珍珠港事变发生后,经蒋介石提议,国民政府于同月27日"特任宋子文为外交部部长",宋子文因此重新进入国民党决策层,掌握了国民党外交大权并负责接洽美国援华事宜。作为宋家大姐，宋霭龄本该为弟弟的东山再起感到高兴。然而，宋子文的重新出山反而使霭龄深感担心，并更加防备弟弟，因为当时对孔祥熙的财长地位构成最大威胁的就是宋子文。在抗战的中后期，美援成为中国最主要的外援，蒋介石让宋子文负责接洽美援事宜，意味着美援从此脱离孔祥熙的掌握，孔祥熙的战时财政工作在一定程度上也就成了“无源之水”。更何况，宋子文会以商借美援的成功作为政治资本，再次染指财政部长宝座。面对宋子文扶摇直上的声誉，宋霭龄协助孔祥熙，采取了针锋相对的措施，宋、孔之间的明争暗斗日趋激烈，战时有三件事情集中反映了他们的矛盾与冲突。

一是关于平准基金协定之签订。1941 年 4 月 1 日，经宋子文的多方努力，中美、中英平准基金协定同时在华盛顿签署，美方贷于中国 5000 万美元，英国贷于中国 500 万英镑，旨在维持中国法币的稳定。在日本正式承认了汪伪政权，重庆政府面临严重的军事与政治压力的情况下，中美、中英平准基金协定的签订，给人以美英将竭力支持中国抗战，扶植以蒋介石为代表的国民党政权的印象，这无疑是中国外交的胜利。此外，在宋子文看来，“英、美借款门路既通，此后如积极运用，取信于人，继续借款，当无问题。”但是，从两个协定的文字看，中国实处于极不平等的地位，以中美平准基金协定为例，文中规定：平准基金委员会的“美籍委员应将委员会业已实施或计划中之一切活动随时呈报（美国）财政部长”；委员会在利用基金中的美金进行投资及再放款时，“非经过并获得（美国）财政部长或联邦之准许，不得办理”；对于基金及其资产“已实施或计划中之一切活动情形，中国、中央银行及委员会应尽力协助美籍委员搜集完善资料，供（美国）财政部长参考”。可见，中美、中英平准基金协定的签订，意味着美、英两国将直接掌握中国的财政金融情况，为此，宋子文受到了国内人士的指责。与宋子文素有间隙的孔祥熙更是称：协定文字的严厉、某些条款的苛刻，像是出于华盛顿的典当专家和高利贷者之手，他和蒋介石"都为宋子文在这样一份协定上签字而惊讶"。

二是关于驻美使节的人事任免。宋子文以蒋介石私人代表身份赴美后，与时任驻美大使的胡适不能很好相处，由此影响到了对美工作的开展。宋子文屡次电请以职业外交家施肇基接替胡适，未获允准。胡适本人也要求辞职。宋霭龄乘机向蒋建议，由宋子文任驻美大使，想让其弟长期出使美国，以断绝其回国抢夺财长职位之后患。宋霭龄非党国要人，她直接干涉人事任命自有不妥，为避免引起蒋介石的反感，她于4月初在香港先写了封信给宋美龄，并请宋美龄转呈蒋介石，随后自己亲赴重庆。一直以来，宋霭龄的话在蒋介石那儿是有份量的。但此时的宋子文在争取美援方面已取得了较大的成功，他在某些方面甚至体现出旁人不可替代的作用，对于宋子文职务的任命，关系到对他积极性的调动，也关系国家的利益。故这一次蒋介石没有理睬宋霭龄的建议，他也没有采纳宋子文的请求。任命魏道明接任驻美大使职务，再次体现了蒋介石对各派系折中平衡的一贯手法。这年年底，国民政府任命宋子文为外交部长，并令其长驻美国，这种不寻常的外交举动既意味着对美外交在战时中国已占据首要地位，也不能排除蒋缓解孔、宋之争的意图；既安抚了宋子文，又避免了孔、宋的激烈角逐。

三是对5亿美元借款的使用。该项借款于1942年3月签署，旨在稳定中国的局势。这是抗战期间中国从美国获得的最为优惠、且数额最大的一笔借款，无论在物质上还是精神上对中国人民的抗日战争皆是巨大的支持。该项借款的达成，固然基于中国在世界反法西斯战争中作出的重大贡献及占据的重要地位，但同时与宋子文的个人努力也有着密不可分的关系。作为国民政府的外交部长，宋子文首先要维护中国的利益，奉行最高统帅蒋介石的意旨，同时，又要协调重庆与华盛顿之间完全相左的意见，避免谈判破裂，以尽快获得美援，此中的难度，实非外间人士所能了解。可以说，宋子文在其中所担任的角色，实为国民政府中的其他要员所无法取代。但该项借款的使用未取得预期效果，从一开始就被孔祥熙染指，由此引发了宋子文与孔祥熙之间的一场风波，激化了两人间固有的矛盾。1942 年 3 月 24 日，即借款协定签署的第 4 天，财政部长孔祥熙未经通知宋子文，径自在重庆宣布，中国计划发行 1 亿美元 4 厘联盟胜利公债及 1 亿美元储蓄券，并指定由他控制的中央银行作为中国政府的代表银行，将在美国联邦储备银行内开户。3 天之后，即 3 月 27 日，孔祥熙才将此事告之宋子文，请宋子文转告摩根索向联邦储备银行内中央银行户下拨存 2 亿美元。对此，宋子文感到非常恼火，因为在签署协定时宋子文曾向摩根索承诺，中方在动用这笔借款之前应与美国财政部通气。美国财政部原本就对 5 亿美元的贷款协定十分勉强，中国方面擅自发行上述债券、储蓄券，更是招致了他们的不满。为此，摩根索和财政部钱币司司长怀特对宋子文提出了责难。宋子文则借美国财政部之口，致电孔祥熙，指责他的这一做法；同时致电蒋介石，说明孔氏这一做法对中美关系的不利影响："查协约并无征求美国意见之明文规定，但我方如确有此种表示于前，似宜先作友谊之协商，若意见不合，即行根据协约，请其拨款，彼自不得拒绝，而我方人情已尽，今毛氏（即摩根索）虽遵约交款，然误会滋深。来日方长，从大处着想，中美联系关乎全局，美方经济援助，亦非至此而已。"至于代孔受过，宋子文当然更不愿意。他以离国日久，不了解国内情况为由，致电孔祥熙提出："窃思此次借款，美方自当按约履行，惟嗣后两国经济财政关系益伸，交涉频繁，为兄着想，最好请即派熟悉国内财政金融情形如（贝）凇孙或（顾）季高来美联络解释。"并电请蒋介石向孔施压："嘱庸兄速派熟悉国内金融财政情形者，如贝凇孙或顾季高来美，于财长说明。"孔、宋之间的这场风波虽然很快平息了，但孔、宋之间的芥蒂是越来越深了。

1943 年 10 月，宋子文回国后突然失宠，宋子文与蒋介石还大吵了一场。唐纵在 1943 年 10 月 16 日的日记中写道："宋部长不知因何使委座见气，委座摔破饭碗，大怒不已。近年来罕见之事。”唐纵猜测“恐系孔、宋间之问题”，否则蒋介石“无此火气也”。后听侍从室秘书古达程说，“此次宋部长与委座意见冲突，闻系为史迪威事。当初委座欲撤换史迪威，宋部长不赞成。其后宋部长已向美方交涉撤换。委座以情形变化，不换。宋部长表示难于接受，态度倔强，其中所说何话不知。但委座因而大怒，至今尚未与宋见面。”接着，蒋介石携带宋美龄及一大批随侍人员，赴开罗参加中美英三巨头会议，把外交部长宋子文晾在了重庆。时任美国驻华大使高斯在致赫尔国务卿的电报中，报告了宋子文与蒋介石的矛盾：“自从10月初宋子文回国后，各种消息来源都报告说，他与委员长之间产生了重大矛盾，已经产生了家族风波。这类报告的大意为：宋在华盛顿时，做出许多决定前未报知委员长（据说在对意大利的停战协定上签字便是一例），从而引起了蒋的愤怒；在印度，宋在赞同蒙巴顿的建议时重复了这一错误。当时这些建议尚在讨论中；宋回到重庆后，在与委员长的首次谈话时，因不能忍受蒋的训斥而发火，两人的不和公开化了；一些从美国归来的中国人带回了有关宋从事私人投资的传言，这进一步加剧了蒋对宋的恶感。”“宋的举止确有某些不当之处。他回到重庆后，几乎回避一切社交和官方活动，只是在其寓邸与外国的外交代表时有接触。他拖宕那些本该关注和通常应处理的事项（例如关于哥伦比亚加入联合国家共同宣言），等待‘委员长的决定’。据可靠消息，当蒋与蒙巴顿会谈时，宋被逐之门外；蒋夫妇前往开罗也没让他陪同。”“约一个月前，普遍认为蒋宋矛盾已经缓和，但近来的许多说法表明，情况并未改善，宋明显不像以往那么自信了。他与孔之间从未解决的纠葛使得目前的情况进一步复杂化了。”美、英方面皆十分关注宋子文的命运和中国的政局。1944年1月21日，高斯在致国务卿赫尔的电文中继续报告宋子文的情况，说：在重庆上层人士中流传着如下的说法，即魏道明可能取代宋子文出任外交部长；通常认为宋子文与蒋介石的关系以及与孔祥熙的关系有所改善，但宋以外交部长的身份回到华盛顿一事却尚属疑问；宋子文仍然没有以外交部长的身份在重庆活动，局势究竟如何难以估测。

对宋子文来讲，接下来的形势令其沮丧。2 月 5 日，财政部下令，孔祥熙为中国银行董事长，宋子文担任了长达 9 年的董事长职务被剥夺，此后，宋子文未再担任过中行董事长。在与美国使馆海军武官的交谈中，宋子文谈到，继失去中国银行董事长职位后，他还将失去外交部长的职位，魏道明被考虑到外交部任职，尽管还没有做出决定。3 月，宋氏一家访问昆明，包括孔氏夫妇、宋子文、宋美龄、宋子良、宋子安。据驻昆明美国副领事给赫尔的电报称：宋子文到达云南后，凡与之交谈过的外国人，都明显可以感觉到宋的沮丧和悲观情绪，这表明宋子文与决策集体之间的裂痕很深，不是轻易可弥合的；宋子文私下承认，他被排斥于决策讨论之外，不知道局势的发展情况。此次失宠后，宋子文虽然悲观、失望，却没有采取过激的行动，他在等待着。3 月下旬，高斯在给赫尔的电报中报告了宋子文即将复出的消息：宋子文在国防供应公司的一名亲信私下说，有关宋子文的“乌云”正在散去；国民政府外交部欧洲司司长也在私下谈到，宋子文将继续在外交部任职，其证据是宋子文在 3 月 20 日的中央纪念周上作外交报告，蒋介石主持了这次纪念周活动，然而宋子文还没有开始正常履行职责，虽然他几乎每天都到外交部去一会儿。

与以往不同的是，这一次的蒋宋冲突没有造成蒋孔接近。因为到抗战中期以后，孔派势力在国民党内已是声名狼藉，只是蒋介石还护着他。据唐纵 1940 年 12 月 8 日的日记载：“马寅初迭次公开演讲，指责孔宋利用抗战机会，大发国难财。因孔为一般人所不满，故马之演说，甚博得时人之好感与同情。但孔为今日之红人，炙手可热，对马自然以去之为快，特向委座要求处分，委座乃手令卫戍总司令将其解押息烽修养。盖欲以遮阻社会对孔不满情绪之煽动也。”仗着蒋介石的庇护，孔氏夫妇继续为所欲为，毫无收敛。1941年底因飞机洋狗事件而引发了学潮，学生们愤怒声讨孔祥熙，时值孔祥熙伤寒病重，不能视事已半月有余。学潮兴起之时，正是蒋介石亲自主持行政院事务的时候，眼见“学潮愈闹愈广”，蒋介石“甚为震怒”。事后，孔祥熙不但不辞职，而且登报表示病愈视事，唐纵在日记中写道：“这无异激励青年学生，增加委座之困难。也许孔故意为此，使委座不得不为之解脱，而彼得以一劳永逸也。然天下人无不叹息委座为之受过也。”素以不参加任何派别活动而著称的陈布雷也叹曰：“孔氏对朋友对领袖对亲戚，均不宜有如此忍心害理之举。”据说当时为此事，宋美龄还与蒋介石“闹意气”多日。唐纵因此感叹说：“自古姻戚无不影响政治，委座不能例外，难矣哉！”

时至1943年，国家的财政经济是每况愈下，孔氏夫妇贪污腐败的活动却是愈演愈烈，不仅遭致民怨沸腾，也直接影响到国民党的统治地位，蒋介石对孔氏夫妇由不满而升为痛恨，言行中不免有所表露，由此又引发了与夫人宋美龄的不和，宋美龄甚至怒而离家住到孔公馆。蒋介石不想事态扩大，有碍观瞻，不得不低眉敛首，亲到孔家迎接夫人。适逢国民政府主席林森病逝，蒋由行政院长而依法代理国民政府主席一职，随后又由代理而正式出任国府主席，蒋有意将行政院长一职交由宋子文接任。宋霭龄探得这一消息后，当即就商于小妹蒋夫人。宋美龄于是与蒋介石谈起了回家的条件，要蒋介石把行政院长一职给孔祥熙，蒋不允。据唐纵在1943年10月3日的日记中载：“近来委座与夫人意见不和，夫人住新开市孔公馆，不归者数周。下午夫人归官邸与委座晚餐后，又同赴新开市，宿一夜。外间谣言甚多，谓委座任主席，行政院长不让孔做，以是孔夫人诉于夫人，夫人与委座不洽。问于俞侍卫长，俞不否认……委座尝于私人室内做疲劳的吁叹，其生活亦苦矣！”最后，蒋介石只得妥协，行政院长一职，既不给宋子文，也不给孔祥熙，由国府主席蒋介石提名前任院长蒋介石连任，孔祥熙继续担任副院长，主持行政院的常务。为挽回孔祥熙的声誉，宋霭龄别有用心而又大张旗鼓地策划了一个孔祥熙兼财政部长10周年纪念活动，并通过宋美龄给蒋介石递话，希望蒋介石到时一定前往参加。宋霭龄的用意，蒋介石一清二楚，他“如出席，恐民众不满，如不出席又恐伤亲戚关系”，夫人宋美龄更将不依不饶，去与不去，着实令他为难。最后，他灵机一动，于11月1日财政部在广播大厦举行庆祝会的当天，不赴广播大厦，而赴财政部。结果，因孔氏不在而打道回府。这样一来，无论对内、对外，都算有了交代，其处境、其用心皆可谓良苦。

蒋夫人的保驾护航，宋霭龄的出谋划策，终究保不住劣迹斑斑又声名狼藉的孔祥熙。1944年5月21日，孔祥熙鉴于社会人士之责难，向国府主席蒋介石提出辞呈。蒋介石虽有去孔之心，但认为时机不够成熟。一是没有选好适当的人来接替，一旦计划不周，会引起各派的争斗；二是还没有找到恰当、充分的理由，向各方交代，尤其是对孔氏夫妇、对夫人的交代。因为自蒋孔关系出现紧张后，在姐姐霭龄的煽动下，宋美龄不时与蒋较劲，若没有一个“说法”，蒋夫人一定不会罢手。基于上述考虑，蒋介石决定挽留孔祥熙，但不愿亲自出面，而是嘱侍二处主任陈布雷将原件退回孔并予以慰留。交代完事情后，蒋问陈“究外间对孔之舆论如何？”陈回答说：“普遍的批评，孔做生意。在北京政府时代买办与官僚结合，南京政府时代买办与官僚结合，尚有平津京沪之距离；今者官僚、资本家、买办都在重庆合而为一，党内的批评，孔不了解党的政策，违背政府政策行事。”蒋介石深知陈布雷是一个说话办事十分谨慎的人，听了他对孔氏的评价后，蒋沉思良久，方才说：“现在没有适当的人接替。”陈事后感叹说，“委座没有彻底改革决心！”陈布雷奉命前往孔宅，代表蒋介石对孔表达慰留之意，他对孔说了这么一番意味深长的话：“不能因外间之非议而有所表示，愈表示反而增加社会的不安。止谤莫如自省，如果切实反省，改变作风，国家之福。”可惜，孔氏夫妇根本听不进去。

1944年6月，对宋子文、孔祥熙来说都是政治生涯中的关键时刻，只不过一个复出，一个从此沉落。全权负责接待并陪同来华访问的美国副总统华莱士，是宋子文复出后的第一件事。接着，宋霭龄、宋美龄两姐妹一同离华赴美，去治疗她们的旧疾荨麻疹。关于两姐妹的这次出国，外间传言纷纷。《宋氏三姐妹》中有这样一段描述："人们风言风语，说美龄要永远地离开丈夫，还说她丈夫对她有不忠实的行为。蒋介石为了解决这一令人敏感的问题，在妻子离开之前，举行了一次盛大的茶会，邀请中外人士参加。他和蒋夫人向到会宾客讲话，不厌其烦地进行解释，说他们无意离婚，他们互相恩爱，过的是美满的基督教式的结婚生活。"不管谣传是真是假，蒋介石的确是请了不少大官、记者和教士参加一个招待会，用以驳斥这些谣传。人们会信吗？其实，蒋介石的风流韵事是人所共知，专为澄清此事，似无必要。在明眼人看来，两姐妹的对头即她们兄弟宋子文的复出，意味着两姐妹的失势，人们因此对蒋氏夫妇的关系有了猜测。宋氏姐妹的出国，更为宋子文的上台扫清了障碍。

宋庆龄虽远离宋家的这些恩恩怨怨，但十分在意姐妹的名声，她在致友人的信中谈及此事，说："上星期天我的姐姐和妹妹乘 C—54（一种大型运输机）去里约热内卢。我从来没有见过这么大的飞机，就像是一节普尔门式卧车车厢。我希望她们的荨麻疹能治好，到秋天就回来。这件事当然又引来了一大堆谣传，尽管'大元帅'（指蒋介石）请了不少大官、记者和教士参加一个招待会，用以驳斥这些谣传。消息传得很快，所以我希望你明白是怎么回事。"

在姐妹俩出国、孔祥熙也使美未归的情况下，宋子文再次成为蒋介石和美国人沟通的唯一口舌。宋子文重新得到了蒋介石的"宠幸"，频频参加重大的国事活动。10 月，美国政府生产局局长纳尔逊来华，考察中美战时生产合作事宜。宋子文再次负责接待并参加会谈。美国财政部长摩根索说："纳尔逊访华的真正效果之一，就是在相当程度上恢复了宋子文的显要地位。"12 月 4 日，经国民党中常会讨论通过，宋子文代理行政院长。

1945年5月31日,正式就任行政院院长。在宋霭龄的眼里,兄弟宋子文的步步升迁,无疑堵了丈夫孔祥熙的政治前程。自南京政府建立以来,不是蒋、宋合作,就是蒋、孔合作,从来没有也不可能有蒋、宋、孔合作的体制。

就在宋子文重新崛起,并逐步登上政治生涯之高峰时,孔祥熙正一步步地走向其政治生涯的尽头。6月,蒋介石派孔祥熙率团出席在美国召开的国际货币基金会议,孔氏此次出国,成了他离开中国政坛的起点。会议结束后,蒋介石又给他一个私人驻美代表的名义,主要任务是负责游说美国军政两界,放弃支持史迪威。史迪威被撤换回国后,蒋又提出由孔负责在美催讨驻华美军的6亿美元欠款问题;这是个复杂而难以解决的问题。这笔债务原是中国政府给驻华美军的生活垫款,6亿美元的数额是按1美元兑换20元法币的原始汇价计算出来的,而当时中国市场上的美金黑市汇率已冲破200元法币的大关。在如何折算美元问题上,中美双方意见悬殊。显然,蒋介石是有意"放逐"孔祥熙于国外。就在孔祥熙滞留美国期间,国内反孔声浪日益高涨。11月,蒋介石决定改组政府,孔曾致电表示不愿改组之意,却已回天无力,只能听蒋"摆布"。当然,蒋介石也没有彻底抛弃孔氏,并给他留了面子。他没有让宋子文接任他渴望已久的财政部长职务,而是让孔的亲信俞鸿钧接任,这样就起了一个牵制的作用。蒋令俞转告孔祥熙,中央要解除他的财政部长职务,最好他能主动辞职,并推荐次长俞鸿钧接任部长职务等。时在重庆的宋霭龄知道大势已去,聪明的她不再作以卵击石的无谓之举。复出的宋子文与政学系等倒孔派联合起来,继续打击孔祥熙。孔祥熙在任期间的贪污舞弊事件实在是太多,而且事情大、影响恶劣,所以倒孔派手上有的是"子弹"。宋霭龄虽深谋远虑,但从来都是在幕后,如今孔不在国内,前台无人,纵有妙策也难实施。最后,蒋在各方的压力下,要孔主动请辞行政院副院长职。接着,在国民党六全大会上,孔祥熙连中委也未能选上,成了前任常委中唯一落选的要员。1945年7月孔祥熙从美国回到重庆后，又立即奉蒋命令，辞去中央银行总裁和四联总处副主席职务，中央银行总裁由俞鸿钧兼任，四联总处副主席由宋子文兼任。10月，辞去中国农民银行董事长一职，由陈果夫兼任此职。至此，孔祥熙只剩下国民政府委员、国民党中央执行委员两个虚职。自1927年以来由孔、宋两大家族控制中国财政金融系统的局面不复存在。

孔、宋这一回合的斗争以宋的胜利、孔的惨败而告结束。孔的政治生涯结束了，宋子文则达到了其政治生涯的高峰，蒋宋体制重新形成。蒋介石的侄孙，曾任侍从室侍卫官、蒋介石副官的蒋孝镇，曾说过这样两句颇有深意的话："委座之病，唯夫人可医。夫人之病，唯孔可医。孔之病则无人可医"，简明而淋漓尽致地概括出了蒋、宋、孔之间的本质关系。

纵观蒋、宋、孔之间20年的风风雨雨，不外乎一个现象，即宋、孔为争得蒋介石的"宠幸"与重用而互相拆台、攻击。在中国的政治舞台上，宋、孔二人是此消彼长，积怨甚深；蒋介石则利用他们的矛盾，为己所用。他们三人的矛盾与冲突不仅源于各自的欲望，也因为他们在政见上时有不同的看法与主张，其结果不仅改变了个人或家族的命运，对中国政局的演变也产生了较大的影响。在宋氏家族，家事与国事实在是"纠缠不清"。

2."他们把我哥哥当作替罪羊了"

1947年3月1日，宋子文辞去行政院长职务。据时任中国驻联合国托管理事会代表刘锴讲，宋子文是突然辞职的。刘锴曾对顾维钧说，就在宋子文辞职那天上午，宋还曾要求他准备一份战前与当时驻外机构情况对照的报告，"鉴于我国外汇储备减少了，宋可能要根据这份报告考虑削减和压缩"。因为宋子文是在当天上午下达这样一项任务的，所以刘锴断定他并未准备下午提出辞职。不管宋子文的辞职行动是否突然，他的下台却是不可避免的。可以说，是多种矛盾的长期积累，导致了宋子文从政坛顶峰的跌落。

宋子文的密友顾维钧对宋的下台作过如下分析：

宋子文辞职的近因看来是他的经济政策受到了广泛的批评和不满。通货膨胀情况危急；租借物资被挥霍浪费；上海市场充斥着用战时经济援助余款买来的美货，其中许多是奢侈品，买这些东西的目的是尽快把余款耗尽，从而构成需要美国再给经济援助的局面；所有这些都归咎于宋子文制订的经济政策。

宋子文在财政、金融和经济方面所采取的一系列措施，的确是导致他下台的直接原因。自宋子文接管处理敌伪产业之大权开始，他在财经领域推行了一系列的政策措施，试图稳定币制，恢复经济，为此，他在短短的一年之内耗去了大量的外汇与黄金储备。对此，蒋介石也大骂宋为"败家子"。与此同时，宋子文也不忘借机满足私利，正如美国的一位作者曾对宋氏家族所作的评价，宋氏家族"一直是金钱狂，他们的一切行动都是受其聚敛钱财的欲望所驱使"。至于宋子文的钱财数额，曾是人们众说纷纭的一个话题。西格雷夫在《宋家王朝》一书中，转述了美国一位出版人在中国听到的人们议论宋子文财产情况的这样一则故事：

在上海的一次宴会上，一位激烈批评现政府的人对我说，"中国不摆脱宋氏家族，不可能有光明前途。因为他们有十亿以上的美元存在华盛顿、伦敦和阿姆斯特丹等各地银行的个人账户中。"当他走开没一会，一位中国银行的高级官员对我说："不要相信此种傻话，他们的存款不超过八亿美元。"

宋子文重新执掌财经大权后，在满足个人及其家族的私欲方面，确实比过去更加的为所欲为。但同时，他也的确想理顺财政，恢复经济，并曾对此充满信心。抗战以来的财政经济困境，却并未因宋子文的改革而有所改观，相反是进一步的恶化。就财政收支情况看：1945 年，法币发行额为 1,031,900 百万元，政府支出数为 2,348,085 百万元，政府收入数为 1,241,389 百万元，财政赤字数为 1,106,696 百万元；1946 年，法币发行额为 3,726,100 百万元，政府支出数为 7,574,790 百万元，政府收入数为 2,876,988 百万元，财政赤字数为 4,697,802 百万元。可见，战后之通货膨胀比战时是更趋严重。

宋子文不仅无法使财政收支达到平衡，以解决财政危机，他所采取的经济政策更使中国的民族工业日渐萧条。战后，由于国民政府对工商业的垄断、美国剩余物资的大量倾销以及“官倒”的盛行，民族工商业普遍遭受沉重打击。从 1945 年 8 月抗战胜利至 1946 年 5 月，重庆 1800 家工厂中，停工、歇业的有 344 家，占 19%。据 1946 年 12 月 16 日的《联合晚报》报道：四川中小工业联合会原有会员 1200 家，已关闭 80%；工业协会渝分会的 470 余家会员厂，停工了 2/3；迁川工联会原有 390 家，现仅存 100 家，开工者仅 20 家；制革业原有 432 家，停工达 200 家；机器业原有 372 家，仅存 182 家，且均系半生产状态。广大收复区的民营工商业，绝大部分也面临破产的危局。据 1946 年 2 月的一份材料统计，上海各工厂的开工率仅达正常情况下的 20% 左右。同年 6 月至 12 月，上海的工厂倒闭了 1600 余家，工业生产量仅为战前的 1/4。

经济局势的恶化，自然由多种原因引起，作为行政院首脑、全面负责经济的宋子文，扭转不了这种局势，甚至还因他的某些政策加剧了危机。于是，上至国民党当局，下至广大市民，将不满与批评指向了宋子文。

还在 1946 年 3 月的国民党六届二中全会上，这时宋子文担任行政院长仅 7 个月，他便受到了不点名的指责。会上，有代表激烈批评了当前的经济形势，并将政府经济政策的失败原因归纳为以下几条：1、忽视民生主义，培养官僚资本；2、抗战期间统制经济失败；3、民营工业听其自生自灭，不加注意；4、重工业几乎完全停顿;5、对失业工人无有效救济办法;6、经济部所派接收人员颇多失职;7、各地物资盈虚无调节计划,物价高涨无适当之措施;8、战后经济政策未闻报告计划。该代表虽未直接点名批评宋子文,但其所列举的8条中,除第2条外,皆与宋子文有着直接的关系,作为全面负责经济的行政院长宋子文,对于国家经济形势的恶化,当然难辞其咎。有的代表则明确提出:行政院对当前种种问题是否有解决办法,无办法应向全会辞职。

会上,宋子文作了政治报告,实际是一份经济检讨报告。在报告中,宋子文分析了财经混乱的原因,并谈了改变经济形势的几条措施,试图平息国民党内外对他的责难,但代表们对宋子文的报告均不甚满意。在全会最后通过的《对于政治报告之决议案》中,对宋子文主持的行政院工作仍进行了严厉的批评:"政府对于六全大会所定政纲执行不力,尤以财政经济多所贻误,均无可讳言。"

同年8月,上海工业请愿团赴南京向宋子文当面提出质询。其代表对宋子文的财经政策提出了尖锐的批评:政府财经政策从不为民众着想,而是官僚本位、买办本位的政策,而且买办也做得不高明,美国棉麦倾销将使农村经济崩溃,因此首先要打倒官僚买办之政策。同时,他们也向宋子文提出了工商界人士的希望:希望政府改变以往财政经济之错误政策,救济工商业亦即救济国家经济之崩溃。抗战结束后,时任行政院长的宋子文借"接收"之名,强占了原属民族工业的高利润的纺织业。纺织业是轻工业中利润极为丰厚的一个行业。抗战胜利后,国民政府曾宣布"轻工业民营"方针,但宋子文很快以战后经济困难为由,将原属民族工业的高利润的纺织业掠为官营。1945年11月底,宋子文在重庆设立中国纺织建设股份有限公司(简称中纺公司),由其接管所有原日本在华纺织业。宋子文不仅专门拨给该公司以营运资金,而且在原料供应、配纱及产品收购与运销等重要环节上,使其享受优惠政策,中纺公司因此很快在国内市场上占据了垄断地位。民营纺织业则不但得不到应有的扶持,相反还受到实力雄厚之官营企业的挤压。为消除民族资本家的不满,宋子文曾保证,中纺公司将在二三年后让售于民营,实现“轻工业民营”的方针。以后的事实证明,这不过是一句安抚人心却根本无意兑现的承诺。

在国内经济形势日趋恶化的情况下,宋子文的那些一一破产了的财经政策,很快成了其反对派对他进行攻击的“炮弹”。四大家族中的陈氏兄弟对宋子文的攻击尤为激烈。陈氏兄弟窥视财政金融大权已久,长期以来,他们对于宋子文的中饱私囊是既嫉妒又憎恨,孔祥熙执掌财政大权时,他们还能染指一二,孔祥熙失势后,他们一度想接管财政金融大权,但宋子文对财经大权的包揽,使他们未能丝毫染指。而宋子文理财的失败,正为他们打败宋子文提供了机会。在舆论普遍将批评之矛头对准宋子文的时候,陈氏兄弟也利用控制的新闻媒介向宋子文发起了攻击。从1946年7月起,二陈开始在《申报》上就物价、黄金政策等问题发表社论,直接或间接地向宋子文发难。黄金风潮是导致宋子文下台的直接原因。具体执行黄金政策的是中央银行,其总裁贝祖诒是宋子文的心腹,中央银行的业务局和外汇审核处等重要职位也由宋子文派人把持。黄金风潮发生后,《申报》抓住中央银行在黄金风潮中的突然抛售引起金价和其他物价的下跌一事,发表了题为《黄金风潮》的社论,说:“中央银行对于银根及利率,显然具有无上的权威。仅仅在黄金政策上小试其技,已够使整个市场,风翻浪涌,莫由自主。”

在二陈看来,经济的破产,实应由宋子文负全部责任。陈立夫在其回忆录《成败之鉴》一书中,对当年的黄金风潮及宋子文的理财能力作了如下评说:

宋子文先生这个人对国情不了解,书信都用英文写,如他所决定的抛售黄金措施,便大遭人非议。孔祥熙先生卸任时,移交给他很多黄金,白银也不少,所以导致其抛售黄金,此一决定是很糟糕的事。

……

假定孔祥熙在抗战胜利后，继续掌握财经，而不由宋子文接充，我们还不至来到台湾。回想起来，无限感慨。

对于国民党内各反对派的攻击，宋子文自己也深有感触，正如他本人所说，他的下台是因为别人认为他的权势太大了。

就在朝野各界纷纷将不满与责骂指向宋子文之时，1947 年 2 月，《世纪评论》发表了傅斯年的一篇文章《这个样子的宋子文非走开不可》，在社会上引起了极大反响，由此掀起了强大的"倒宋"政潮。傅斯年是"五四"运动时期的风云人物之一，他在知识界乃至政界都享有相当的威望。在《这个样子的宋子文非走开不可》一文中，傅斯年从五个方面对宋子文"最荒谬之点"进行了尖锐的谴责：

1、他的黄金政策"铁幕"不向"立法院、监察院、参政会驻会委员会揭开"，其结果"不特不足以平抑物价，反而刺激物价，紊乱物价"，可以说"他是彻底失败了"。2、他的工业政策，"心中没有人民"。宋对接收的敌伪工业只顾"变钱"，不问开工；对中纺以外的一般工业"坐视其死"。3、他在行事方面，"公私不分"，"自己（包括其一群人）又是当局，又是'人民'"。傅提议立法院、参政会及一切人民，彻底调查宋等"豪门"在国内外企业的内幕，包括营业范围和外汇来源。4、他的行政方式，是只依靠"亲信"、"智囊团"，视各部长为"奴隶，或路人"，以至"一个主管部的事，他办了，部长不知，看报方知之"。傅认为，宋的行政方式，"岂特民国'民主'不容有此，即帝国专制又何尝可以"。5、宋的中国文化，"请化学家把他分解到一公忽，也不见踪影的"；他的"外国文化"，只体现在"英国话流畅"和结交"决不登大雅之堂"的美国人。最后，傅斯年呼吁，为了"中国将来之命运"，"第一件便是请走宋子文，并且要彻底肃清孔宋二家侵蚀国家的势力"，"否则政府必然垮台"。

傅文言辞之犀利、声讨之全面，在当时所有的"讨宋"文章中，实属之最，它既集中反映了包括民族工商业者在内的广大市民阶层对国民党政权的失望和不满，也喊出了国民党内倒宋各派的声音。该文实际成了倒宋“檄文”。但傅斯年似乎仍意犹未尽。继《这个样子的宋子文非走开不可》后，傅斯年又接连发表了《宋子文的失败》、《论豪门资本之必须铲除》两篇文章。在《宋子文的失败》一文中，傅斯年分别从经济政策、财政政策、外汇黄金政策及公商贷款政策四个方面，对宋子文进行了剖析。最后的结论是：孔宋二氏这样一贯的做法，简直是彻底毁坏中国经济，彻底扫荡中国工业，彻底使人失业，彻底使全国财富，集于私门，流于国外。

在《论豪门资本之必须铲除》一文中，傅斯年对孔祥熙、宋子文的贪欲与支配欲进行了猛烈抨击，不仅指出：“在今天宋氏这样失败之下，他必须走开，以谢国人”，而且建议国民政府征用孔、宋两家财产，“最客气的办法是征用十五年，到民国五十一年还他们本息，他们要的是黄金美钞，到那时都可以的”。

紧接着，全国的报纸舆论纷纷对宋子文提出指斥，倒宋政潮已成为不可阻挡之势。在这种情况下，监察院经过一番紧张的调查，向宋子文提出了弹劾案。

1947年2月14日，立法院举行例会，在讨论全国经济财政危机之原因时，聆听了9人联合委员会研究中国目前金融政策弱点之报告，该研究报告将当前经济危机的原因归纳为7条：1、管制物价措施不当。2、发行纸币及准许黄金及美钞无限制买卖政策之错误。3、国营事业开支庞大，实浪费而不必要。4、政府未能以公债吸引游资。5、出口补贴制度，事前未经立法院同意即行颁布，结果将增加国库支出。6、公务员之待遇欠公，若干公务员有特别优待，而其余公务员之待遇太低，因此引起贪污等情。7、行政官署界限欠明，甚至有重复之机关存在，因此行政效能为之降低。在此，宋子文的工作遭到了全面的批评。报告完毕后，经过大多数票议决，决定请宋子文出席第二天的立法院特别会议，报告行政院的工作状况，并将有所质询。会上，更有若干委员高呼要求宋子文辞职。

同日，参政会驻会委员会召开会议时，亦对宋子文作了严峻的指斥，并有人要求政府调查宋子文、孔祥熙两人之财产。议员傅斯年甚至说，如果将宋、孔二氏私产充公，已足资稳定民国三十六年中国之货币。

2月17日，据合众社南京电称，南京中立派方面之人士亦对宋子文提出了批评，他们列举了如下事实：1、早在4年前，重庆各界已一再要求没收国外外汇存款，惟政府中高级领袖，如孔祥熙、宋子文等人，藉口外交关系复杂，将之推翻。2、政府除重工业及其他必须由政府经营之工业外，其他经济部门各方早已要求民营，但此一再不为宋院长所接纳。3、各方攻击黄金政策之失败，其中包括立法院之严辞攻击，目前此项政策实际已加放弃，亦足证宋氏之失败。并认为：宋氏政治之信誉，由于其最近出口津贴及进口附加税之大失败而益加减低。

对于立法院的叠次邀请，宋子文始终以“公忙”为由，避不出席立法院会议。1947年3月1日，立法院召开报告会。经再三邀请，行政院长宋子文终于出席报告，一同参加的还有财政部长俞鸿钧、经济部长王云五、行政院秘书长蒋梦麟、中央银行总裁贝祖诒。

会上，宋子文首先声称，自就任行政院长以来，曾先后3次向蒋介石提出辞呈，现已获准。谈到财经形势，他将财经危机的原因归结于“共产党破坏交通与生产”，及抗战结束后国内未能有和平局面，自称已竭尽全力来恢复经济，尽管政策有失误或错误之处，但自问无愧于良心，“对得起国家民族”。他抱怨说，现在每逢物价上涨，大家就责骂我，似乎一切都要行政院负责。

宋子文报告完毕，在座的立法委员纷纷就宋子文的报告内容发表看法，并就当前的经济形势向宋子文提出询问。

楼桐荪首先发言说：“宋院长说他政策或许有错，错不错是见仁见智、各有说法；不过我们看到头痛医头，脚痛医脚的办法。基本的政策与紧急措施相冲突，而没有一种如何使整个国民经济走上正当的道路的方法。”此发言无疑否定了宋子文的财经政策。以财经专家著称的宋子文，面对如此直截了当的批评，感到十分的尴尬，神情中露出不耐烦之意。

周一志接着谈了对宋子文的感想，并向其提出了询问：“1、在广东时代，我们认为国民党有两位财政专家，即是廖仲恺与宋子文。北伐时廖不幸殉难，宋主持行政院，初获好感。今天我以党员地位与宋院长讨论，宋的声望已一落千丈。《大公报》以买办来形容宋院长，宋院长也是总理遗嘱中签字人之一，如何洗刷这个买办之名？2、宋院长现在是同时作许多单位的行政院长，如中央银行、中纺公司等。3、一切错误都想叫共产党负责而不承认人谋不臧，是最要不得的。回忆总理当年以3000元创办中央银行，全靠当时革命力量。现在政权在手，民治之不进步，不能只怪共产党之破坏。4、黄金政策失去了信用，且闻川滇黔实行黄金购粮储蓄券，至今还未归还。此外，关于通货问题，还是作合理整理？还是再发行？这个问题，今天能答复就答复，不能答复我也不勉强。”

当有3位立法委员共提了17个问题时，有人提议请宋子文先作答复，而后再继续提问。这时，只见宋子文缓缓从座位上站起，他首先对人们指责他为“买办”进行反驳：“别人说我是买办，但当年收回关税自主，取消不平等条约，这是买办的事吗？”而后以一种不快而又无奈的语气说：“所有问题不加答复，以后问题自有新院长答复。本人任职行政院长后，日夜办经济还办不好，哪有余力弄政治。关于黄金外汇之问题，俞部长及贝总裁均知道很清楚。辞职之人不应该讲话。”言毕，他转身向立法院长孙科说：“本人要求退席。”话音刚落，孙科还未来得及表示什么，也未来得及向大家宣布，宋子文已走出会场。会场内众人哗然。

当天下午4时，国民党国防最高委员会举行临时会议，蒋介石亲自主持，当场通过两项决定：1、行政院长宋子文辞职照准。2、行政院院长职务，由国民政府主席蒋中正暂行兼理。

至4月中,在蒋介石的授意下,由张群接任行政院长。

经济方面的问题固然是宋子文失败的直接原因,而蒋介石的态度,则是宋子文垮台的决定因素。正如顾维钧所分析的:

宋子文辞职,除了经济方面的近因,后面还有委员长与宋子文长期以来个性冲突的远因。从公共事务上看,二人之间关系不睦,不像是两人都身居要职、两家之间又有亲戚关系。事实上,宋与委员长两人性格迥异,无法有效地合作。他们之间存在着一种互相排斥的力量。两人的个性都很强,似乎双方都感到难以同对方顺利合作,彼此之间的分歧是冰冻三尺非一日之寒。

事实上,宋子文在民国政坛上的多次起伏,已充分反映了蒋、宋之间那种微妙的关系。

抗战胜利后,蒋介石原本指望宋子文能为他争取更多的外援,满足他发动内战的需要。而宋子文在短短的一年之内即耗去了国民政府大量的外汇和黄金储备,财政收支却还是捉襟见肘,甚至愈演愈烈,这令蒋介石十分恼怒与失望。而更令蒋介石不能容忍的是宋子文的恃才自傲、难以驾驭。宋子文执掌财政大权后,曾把平衡财政收支列为1946年度的首要目标,并将其列为政府应付经济危机的第一方略。为了平衡财政预算,宋子文从两方面采取了措施:一是整顿税收,以增加收入;二是减少支出,他把重点放在了节减军费上,这与蒋介石的内战政策无意发生了矛盾。宋子文对军费的限制招致了蒋介石的不满,而蒋介石的内战政策终使宋子文的平衡预算目标成为泡影。在蒋介石的压力下,行政院的预算根本无法限制军费的急剧增加,宋子文最终虽不得不服从蒋介石的意旨,但不满之情时常溢于言表。当有记者询问宋子文"政府对财政经济危机有什么办法?"时,宋子文曾回答说:"老实说,不和平,什么办法都没有。"黄金风潮发生后,监察院的监委们曾上门质问宋子文,宋将此事推给了蒋介石。他说:"停售黄金是奉主席的口头指示,我不过是奉令行事。""主席为国家元首,所以由他决定行事。现在责任落在宋某身手,我反正是奉命行事,我的能力不行,已经向主席提出辞职,一切听上面决定处理。"

1947 年 3 月 1 日,即宋子文辞职的当天上午,他向立法院临时会议上作了财政情况的报告,其中再次含蓄地表示了他对蒋介石一味扩大军费的无奈与不满,也为其本人的遭受责难感到不平。他说:

从前本人在财政部的时候,从消极方面,对于国库负有忠实看守之任务,凡一切不必要的支出,必断然予以拒绝,现在虽改任行政院的职务,因事实上关系,不幸对于个方面不断的要求增加用途,仍然是阻遏的要冲,前后相较,如出一辙。

现在抗战已成过去,在经过长期痛苦之后,都希望得到精神上及物质上的宽弛安慰。此种心情,极可同情,但无情之事实俱在,不容忽视。当财政部无法筹得的款,每一件巨额支出,需要支付,即对我本人成为一次坚强的争执。

政府对于收入方面极为有限,但为应付各方开支要求起见,不能不仰仗于增加发行。本人深悉此种途径,足以引起可能之严重局势,因此本人和同僚们,日夜为这个问题担心,但是各方面总以为本人是在一味拂逆他们的意志。如此忍受各方的指责,几乎只可命运所支配。

直到今天,本人仍坚决反对国库支出不必要的增加,因此本人已经好像是公众的仇敌。每当物价暴涨,本人即被人唾骂,当本人鉴于费用过于庞大,要求重加考虑的时候,报纸上即有文章,说是别人都已赞成,独有行政院长加以阻碍。

宋子文辞职后,当时与其龃龉颇深的宋美龄也为其抱不平,她曾对美国大使司徒雷登说:"他们把我哥哥当作替罪羊了。"有谁能让宋子文当替罪羊,宋子文又能为谁甘心做替罪羊,这是不言而喻的。

蒋介石在暂时兼任了一段时期的行政院长后，另选择个性不强的张群接掌行政院，这也从一方面表明了蒋介石的用人准则。对于蒋介石的用人原则，宋子文是了解的，他曾对顾维钧说过："委员长既不喜欢有独立见解的人，也不喜欢指出他判断错误的人。"至于他本人，宋认为"他自己只是委员长加以容忍而已——他有自己的看法，并且敢于说出来。"到蒋介石无法容忍他时，宋子文只有"走开"下台了。

宋子文辞去行政院长职务后，又在同年 3 月 4 日国民党六届三中全会改选中执会常务委员中落选。这是宋子文自 1933 年下台后，再次离开国民党权力中心。这时，国民党营垒内部并没有因宋子文的垮台而停止对他的攻击。CC 派主张彻底查清宋系官僚的贪污行径，监察院继续负责调查宋案，对宋子文提出了第二次弹劾。所有这一切，均在蒋介石对宋子文的或明或暗的庇护下而不了了之。

的确，最终决定让宋子文下台的是蒋介石本人，但蒋介石并不想使宋子文过于难堪，也没打算不再用他。中央银行副总裁陈行清楚地看到这一点，他曾私下对人说：不管怎么样，宋子文总是蒋介石的郎舅，不会让他过不去，今后还是要用他，我们犯不着作恶人。蒋介石对宋子文的"慷慨解囊"，固然因为两人有着姻亲关系，更主要的还在于宋子文是国民党阵营中一位不同寻常的人物。尤其在蒋介石依靠美国打内战之际，在国外有较大影响、被人称为"美国通"的宋子文将发挥旁人不可替代的作用。

就宋子文本人来讲，他虽被赶出了国民党权力中心，对蒋也不无抱怨，但仍尽心为蒋介石集团服务，因为他的政治生涯早就与蒋介石政权结下了不解之缘。抗战胜利后，宋子文更是与蒋介石一道，站在了坚决反共的顽固立场上。甚至在他被"闲置"期间，他还曾代表蒋介石要求美国提供下列紧急援助：1、以棉麦贷款的方式，立即提供财政援助；2、弹药；3、完成 8 又 1/3 个飞行大队的计划；4、向蒋介石派出军事顾问。

时隔几月,“倒宋”声音渐渐低落,蒋介石准备让宋子文复出了。由于此前宋子文不断地被讨伐“豪门”、“权贵”,遭舆论曝光,连国民党中央当局的官方报刊《中央日报》也刊登了孔、宋两家族利用特权、贪污外汇的消息,宋子文在外间的形象已是十分恶劣,所以他在复出前,特意做了一番慷慨表示,以图改变人们对他的不良印象。1947 年 9 月,国民党召开六届四中全会,宋子文重新被选为中执会常务委员。会议期间,宋子文公开宣布向中央党部捐献出他在中国建设银公司的股份,据当时新闻界披露,约合法币 5,000 亿元。蒋介石立即在会上就此发表看法:“外间近对宋委员子文有所污蔑,现宋本人愿将其在中国建设银公司之全部股份捐出,以供抗战及剿匪殉难党员家属救济基金之用,希望大家能效法他。”

9 月 20 日,行政院召开临时政务会议,以 9 票对 8 票的 1 票之差,通过任命宋子文为广东省政务委员兼省主席的提案。国民党营垒内部及外间舆论对此事颇多议论,且多批评与反对,但丝毫不影响宋子文的复出。这也从一个方面反映了这样一个事实,即国民党官员的升降,实由蒋介石全权决定。10 月 1 日,宋子文正式赴粤就任国民党广东省主席。

3. 树倒猢狲散

纵观 1927 年以后宋氏家族的兴衰史,不难看到,它的起落与南京国民政府的命运是颇相一致的。蒋介石统治的兴盛时期,正是宋氏家族在中国的政治舞台上能够呼风唤雨的辉煌时期;随着蒋介石的垮台,宋家树倒猢狲散,除了早已背离家族的宋庆龄留在大陆外,其他五人四散在海外。

宋家最早离开大陆赴美定居的是宋霭龄。还在 1944 年孔祥熙被迫滞留美国,留在重庆的宋子文复出政坛之际,宋霭龄已预见到了孔祥熙不祥的政治前程。于是,她以偕同宋美龄一起出国治病为名,开始执行移产与物色定居地的计划。“按医生的建议”,她们来到了巴西的瓜纳巴拉湾中心的布罗科约岛,该岛地处偏僻,适宜恢复神经性疲劳。宋美龄在此就医,宋霭龄则与巴西的铁碗人物热图利奥·瓦加斯接触,策划如何将孔家在国内的巨额资产转移到国外投资的计划。西格雷夫在《宋家王朝》一书中写道:“如果说现在孔家在中国财政上的地位发生危险,那么从中可以了解霭龄偕美龄的巴西之行的作用,也许它意味着王朝资金地域上的转移。”“孔家和宋家诸人在南美洲各处都有各自的财产,包括大家知道的在加拉加斯、布宜诺斯艾利斯和盛保罗银行的巨额存款。据说他们的财产还包括范围广泛的企业,如石油、矿产、海运和其他运输业中的股票,而投资重点在铁路和航空公司,在土地辽阔、公路稀少的南美洲,这两者是经济上的要害部门。”孔家成为巨富,宋霭龄实在是功不可没。姐妹俩隐居了两个月之后,飞往纽约,宋美龄继续住院治疗,而后搬到里弗代尔孔宅,与宋霭龄、宋子良住在一起。回国后,宋霭龄立即着手实施移产计划。

待孔祥熙回到重庆后,“丢盔卸甲”的他已无所事事。眼看内弟又是冤家的宋子文春风得意,忙于接收事宜,发胜利之大财,孔氏夫妇心中的失落与不甘是不言而喻的。不过,他们也没闲着,孔家在中国的资产正有条不紊地按宋霭龄的计划,秘密而快速地分散转移到世界各地,以致人们根本无法调查与统计,孔家到底聚敛了多少资产,永远是个谜。时至 1946 年底,宋霭龄基本清理完孔家的财产。1947 年初,宋霭龄赴南京看望了小妹,接着陪同孔祥熙到北方进行了一趟巡游,而后即以身体不适为由先期赴美。当年秋,在国共内战打得正酣,局势还不明朗的情况下,蒋介石已预见到国民党的失败命运,聪明的宋霭龄同样看到了这一点,她以“染患重病,情况严重”一纸电文,将孔祥熙召到了美国。从此以后,孔氏夫妇在美国终其一生,再未回到祖国大陆。

在宋家,是宋霭龄第一个站出来支持蒋介石,在她的影响下,除了宋庆龄,其他的四个弟妹均加入了南京政权,妹妹宋美龄在姐姐的撮合与支持下嫁给了蒋介石,宋氏家族因此飞黄腾达。然而,又是宋霭龄第一个离开蒋记政权,离开中国客居异国,国民党政权在她走后很快被共产党打败,不能不说宋霭龄的眼光锐利。宋庆龄早在1942年就对大姐作过这样的评价:倘若大姐是个男人,委员长恐怕早就死了,她在15年前就会统治中国。

1947年10月10日,中国共产党公布《中国人民解放军宣言》,其中第二项指出:"逮捕、审判和惩办以蒋介石为首的内战罪犯。"第五项指出:"没收蒋介石、宋子文、孔祥熙、陈立夫兄弟等四大家族和其他首要战犯的财产,没收官僚资本,发展民族工商业,改善职工生活,救济灾民平民。"1948年12月25日,中共以"某权威人士"的名义,提出了43人的"头等战争罪犯"名单,称这些罪犯"罪大恶极,国人皆曰可杀",其中蒋介石排列第一,宋子文、孔祥熙排列第九、十名。宋子文在蒋介石宣布引退的当日,获准辞去广东省政府主席、广州绥靖公署主任本兼各职。1月22日晚,他在广州发表临别广播演说,称其从政生涯已告完毕,将于日内赴港。1949年1月28日,中共发言人发表谈话,要求南京政府"必须立即动手逮捕一批内战罪犯","其中最主要的,是蒋介石、宋子文、陈诚、何应钦、顾祝同、陈立夫、陈果夫……"宋子文的名次上升到了仅次于蒋介石的第二位,孔祥熙则被排除在外。因为孔祥熙自1947年离开中国大陆后,可以说基本上退出了中国的政治舞台,而宋子文一直在积极、卖力地为蒋介石的反共内战效力。宋子文的密友、司徒雷登的私人顾问傅泾波,曾这样评说宋子文对蒋介石的态度:"当蒋先生在台上的时候,宋也有许多地方不能同意,甚至于反对他;但蒋先生下台以后,宋却绝对支持他。在宋的脑子里,假定中国要反共,即非蒋先生来领导不可。"

1949年5月,宋子文偕夫人乘泛美航空公司飞机离开香港,经曼谷赴巴黎,从此再未回到祖国大陆。据法新社报道,宋离港时有特别警察一队在机场严加保护。宋子文出发前曾接见记者,否认外间所传此行乃欲购办军火之谣言,并谓其目的全在疗养身体,且渠所偕行者一友一仆乃平民护照,而非外交家护照,故纯以私人资格作此旅行。6月上旬,宋子文偕夫人自法抵美。这一次,宋子文是以纯属私事事由赴美。抵美后,他以非官方身份继续为蒋介石效劳。正如他本人所说的:"他是以一个公民的身份来尽自己的力量","中国的局势已经十分危急,他感到国家兴亡匹夫有责。"他所说的"国家"无疑是指失败的国民党政府;他的尽力就是向美国求援,为退居台湾的蒋介石政权输血打气。因为没有官衔,纯以个人身份至美,宋子文自然不便与美国政府官员直接接洽,他的求援活动主要是通过国民党政府驻美人员向美方传达,要求的援助分军事援助和经济援助两方面。当时,宋美龄也在美国积极活动,呼吁援助。这是宋氏兄妹自1942年以后,再次为一个共同的目标,从事同样的活动。不过,这一次的影响与收获与抗战时期的活动是大相径庭。

关于军事援助,宋子文与国民党政府驻美大使顾维钧商议后,决定请陈纳德组织一支空军志愿队,并想请美国派遣一个正规军队代表团,以增加国民党军队的战斗力。为加强中美间的军事合作,他们甚至商议不惜以牺牲国家主权来换取全面的美援和合作,因为在他们看来,要得到美国人充分的关心和心甘情愿的支持,就必须让他们分享控制权。他们以菲律宾为例子,天真地认为"毋需害怕美国侵犯我们的主权,因为只要我们告诉他们或暗示我方意图,他们就会随时撤离"。战时那种强烈的民族主义感已烟消云散。

关于经济援助,宋子文希望美国给予一笔2亿美元的援助,并加上一笔白银借款。为了有效获得美援,宋子文在美国多次召集或出席国民党政府驻美国的各方代表会议,协调不同代表们的建议或行动,以便统一意见,集中制订一个提交美国政府的援助计划,因为宋子文曾听到一些美国朋友的反映:中国各位代表未经协商所提出的不同计划使美国人无所适从。

8月初,宋子文同纽约州新任参议员杜勒斯进行了一次会谈,宋提出想通过美国新闻舆论,比如《时代》、《生活》等刊物来推动对华援助。杜勒斯认为这么做没有必要,但表示他赞成宋子文的求援计划。杜勒斯给宋子文的印象是:美国国会将给中国以某些援助。

当时,美国政界、军界的许多人士都反对给蒋介石集团更多的经济与军事援助。对蒋介石政权的不满与失望,也使美国政府怀疑继续援助国民党政府是否可取。8 月 5 日,美国国务院发表了有关中国问题的白皮书,在这份长达 1054 页的文件中,美国政府一面为它对华政策的失败开脱,一面向世界宣告,美国政府对国民党政权的支持已告一段落。面对这种情形,宋子文仍不死心,并更加积极地四处活动。10 月中旬,宋子文对蒋介石派至美国的"技术代表团"成员说,有一位和杜鲁门总统很接近的美国政界重要人士,曾暗示想要一份美国如何能向中国提供有效援助计划的备忘录。按照宋的要求,"技术代表团"拟订了一份援华备忘录。这时,中华人民共和国已宣告成立,国民党政权已败退大陆、撤至台湾,美国当局正准备从中国脱身,可以说,局势已到了不可能获得更多援助的境地。但宋子文仍顽固地企图挽回显然已告失败的局面,他自欺欺人地辩解说,国民党军队在广州的败退,是"基于有必要以空间换取时间和保存仍在中国(即在台湾的蒋介石)手中的少量军事和财政实力",如能获得美国的援助,有可能以西南各省为基地守住一条防线,并坚持一二年,以赢得时间进行准备和等待世界形势的演变(第三次世界大战)。至于美国在这最后时刻如何援助中国,宋子文的计划是:

由美国提供两亿美元,其中包括经济合作署中国专款结存的约八千五百万美元,国会批准的对整个中国地带军事援助款七千五百万美元,以及向美国政府预支并以中国的锡、钨、锑和猪鬃等战略物资偿还的四千万美元。总数分五个月使用,每月用于轻武器一千万美元,用于军饷三千万美元。

尽管宋子文企图将"死马当活马医",但国民党已告失败的事业终未能“死灰复燃”。11 月初,美国国务院表示“坚决停止援华”。对于宋氏兄妹的呼吁,美方的答复是,美国限于财力,不能承担中国战胜共产党军队的艰巨任务。另据傅泾波说,白宫和国务院都对孔祥熙、宋子文、蒋夫人及他们的家族有强烈反感。在此形势下,宋子文的任何活动都只能是徒劳的。宋子文幻想以美国的军事和经济援助来挽救蒋介石政权的计划,就此彻底破灭。

这时期,宋子文还曾与顾维钧一起进行过一场组阁活动,即组织一个主要由留美学者掌握实权的内阁。他们听司徒雷登说,美国国务院不信任蒋介石的军事能力,同时又认为李宗仁软弱无力。于是,为重新获得美国政府的信任,宋子文与顾维钧多次商议,准备对国民党政府进行改革,他们曾草拟了一份组成新的自由主义政府的成员名单,其中将一些他们认为可以获得美国政府好感与支持的人网罗进政府,希望以此来挽救国民党的失败。这一梦想,最终也在中华人民共和国中央人民政府的成立声中破灭了。

宋子文为蒋介石的最后一次卖力,以违背历史潮流而告失败。他的政治生涯,也以企图阻遏历史前进这一不光彩的角色而告结局。

宋子文的两个弟弟已于此前离开大陆。宋子良于 1947 年赴美,定居于纽约;宋子安于 1948 年任香港广州银行董事会主席,定居美国而往来于香港和旧金山之间。据《宋家王朝》一书中所说:“一九五０年以后,宋子文的小弟宋子安被他的母校哈佛大学列入‘失踪者’名单,意即他们已查找不到他的下落。实际上他在旧金山,是那里资金雄厚的广州银行董事长,直到一九六九年二月死去。”宋子文的“二弟宋子良,第二次世界大战期间负责处理租借物资。他的家业在纽约市。后来,他变成一个神秘的人物。华盛顿传出的消息说,五十年代,他曾任美国财政部的秘密顾问,他具体干些什么,他们不愿说。财政部宣称,他们的档案中根本没有叫宋子良的人。”

宋美龄于1948年11月底赴美企求援助,原打算很快返回,不想从此再未回到中国大陆。宋美龄这次访美是去也匆匆,迎也匆匆,驻美大使顾维钧在11月26日才第一次听到宋美龄即将来美的消息,到了30日晚才知道宋美龄已经到了旧金山,将于12月1日上午10时到达华盛顿。12月1日,顾维钧接到的第一次报告说,宋美龄一行将提前到达,但后来还是按原定时间到达,可见宋美龄此次访美准备的不充分。而宋美龄到达时的迎接场面更是从未有过的混乱。到机场迎接的中方代表有60人,美方代表有国务卿马歇尔的夫人(马歇尔本人当时因在瓦尔特雷德医院住院观察,未能亲到机场)、国务院礼宾司官员伍德沃德及夫人、巴特沃思夫妇以及杜鲁门总统的代表兰德里上校(白宫空军武官)。宋美龄到达时迎接的场面是很混乱的。原来的安排是:顾维钧作为国民政府驻美大使,第一个去迎接宋美龄下飞机,顾维钧在11月30日晚给宋美龄的随行者游建文(时任中国驻纽约领事)的电话中说:“我将去华盛顿机场飞机舷梯旁迎候,而不进入机舱。”接着是马歇尔夫人、黄惠兰(顾维钧的夫人)、巴特沃思夫妇,然后轮到孔祥熙,再由顾维钧陪同宋美龄,同新闻界代表、摄影记者见面寒暄并摄影。但是,当宋美龄的飞机一到达,孔祥熙就第一个上去问候宋美龄,宋美龄不得不同时伸出两只手,右手同孔祥熙握手,左手同顾维钧握手。摄影记者也一拥而上,抢拍王世杰的女儿(她那时是纽约的居民)向宋美龄献花的镜头。接着是一片混乱。马歇尔夫人拽着宋美龄的胳臂走向停在飞机旁她自己的车子,同时问宋美龄是否要发表声明,因为后面跟着一大群记者。宋美龄说不讲话了,马歇尔夫人即把宋美龄推入车内。车子刚要开动,顾维钧跑过去叫司机停住,同时把兰德里上校从人丛中拉过来介绍给坐在车上的宋美龄,说明他代表杜鲁门总统,并感谢他到机场来,同时感谢杜鲁门总统派他来。国务院为游建文派来的汽车也乱了套。游建文本来应与宋美龄同乘她的汽车,可是宋美龄的汽车没等游建文上车就开走了。原来给游建文派的车子这时又已为宋美龄的女仆和马歇尔的女仆占用，两人都不愿换乘装有行李的另一部车子。最后，其中一个人答应和司机并坐，游建文才有个后座。这种混乱场面，从一个侧面反映了蒋介石的国民党政权正处于垂死挣扎的境地。

宋美龄临行前，外交部长王世杰通知驻美大使顾维钧的同时下达了5点口头指示(说是经过蒋介石同意的)，对宋美龄此次赴美的身份、活动及逗留时间做了规定，其实也是对宋美龄的活动范围所作的限制。这五点是："第一，蒋夫人将以私人身份访美，她将应美国各团体的邀请向美国政府中和美国人民中她的朋友们介绍中国的局势。(这是此次访问目的的官方说法)第二，她不得公开露面。第三，她将是马歇尔将军夫妇的客人。第四，孔家的人，无论长幼，均不得参加她的活动；她的一切活动均须通过驻美大使馆并与之商议安排。第五，她将在华盛顿逗留一周至十天，至多不超过两周。"其中的第4点尤其引人注意，可见此时蒋介石及国民党政府对孔氏家族的反感。

当时，社会上对宋美龄的赴美议论纷纷：

一种说，她这次访美，"其实是个人原因，敦促美援的使命是借口"。这种个人原因有三条："第一，与委员长发生口角，委员长从沈阳回到南京，为时局担忧，把美国的态度归咎于宋氏家庭；第二，避免被共产党俘虏的危险和为她个人的安全；第三，孔家和她在美国总统选举之前曾大做股票投机买卖，希望在共和党获胜后哄抬价格，结果大赔，他们来美是为了收拾财务上的烂摊子。"

一种说，她这次访美，是为"委员长寻求一切途径，用以敦促美国对那几点要求做出有利反应的愿望的一部分"。

一种说，她这次访美，是要和美国总统杜鲁门进行重要会谈，尤其是同美国国务卿马歇尔进行个人直接联系。蒋介石认为在整个美国援华问题上的关键人物是马歇尔。宋美龄对马歇尔一家人和美国较为熟悉，由宋美龄亲自来把蒋介石和马歇尔之间在中国发生的误会解释开，并向马歇尔力陈中国局势的严重性，及其对美国的影响，这样做能促使马歇尔采取积极的行动。

在进行了一系列无多大效用的活动后，宋美龄嘱咐秘书“做准备回国的准备”。然而，国内政局已发生骤变，宋美龄无法返回大陆了。“宋美龄遭到总统的冷遇，她也无力再施展故伎，为此深感烦恼。美龄离开华盛顿，再次到孔家在里弗达尔的宅邸，隐居起来。”

1949 年 12 月 10 日，蒋介石和蒋经国从成都飞离大陆去台湾。之后便催促宋美龄离美赴台。宋美龄在美国一直住到 1950 年 1 月 10 日才离美赴台。离美前一天（即 9 日），她在纽约电台发表向全美广播演说。她说：

“我今天对你们讲话，就是要向你们辞行，谢谢你们殷切的款待。希望我下次再到美国来的时候，空气或许比较更为愉悦，敝国并已自异族侵略者的铁蹄下，重新获自由了。

每次离开美国，我总不免意绪茫然。我不仅是一个前来访问的旅客，而且我曾在这里度过多年的少女生活，我在这里接受了我的全部教育，也获得了使我能为本国人民服务的许多启示。几天之后，我就要回到中国去了。我不是回到南京、重庆、上海或广州，我不是回到我们的大陆上去，我要回到我的人民所在地的台湾岛去，台湾是我们一切希望的堡垒，是反抗一个异族蹂躏我国的基地。

不论有无援助，我们一定打下去。我们没有失败，我们数百万同胞正在致力于长期斗争。只要我们一息尚存，只要我们对上帝存有信心，我们就要继续奋斗，无一日无一时不用来为争取自由而奋斗。我们要以毒攻毒。我们要以不屈不挠的精神和生命赋予的毅力，打击敌人，消灭敌人。……

大家务须明白，我们所选择的是为自由奋斗。它不是——而且全世界应该知道它不是——仅系属于我们的斗争。中国当前的斗争，乃是善恶展开庞大冲突的初期，也就是自由与共产主义搏斗的开始。……

我的丈夫领导他的人民从事反共斗争,已有二十几年的历史。一九二六年的国共决裂,就是由他单独负责的。他深信俄国当时的处心积虑,就在积极窃夺我们的国家。他看出中国成了一切谲谋诡诈的试验品,而这些谲谋诡诈,从此也就成了俄国用来反抗世界的伎俩。蒋总统是世界政治家中首先揭发共产党徒阴谋的第一人,同时也是着手反共的第一人。几年以前,他因有反共的勇气与毅力先获得赞扬。现在却被人侮蔑了。时代虽已变迁,但此人并未改变。我的丈夫仍以不屈不挠的精神,领导他的人民反抗异族的侵略和他们的邪说。……

在道义上懦怯的人们现已正在抛弃我们了。我以沉重的心情,看见曾为盟友的英国,过去虽以数百万生命献在自由的坛前,而今竟已被它的领袖们导入政治阴谋的魔窟。……

中美两国的传统友谊,具有与美国同样悠久的历史。你们有许多公民曾经寄居在我们的国家。你们的人民给我们援助,也曾给过我们慰藉。你们所给的是爱的赠与,你们从未要求任何报酬。你们的名字将永远被珍视为友谊与慈爱的象征。我不能再向美国人民要求什么。我在贵国停留的这几个月中,没有发表演说,也没有作过呼吁。我的国家虽然极需你们的援助,但我从未参加求援的竞争。……我们伸着空无一物而愿接受援助的双手直立着,我们谦卑而又疲困的直立着。……不论有无援助,中国决为自由而战。……"

宋美龄的这一广播演说,是一个心酸的、强颜欢笑的、故作镇静的表白,归纳起来讲了以下几个内容:一是承认了蒋介石与宋美龄那个政权在中国大陆上的失败;二是蒋介石与宋美龄那个政权虽然被摧毁了,但"不论有无援助,我们一定打下去";三是,这场奋斗的性质是"自由与共产主义搏斗",认为"世界已被分为自由与共产两大壁垒";四是,蒋介石反共已有二十几年的历史,"是世界政治家中首先揭发共产党徒阴谋的第一人,同时也是着手反共的第一人”，时代虽已变迁，但蒋介石反共的这一基本点没有改变；五是，宋美龄表白“不能再向美国人民要求什么”，说她自己在美国停留的这几个月中，没有发表演说，也没有作过呼吁，虽然极需美国援助，但从未参加求援的竞争。从宋美龄的讲话，可见她的立场、她的观点同蒋介石是完全一致的，都是以反共为己任。也可见，她同蒋介石结合后，是风雨同舟。

从此，宋美龄居留台湾，直至 1975 年蒋介石去世后，离台赴美定居。

在宋氏家族中，唯一留在大陆的是宋庆龄。从此，宋氏姊妹兄弟天各一方。

第八章 恨也悠悠，念也悠悠

1949 年以后，宋氏姊妹兄弟异路东西，失意、落寞取代了昔日的辉煌与风流，政治依然无孔不入地介入他们的感情交流，手足间亲情依旧、恩怨依旧。唯一留在大陆的宋庆龄，从此与兄弟姐妹失去了联系，她思念他们，并托人打听他们的消息。

1. 宋庆龄：留在大陆的唯一亲人

1949年1月21日，蒋介石宣布下野。这时，中国人民解放军已饮马长江，李宗仁代总统发表文告，宣称愿与中共进行和平谈判，以图达到“划江而治”的目的。此时留在大陆的宋家成员只有宋庆龄、宋子文两姐弟及他们的妹夫蒋介石。

宋庆龄于1945年底由渝抵沪，她领导的保卫中国同盟总部也迁到上海，改名为“中国福利基金会”。抗战胜利后，宋庆龄主要致力于中国福利基金会的事业，以帮助恢复战争造成的创伤并开展战后的重建工作。1949年1月20日，李宗仁致信宋庆龄，说蒋介石“凌然引退”，他“不得不出面勉维现局面”，希望孙夫人宋庆龄“出为领导，共策进行，俾和平得以早日实现，国家人民实深利赖。”宋庆龄没有去南京。

1949年初，毛泽东、周恩来联名致电宋庆龄，谓“新的政治协商会议将在华北召开，中国人民革命历尽艰辛，中山先生遗志迄今始告实现，至祈先生命驾北来，参加此一人民历史伟大的事业，并对于如何建设新中国予以指导。至于如何由沪北上，已告梦醒与汉年、仲华切商，总期以安全为第一。谨电致意，伫盼回音。”上海解放后，宋庆龄多次露面参加重大活动。6月初，沈钧儒等民主人士及全国妇联自北平致电宋庆龄，请其北上，宋庆龄一一复电，谓“养疴沪滨，暂缓北上”。6月19日，毛泽东亲笔写信再次邀请宋庆龄北上共商国是，并决定派邓颖超以中共中央代表身份，由廖梦醒陪同，专程自平抵沪看望并迎候宋庆龄。毛泽东的亲笔信如下：

庆龄同志：

重庆违教，忽近四年。仰望之诚，与日俱增。兹者全国人民胜利在即，建设大计，亟待商筹，特派邓颖超同志趋前致候，专诚欢迎先生北上。敬希命驾莅平，以便就近请教，至期勿却为盼！

至此

敬颂大安

毛泽东　1949年6月19日

周恩来也托邓颖超捎去一封信，信中说："现在全国胜利在即，新中国建设有待于先生指教者正多，敢藉颖超专程迎迓之便，谨陈渴望先生北上之情。敬希早日命驾，实为至幸。专上。敬颂大安！周恩来6月21日。"

邓颖超受中共中央的委托于6月下旬抵沪，虽然她与宋庆龄有着很深的友谊，为宋庆龄考虑，她还是决定让廖梦醒先去看望她。面对孙中山挚友的女儿，宋庆龄感慨地说："北平是我最伤心的地方，我怕到那里去。"廖梦醒了解并能体会宋庆龄的感受，她劝慰她并告诉她说："北平将成为新中国的首都。邓大姐是毛主席派来的。她是代表周恩来特来接你的。"毛泽东、周恩来的亲笔信使宋庆龄深为感动。8月28日，宋庆龄在邓颖超的陪同下由沪抵平，毛泽东、朱德、周恩来、林伯渠、董必武、何香凝、郭沫若、廖承志及洛杉矶保育院儿童50余人在车站迎候。据说"这期间，毛泽东到火车站去接过两个人，一位是宋庆龄，一位是程潜。这是周恩来同志周密考虑后建议的"。

宋庆龄抵北平后，参加了各种社会活动。9月21日，中国人民政治协商会议第一届全体会议在北平举行，宋庆龄应邀莅会，在大会主席台上她坐在毛泽东主席和朱德副主席的中间。会议特别邀请她发表讲话，宋庆龄满怀激情地说："今天，中国是一个巨大的动力，中国的人民在前进。这是一个历史的跃进，一个建设的巨力，一个新中国的诞生！我们达到今天的历史地位，是由于中国共产党的领导。这是唯一拥有人民大众力量的政党。孙中山的民族、民权、民生三大主义的胜利实现，因此得到了最可靠的保证。……”她号召大家说：“同志们，让我们现在就着手工作，建立一个独立、民主、和平和富强的新中国，和全世界的人民联合起来，实现世界的持久和平。”会上，宋庆龄与朱德、刘少奇等被共同选举为中央人民政府副主席。宋庆龄感谢中国共产党和全国人民给予她的崇高荣誉，她曾对朋友说：“解放后我来到北京，毛泽东主席和刘少奇同志亲自来看望我，要我接受国家副主席的职务，我不便推辞。事实上，我最热心的是妇女儿童的社会福利工作。”

作为国家的重要领导人，宋庆龄从此进行了繁忙的国务活动，在国际和国内事务中发挥出她的力量，同时，她也一直关心并支持中国妇女儿童的社会福利工作。宋庆龄以她的威望和人格力量为中国人民赢得了许多外国朋友和国际友谊，不止一个外宾发表过这样的评论：“中国共产党既然吸引了像她那样的人，他们就一定有点什么道理。”

长期以来，宋庆龄为了她的政治信仰，为坚持孙中山的三民主义，在家庭方面做出了重大的牺牲，她不是没有痛苦，只是表现得非常坚强。她爱家，爱兄弟姐妹，这种亲情从未受到政治的干扰。可以想见，与亲人分离，尤其看到宋家被列为臭名昭著的四大家族之一，看到自己的弟弟被共产党列为战犯，她内心无论如何是痛苦的。想当年，她曾多么骄傲地告诉友人“我们全家都在为抗战而工作”。1949 年以后，站在共产党一边的她与离开中国大陆的姐妹兄弟彻底对立了，她完全失去了亲人的消息。中国人民的解放、中国的新生令她由衷地感到兴奋与骄傲，同时她也不能不为亲人的离散而感到惆怅。据中国人民银行香港分行经理郑铁如说：“解放后我每次见到孙夫人，孙夫人总要探问宋子安先生的近况，如果我说得笼统，孙夫人会叫我回港后再设法了解得详细一些，然后告诉她。”宋庆龄还托郑铁如带个口信给宋子安说：“他的二姐非常想念他，希望在有生之年能跟他见一次面。”姐弟相会的愿望终于未能实现，宋子安在 1969 年先于哥哥姐姐们而去了。

时至80年代，中国大陆的改革开放使宋庆龄与亲人的联系有了可能，她不止一次地向周围亲近的人或好友打听兄弟姐妹的情况，转达她的思念之情。1979年4月21日，宋庆龄致信杨盟东①，打听她在美国的亲属："你有没有见过戴维（宋霭龄的儿子孔令侃）或者同他谈过话？我所有亲属的地址我都没有。"并表达了她对亲人的惦念："最近听上海的一个老朋友谈起，子安（已故）的妻子婷婷嫁给一个埃及人！大约六七年前，我的亲爱的小弟弟在香港突然去世之后，她就到美国斯坦福大学去念书了。他们有两个儿子，但我从来没有见过他们，因为子安是战时在美国结婚的。……后来我又听说我的第二个弟弟子良病得很厉害，自己的积蓄已经花光了，现在靠亲属赡养他。战时我同这位单身的弟弟同住，后来他同银行家席德懋的女儿结了婚，也是在美国，我也没有见过这位弟妹或她的照片。但我知道他们有一个女儿，他非常宠爱。所有这些自然都使我苦恼。"在朋友的帮助下，宋庆龄很快与子安的遗孀取得了联系，"婷婷终于把子安的照片寄给我了。我真难以相信他已经离开了我们！他是我的多好的弟弟，他从不伤害任何人。对他的猝然去世，我止不住掉泪。现在我见到了婷婷本人的照片，我能理解为什么她同那埃及人结了婚。"通过这封信，我们其实能看出，子安也是非常想念她的二姐，也常谈及二姐，姐弟俩的感情是很深的，所以从未谋面的婷婷在得到了先夫二姐的口信后会立即复信，告知详情。

台湾有位作者这样评价宋庆龄："接近宋庆龄的亲友都了解，在政治问题上，宋庆龄历来有着十分坚定的原则性，但'宋

---

① 夏威夷出生的美籍华人，英文名字叫理查德（迪克）·杨，Richard（Dick）Yang。大学毕业后当上工程师不久就遇上战争，志愿从军。曾任史迪威将军的少校侍从副官。杨的祖先和孙中山是广东香山同乡。杨的伯父杨逸仙1923年曾任孙中山大元帅府航空局局长，兼飞机制造厂厂长。宋庆龄在了解杨的家庭关系后，把他当侄儿看待，经常给他写家信。

庆龄很重视跟她亲属之间的感情’。她的一位亲戚说：‘可以说，二表姐跟她的兄弟姐妹感情很好。即使后来政见不同，但私人感情并没有破裂过。”与宋庆龄有着长期交往，也是宋庆龄信赖的朋友伊斯雷尔·爱泼斯坦对宋庆龄的感情有这样一段描述：“她从来不允许因为这种亲属的感情而放弃自己的原则立场，但除此之外，她是很重感情的，并且只要有利于历史进步，她也会发挥这种亲属关系的作用。”据宋庆龄的一个友人回忆，宋庆龄在临终前曾说，“她很思念美龄……如果美龄来了，觉得住在她家里不方便，可以安排她住到钓鱼台国宾馆去……”

遗憾的是，由于政见的不同，以及中美和海峡两岸长期对峙的政治环境，自 1949 年后，宋庆龄未能见到宋家的任何一个人，这不能不令其感到遗憾与心痛。令其稍感安慰的是，在晚年多少有了一些亲人的消息。据说宋庆龄去世前，宋子良曾从纽约致电慰问：“获悉你患病在身，不胜难过。为你的健康祈祷。”1981 年 5 月 29 日，宋庆龄带着对亲人“久别难逢”的遗憾走完了她人生最后的旅程。宋庆龄治丧委员会致电在台湾和海外的宋庆龄亲属，包括孙科夫人，宋美龄，宋子良和夫人，宋子文夫人，宋子安夫人，侄孙满、孙乾，蒋经国，蒋纬国，宋霭龄的子女，长孙孙治平、次孙孙治强等，告知宋庆龄逝世的消息，并表示哀悼，欢迎他们前来参加丧礼。电文中说：“沉痛奉告：中华人民共和国名誉主席宋庆龄于 1981 年 5 月 29 日 20 时 18 分在北京逝世。这是中国人民和世界人民的莫大损失，也是亲属们的莫大损失。为此，我们向她的亲属们发出沉痛的哀悼。”这是 1949 年以后中国共产党“直接发给台湾领导人的第一批电报之一”。宋子安夫人当即从旧金山发来唁电谓：“对我丈夫的姐姐逝世谨表示诚挚的哀悼。”落款是宋子安夫人及全家。宋子文的长女 6 月 2 日从美国纽约打电报给人大常委会副委员长廖承志，对不能前来参加姑姑宋庆龄的葬礼表示惋惜。电文如下：“廖承志副委员长：非常感谢您来的电报，这消息使我们大家深感哀痛，使人惋惜的是不能够参加葬礼。”宋美龄、宋子良都未能应邀前来大陆参加姐姐的葬礼。据说，北京发给宋庆龄家属的电报使蒋经国很恼火，“又派人到美国去，又写信去，又如何如何，又通过孔令侃，怎么样怎么样。”

政治意识的分歧使庆龄、美龄两姐妹终未能见上最后的一面。1949 年以后，宋美龄的反共态度较过去强烈，对中共的公开责骂甚至比蒋介石有过之而无不及；而宋庆龄则公开站在了共产党的一边，临终前还加入了中国共产党。姐妹二人在政治上的对立似乎更甚了，亲情又会如何呢？据说，在宋庆龄逝世前 3 个月，廖承志给她来了一封信，告诉她“来自可靠的人”、“从您妹妹亲戚和妹妹那里得到”的消息。信中说：“有趣的是知道你妹妹是怎样看您的。而我相信这并不是不可想象的。不仅如此，有一个美国人——里根的信使，和一个中国人到过北京后，她表露了她的感情，而这种感情，我相信，要比家庭感情的含义更多些。”“更有趣的是，大卫·金把您妹妹的地址和电话告诉了我们。如果没有弄错的话，我想大卫是为您而这样做的。”信中的大卫可能是宋霭龄的长子孔令侃，其英文名字叫 DAVID，孔姓的英文音译是 KUN，他是宋美龄长期以来最宠幸的私人总管，也是宋美龄后半生最常生活在一起的亲属之一。如果确是孔令侃，那一定有宋美龄的授意，这就表示宋美龄有与姐姐取得联系的愿望。另据陈香梅回忆，1980 年她与美国总统一同访问中国大陆时，曾替宋庆龄给宋美龄捎过一封信，当时宋庆龄已病重，由廖承志代笔，她签了名。信的主要内容是自己重病在身，希望宋美龄能回大陆，使姐妹在有生之年能够相见，如果不成也希望把在宋美龄处保存的孙中山的遗物还给她。陈香梅等了很久，只等来了一句话，信收到了。宋庆龄去世后，宋美龄在公开场合未做任何表示，但据香港《百姓》半月刊报道：接近宋美龄的人士透露，1981 年 5 月下旬，她在得知宋庆龄病危及逝世的消息时，曾多次流泪，并为二姐向上帝祷告。

宋庆龄去世时，正值两岸关系由紧张趋向舒缓之际，据报载，当时中共有意通过宋家姊妹来沟通两岸关系，而宋庆龄的去世,切断了这一途径。据外电称:“宋庆龄女士的死,失去了把中国和台湾联结起来的、最大的人的联系。了解从前国民党和共产党提携的‘国共合作’(一九二四年到二七年、一九三七年到四五年)的时代的人,在中国和台湾都少起来了。”“宋庆龄女士的一生,担当着作为中国共产党和国内各民主党派、和台湾联结的‘统一战线’的象征的作用。”实现两岸的统一是全中国人民的愿望,对宋庆龄来说,国共两党进行第三次合作,不仅能实现祖国的统一,还能促成她们姊弟的团圆,这是她多年来的夙愿,遗憾的是,由于台湾方面的顽固,这一愿望至今未能实现。

宋庆龄的一生,得到了国内外人民一致高度的评价。宋庆龄的伟大在于她“毫不动摇地从事为中国人民谋幸福的事业,因而赢得了世界各地人民的尊敬”,加拿大维多利亚大学校长称誉她是“二十世纪最伟大的社会公仆和社会领导人之一”。宋庆龄以她的人格赢得了世界各地人民的尊敬,更赢得了儿孙们的爱戴。在她病危时,儿孙们不远万里赶赴北京探望。1981年5月22日,孙科的长女孙穗英、次女孙穗华及其丈夫张家恭专程从美国旧金山赶来北京看望她们的祖母。她们在祖母的病榻前轻声叫唤:“好祖母,好祖母,我们从旧金山来看您了。”当宋庆龄睁开眼睛看着她们,微微颔首时,她们又连连呼唤:“好祖母,好祖母,我们多么爱您啊!希望您早日痊愈。”5月26日,随母亲和外婆居住在澳门的孙中山的外孙女戴成功经由广州到达北京,探望病中的宋庆龄。5月29日,在宋庆龄抢救期间,她的孙女、外孙女及其他亲属都守候在她的病床前,一直到她停止呼吸。在首都隆重吊唁宋庆龄的时候,孙科的夫人陈淑英给宋庆龄敬献了花圈,花圈上写着“沉痛哀悼亲爱的妈妈——儿媳陈淑英敬挽”;长孙女孙穗英和丈夫林达文献的花圈上写着:“沉痛哀悼亲爱的祖母——孙女孙穗英、孙婿林达文率子林俊杰、女林淑真敬挽”;次孙女孙穗华和丈夫张家恭献的花圈上写着:“沉痛哀悼亲爱的祖母——孙女孙穗华、孙婿张家恭率女张乐文、张乐真、子张孔颖敬挽”;外孙女戴成功献的花圈上写着:

“沉痛哀悼亲爱的外祖母——外孙女戴成功敬挽”。不久，孙中山的又一个孙女孙穗芳专程从檀香山赶到北京参加祖母宋庆龄的葬礼。

宋庆龄去世后，根据她的临终要求，她被安葬在上海的宋氏墓地，和她的父母在一起。她不愿葬在中山陵与她挚爱的丈夫在一起，人们对此有不同的解说，有的说这是因为她不愿为她大办丧事，有的说是因为他不喜欢中山陵，认为那是蒋介石沽名钓誉的作品。据宋庆龄多年的挚友、邹韬奋夫人沈粹芬说：“庆龄同志曾对我讲过，上海是她的出生地，是她从事革命活动和居住时间最久的地方。她在这里交往过许多革命者和进步人士。当年她将大批医药物资送往解放区，支援人民军队，也是从上海运出去的。解放后，她在这里会见过许多国际友人。庆龄同志还多次谈到，上海有孙中山先生的故旧，有中山先生的许多遗物。而且她的父母都葬在那里。她曾经多次告诉我，她热爱上海，在她去世后一定要把骨灰盒葬在那里。”的确，宋庆龄是个非常念旧和重情的人，她只想让那些美好的回忆永远伴随着她。不论是何原因，宋庆龄的这一决定有两点应该是明显的，一是向世界宣告宋庆龄是一名独立的战士；二是战斗了一生的她在离开人世之后希望回归平静，抛开所有的荣誉，与生她养她的父母相伴相随，这也正是她的人格魅力所在。正如海伦·斯诺对她的评论：“她之所以受人尊敬，并不是因为她有什么伟大的成就，而是因为她就是这样一个人”；她竭力“做到别人所期望于她的地步，她很关心国家大事，同时，在社会上，她是充满传奇色彩的人物”；她“不仅能在诸多矛盾的环境里活下来，而且还能将矛盾加以糅合”；她的“个性往往同社会责任相冲突，可是她始终不让个性受到摧残。她真可以称得上是一位人性的胜利者”；人们“凡是要诉诸与情的事，都把她当作是高举火炬的自由之神，事情之所以如此，因为她屹然独立”；“孙夫人是一个伟大的女性，不是因为她有所作为，而是因为她有所不为。她受人们尊敬是由于她的人格，而不是什么丰功伟业”。

2. 宋子文的“寓公”生涯

蒋记政权败退大陆后，宋氏兄弟姐妹异路东西。从此，荣耀与辉煌成为历史，彼此的关爱也渐渐淡化。

宋子文自 1949 年 6 月抵美至 1971 年 4 月去世，在美国渡过了他 22 年的“寓公”余生。

晚年的宋子文，在美国深居简出，交际圈子大大缩小。他把大部分精力用于经营他的金融事业。据《宋家王朝》中说，他在余生“疯狂地从事石油股票、商品期货和新技术的交易”。闲暇时间，宋子文与故友相聚，以打牌来消磨时光。

宋子文夫妇初抵美国时，先在曼哈顿买了一套住宅，据《于凤至旅美五十年》一书中描述：“这是一幢高层巨厦的 9 楼。可是却显得异常舒适豪华，富丽堂皇的陈设和那些中国古董字画，会让于凤至油然记起在南京时曾经造访过的鸡鸣寺宋宅。可是，在于凤至的眼里终究今非昔比，宋子文和张乐怡尽管在美国仍旧过着锦衣玉食的生活，排场毕竟不如当年那般显赫了。”后来，宋子文在长岛买了一套豪华住宅。据《宋家王朝》一书中说：“在美国的华人社区内大家都街谈巷议说，宋子文在长岛的家里存有‘令人难以置信的’财富，宋子文是一个‘极端危险’的人物，因为他是在美国的最有势力的中国大亨，许多‘坏人’都依赖他。……这倒不是说宋子文本人是个危险的人。而是说，只要他轻轻说一句话，对中国人的堂社、辛迪加、中国银行以及一些叫不上名的恐怖组织的对象，都会带来可怕的后果。”不管此段话的可信度如何，宋子文拥有巨额财产，却是不争的事实。《不列颠百科全书》也称，据说宋子文“是世界上最富的人”。为安全起见，宋子文在其宅邸周围安装了复杂的警报系统，戒备相当森严。

宋子文虽然在美国当起了“寓公”，但有着 20 多年政治生涯且几度辉煌的他，对政治、对蒋介石集团仍有着割不断的

"情"。尤其在初抵美国时，宋子文还以一介"平民"的身份，利用他在美国的影响，积极为蒋介石效力。蒋介石抵达台湾后，立即致电宋子文请其赴台继续效力，而此时的宋子文根本无意去台湾，他刚刚在美国曼哈顿花园大街1133号购置了一幢别墅安顿下来，这份急电对他来说，正像美国作家西格雷夫在《宋家王朝》中所描述的："这很像意大利黑手党分子发来的一封要他回索伦托（意大利那不勒斯湾南边的一个海港）的邀请信，或者回去'看看那不勒斯就死去'。"之后，国民党中央党部又数度电请宋子文赴台，宋子文均置若罔闻。1952年10月，国民党在台湾召开"七大"，会议通过了第六届中央委员"整肃案"，该案规定：在此次会议以后，中央委员应举办党员总登记，"详订办法，严加考核，分别去取"。蒋介石和宋美龄几次致电、致信宋子文、孔祥熙，请他们务必在限定的时间内返回台湾供职。宋子文、孔祥熙对此均不予理睬。次年，由蒋介石圈定批准开除国民党党籍名单，孔祥熙位居第一，宋子文位居第二。

宋子文不愿在这时去台湾，自然有他的想法。

第一，宋子文对蒋介石政权已完全丧失了信心。对于国民党政权的腐败性与落后性，宋子文是早有认识，只是在其还未彻底垮掉之前，仍对其存有一线希望，因为自1927年投入以蒋介石为代表的南京国民党中央政权起，宋子文已将自己的政治前程与这个政权系在了一起，他始终视这个政权为实现自己抱负的理想场所。为了给这个行将就木的政权注入新的活力，初到美国时，宋子文还与顾维钧商议组织一个新内阁的问题。他们的设想是：邀集一部分知名、廉洁、自由主义的留美学者在蒋介石和李宗仁的支持下，组成一个新的内阁，并在各政府机构工作中使用若干美国顾问；蒋介石在充分的外国技术支持下主持军事，把政治和政府事务交给文职官员，让文官去当省主席；蒋介石和国民党退居幕后，授予新内阁以施政的全权，用民主的方式来应付局面。他们改革政府的目的不仅是为了拯救国民党政权，以图重整旗鼓，更是为了让美国当局看到国民党人"真诚自救”的决心，以便获得美国的大力支持与援助。然而，组阁的梦想很快被现实击碎，而且，这一主张也根本不可能为蒋介石所采纳，宋、顾的组阁努力只能是一次“空中组阁”的尝试。

在组阁梦想破灭，美国也明确表示准备放弃在台湾的国民党政权后，视美援为挽救国民党政权之唯一希望的宋子文，对于他曾经为之呕心沥血的那个政权，甚至对于自己的政治前程，彻底地心灰意懒了。况且，当时外界几乎没有人认为蒋介石能在台湾呆 1 年以上。失败的空气可谓非常浓厚。英国已经承认了中华人民共和国，不少人认为美国效尤只是时间问题。在这种情况下，宋子文自然是不愿意去台湾与蒋介石“共患难”了。

第二，这时的宋子文已经是声名狼藉，去台湾只能是“凶多吉少”。宋子文抵达美国后，很快发现美国的官员不像以前那样“友好”。首都华盛顿的高级官员们津津乐道地谈论着宋氏家族中饱私囊的各种丑闻，甚至总统杜鲁门也坦率地对他的助手们谈论中国政府中的“贪污舞弊之徒”，这令宋子文十分的难堪。他曾对顾维钧说：“他已被华盛顿的共产党分子或同情共产党的分子诽谤中伤到如此程度，使他感到访问首都毫无意义。”

为了掩盖自己的丑行，宋子文将美国官员对他的指责说成是“共产党分子或同情共产党的分子”对他的“诽谤中伤”。而美国人根本不与他计较这个，对宋子文的调查依然进行，同时被调查的还有孔氏家族，媒体不断披露宋子文等的财产情况。美国联邦调查局在杜鲁门的指示下，找出了宋家在二战时期的档案材料，发现宋子文“开始担任公职时财力十分有限，而（到一九四三年一月）他已经积蓄七千多万美元。”联邦调查局还向各地机构发出指示，要求调查宋氏家族所控制的工业、公司和企业的国内银行存款额。联邦调查局的调查的确发现了一些有价值的材料，但最终因宋氏家族在美国的强大势力，以及宋子文等人在美居留的特殊身份而告停止。由于孔、宋两家不是美国公民，也不是已经注册的外国代理人，并不再是国民党政府的官员，他们是以“社会名流的特殊身份在美国居留”，这使他们免去了填表申报的麻烦。总之，“他们的地位十分暧昧，他们不负有详细申报其财产与活动的义务”，这就使人无法弄清他们的财产数额。但根据一些零星消息的透露及已有材料的统计，美国当局断定宋子文及其家族贪污、挪用了巨额公款，而且已将大笔美国援助中国之款项转入自己囊中，这使美国人十分气愤。在那些日子里，美国的各种出版物上都有一些文章谈到中国人的贪污问题。美国《商业日报》在7月13日刊登的一篇头版文章中指出：“中国高级政府官员们把政府财产大量转入私人账户被揭发后，国务院受到了日益增长的压力要求冻结中国国民政府在美资产。”该文虽然没有直接指名道姓，但谁都知道指的是何许人。1950年5月1日，《华盛顿明星晚报》的专栏作家布朗在其文章中更明确指出：“台湾的中国政府与其请求美国国会的援助，不如动用中国私人存美的资产。蒋总统目前所急需安定金融、建设经济等等的款项共约三亿美元，实在可由孔祥熙与宋子文两氏私人借款，不必再向美国纳税人民企求。因为根据美国官方确切可靠的统计，孔宋两人在美国的银行存款达五亿美元之多，从这中间借款三亿美元给蒋介石将军，决不会使他们两人当真‘贫穷’起来。何况以他们和蒋总统的亲戚关系，过去都曾先后拜膺财政部长兼行政院长的高官巨任，荣辱同当，患难安乐共尝，于公于私都有贡献援助之义。省得蒋总统的政府为求一点有限的美援，费尽九牛二虎之力向美国政府和国会申请，多方活动，还不断遭受到误解与抨击。所以由孔宋等富豪来‘援助’中国的政府和他们的至亲蒋总统，实在是天经地义不过的。”

该文的发表，无论是对在美国的宋子文、孔祥熙，还是对在台湾的蒋介石政府，都是一强烈的刺激。宋子文愈发的忐忑不安。台湾方面连连催孔、宋赴台，或许正有从二位“豪门”腰包中捞些资助的想法。事实上，一年前宋子文还在大陆的时候，国民党内就有人提出要宋子文把他巨额财富的一部分捐献给国民党事业的动议。据说，宋子文的财产分散在法国、南、北美洲、印度、南非以及这条线上的一些银行里。当然，宋子文没有理睬这些主张，匆匆地离开了中国大陆。如今，他更不会去台湾自投罗网，让人分享他的财富。

1953年，宋子文被开除国民党党籍后，便完全脱离了蒋介石集团。美国《纽约时报》曾对此作如下报道："国民党说，宋子文这位世界上的首富之一，宁愿选择辞职，也不愿回到受共产党威胁的小岛。这个岛屿是蒋委员长从他原有的亿万人口大国所剩下的全部地盘，就只是这块避难所。"

宋子文虽然不理睬蒋介石的一再召唤，但仍然关心着败退到台湾的蒋记政权，也一直关注着台湾的局势。宋美龄赴美，他偕夫人前往机场迎接。台"驻美大使"顾维钧是宋子文圣约翰大学的校友，二人私交甚好，始终保持着联系。宋子文时常与顾维钧会晤，交流信息或商讨有关事宜，尤其当国际局势发生变化或美国出台新的对台政策时，他会邀约顾维钧或另邀有关人员在自己寓所召集会议，共商事关台湾前途的事宜。1953年美国《纽约时报》报道了由联合国托管台湾的有关消息，宋子文对此非常关注，为此而召集有关人员进行讨论。被开除了国民党党籍，已成为一介平民的宋子文，对国际上的反共问题也一直甚为关心，有过5年外交部长经历的他更对外事问题有着特殊的"感情"，据《顾维钧回忆录》记载，宋子文曾多次宴请赴美的台湾"外交部长"叶公超。不过，在蒋介石看来，这种无关痛痒的关心毫无实质意义，宋美龄也怪哥哥的无情与自私。1949年以后，宋子文对蒋记政权最大的也是最有实际意义的帮助，可能要数他对院外援华集团的出钱支援。院外援华集团是杜鲁门时代美国政界中的一个派别。该派出于强烈的反共意识，主张美国应在世界上一切地方充当反共急先锋，他们认为中国比欧洲更重要，不满于美国政府的现行对华政策，力主美国应大力援助蒋介石的反共政策，他们以催促美国政府加强援助蒋介石为职责。这一派人中包括有国会议员周以德、诺兰等"中国帮"、舆论界的大腕人物艾尔索普兄弟、亨利·鲁斯等，还有麦克阿瑟等军人。“这个院外援华集团的工作、方针和主要财源都不是美国提供的，而是属于宋氏家族和中华民国政府。……任何了解这里情况的人都不会怀疑，一个强大的院外援华集团已经给国会和总统施加了非常大的影响。一个外国代理机构和外交代表能施加这样大的压力，在外交史上很难找到先例——中华民国直接介入的规模，不是空前，亦属罕见。”事实上，宋子文出钱支持院外援华集团，不仅是为了在台湾的国民党政权，也是为了他本人的利益，因为该集团中的许多人物能够在四面八方产生影响，这对宋子文在美国的生意与生活不无帮助。正如西格雷夫在《宋家王朝》中所说：“宋氏一家似乎总能绝处逢生。在美国，他们出入自由。他们生活在美国，开银行，搞投资，为所欲为，日常生活不受任何拖累。”

1958 年 12 月 11 日，居住美国长达 9 年的宋子文夫妇突然回到香港。香港新闻媒介十分敏感，立即发表关于宋子文将重返政治舞台的种种报道。或许是为了澄清视听，宋子文在其私邸举行了一个有 20 来位记者参加的西餐招待会。面对记者们的提问，宋称：他来香港就是为了看朋友，度圣诞节，别无其他使命，“我已是望土之人了，和政治生活已隔得太久，不准备再搞了”。至于记者们所提的敏感性问题，宋子文一概不作正面答复。据参加招待会的记者报道说：“宋显得苍老而瘦削，发已半白，但精神仍健旺，他这副模样和神态，如果不事先知道他是宋子文，至少得定睛端详，仔细忖量，方能认出。”这时的宋子文与当年神采飞扬的他已是判若两人。

1959 年 1 月 12 日，宋子文偕夫人离港返美。宋氏夫妇在香港逗留了一个月，仅仅是为了“看朋友、度圣诞”吗？外人不得而知。香港《自由日报》事后曾作了这样的报道：

“原来宋氏此次离美东来，本有意复出为国家效力，最初之洽商是宋氏出主救济总会并由宋氏先垫出美金 1 亿元，辅导国家财经建设，并扩大海外救济工作，因年来救总由谷正纲氏主持，外间颇有烦言，若换一个宋子文，自能将工作圆滑推进，因宋氏有的是钱，而救济工作则非钱不行也。

内幕的报道并说，如果此事能顺利进行，则宋氏复出之第一步工作算是完成，而第二步则是宋氏由主持救济事业进而兼涉财经任务。所传宋子安氏赴台为 TV 宋铺路，即是如此。宋子安赴台后，即分头和若干立法委员和国大代表接洽，同时并进谒某巨公（蒋介石），试探当局意见。

使宋子安氏感到犹如冷水浇背的是，某巨公谈当局对宋子文之复出，如果单是协力于救济总会工作，是无问题的，如果要进一步重登政治舞台，以宋氏过去遭到各方的不良反应来说似乎目前尚非时机。当局之意如此，宋子文氏遂不得不知难而退。”

宋子文是否有意重登政治舞台，尚且不论。他这一次的到港，想来并非如其本人所说的那么单纯，仅仅是“看朋友”、“度一个圣诞”。或许他有意与蒋介石重修旧好，借回香港，向台湾方面传递信息？或许在上了年纪之后，因思乡心切，有回国之意？但是，宋子文的这次返港，似乎没有任何结果。

时至 1963 年，应蒋介石、宋美龄夫妇的邀请，宋子文对台湾作了唯一的一次访问，受到了蒋氏夫妇的热情接待。当时，美国政府受国内外局势的压力，正考虑调整对中国大陆及台湾的政策，为拉拢与美国的关系，蒋介石希望宋子文能够出力，对华盛顿重施故伎，为他的“反攻复国”争取援助。宋子文此次在台湾仅住了几天即很快返美。以后，宋子文再没去过台湾，与蒋介石的关系一直十分冷淡。由此看来，蒋、宋的这次会面，二人必各揣心思，却未能彼此沟通、妥协，结果只能是不欢而散。

1969 年 2 月 25 日，宋子安因脑溢血在香港病逝。3 月 5 日夜，宋子文由美国飞抵香港，翌日在一基督教堂参加其弟的安息礼拜仪式。这是宋子文生前最后一次踏上国土。

1971 年 4 月 24 日晚，宋子文偕夫人在旧金山的一个老朋友家里聚餐时，因食物进入气管导致心力衰竭而猝然去世，时年 77 岁。尼克松总统给蒋介石夫妇发去了一份唁电，云：“他报效祖国的光辉一生，特别是他在第二次世界大战期间为我们共同的伟大事业所做的贡献，将永为美国朋友们铭记不忘。和你们一样，我们感到他的逝世是一个损失。”

4 月 27 日，台湾《中央日报》在第一版报道了宋子文去世的消息，并附有宋子文的遗像，另在第三版刊载了《宋子文事略》，内称：“宋故院长一生热爱祖国，于北伐、抗战与戡乱诸役，或主持政府度支……或主持中央与地方政府，皆有重大贡献。……大陆局势逆转后，他出国赴美。在旅美期间，仍时以祖国情况为念。”对宋子文的一生作了较高的评价。除此之外，即无高规格的表示，没有像先前对待孔祥熙那样，为其在台湾举行一个追悼大会，也没有派政界要人或至亲赴美国参加宋子文的葬礼，只是由蒋介石“颁挽”一块题有“勋猷永念”4 字的匾额，而当年孔祥熙去世后，蒋介石除了颁发“总统褒奖令”予以表扬、赠匾、发表祭文外，还用“蒋中正”的名字，亲自为孔祥熙撰写了“事略”，两者相较，待遇甚是悬殊。据台湾官方发言人的解释，其妹宋美龄原打算赴美参加葬礼，在“获悉”中共方面可能派宋庆龄赴美时，“立即决定取消此行”。

宋子文的去世，本给宋氏三姐妹的相聚提供了一次有利的机会。当时，中美两国政府正在进行秘密的接触，以求改善关系。美国总统尼克松曾想通过宋氏三姐妹奔丧的机会推进中美两国建交，为此他邀请了大陆的国家副主席宋庆龄、在台的蒋介石夫人宋美龄和时在美国的孔祥熙夫人宋霭龄前来参加宋子文的葬礼。据说尼克松当天就收到了中方的回复：“宋庆龄副主席赴美参加宋子文的葬礼，由于中美尚未建交，没有直达航班，现在通过美国航空公司联系专机，经伦敦飞美国。”同时，尼克松也收到了宋霭龄、宋美龄将前来参加葬礼的回函。不料，已离台经夏威夷飞纽约的宋美龄，中途得到了蒋介石的通知，以勿入中共的圈套为由，要其停止飞赴美国参加葬礼。接着，宋子文家属又收到孔家的电话，宋霭龄临时决定不参加弟弟的葬礼了。得知这意外的消息后，尼克松立即通知有关部门电告蒋介石，说明宋子文的葬礼纯属宋氏家族的私事，和大陆的中共无关。但宋美龄仍留居夏威夷观望。4 月 28 日，宋子文的灵柩从旧金山运抵纽约。葬礼的前一天，中共方面电告说，由于包租不到专机，宋庆龄无法赴美参加弟弟的葬礼。尼克松深感遗憾，他把这一消息通知了蒋孔两家。结果，宋美龄飞回了台湾，在美国的宋霭龄则犹豫不决。5 月 1 日，在纽约市中心的一个教堂里举行了宋子文的追思礼拜。参加者有宋子文的遗孀张乐怡和 3 个女儿、宋子文的弟弟宋子良，以及顾维钧、台湾驻美“大使”刘锴等数百人。宋氏三姐妹均未出席，无论对生者还是死者来说都是件痛苦的事，不能不说这是为政治而牺牲亲情的悲剧。

3. 散居海外的兄弟姐妹

在近代中国历史上，没有一个家族像宋氏家族那样集权力与财富于一身；也没有一家像宋家那样，六个姊妹兄弟个个“出彩”。尤其令人瞩目的是，宋氏家族是以宋氏三姐妹而闻名。在宋氏三兄弟中，大哥宋子文最引人注目，他的步入政坛乃至在政坛上的起伏，无不与宋氏三姐妹有关，而他与宋霭龄、宋美龄两姐妹的关系也最为复杂。宋家小弟宋子良、宋子安，与哥哥姐姐的关系一向是融洽的。比较而言，宋子良在政治上比弟弟子安稍活跃一些，与哥哥姐姐也走得更近一些。

国民党败退大陆后，除了宋庆龄留在大陆，宋美龄随夫定居台湾外，宋耀如的其他 4 个孩子皆定居美国。同在美国的三兄弟子文、子良、子安时有聚会，顾维钧在其回忆录记载了三兄弟的一次活动，那是宋子安在纽约圣里吉斯饭店为其兄宋子文举行的晚宴，顾维钧应邀出席，“那天共摆了三桌筵席，每桌由三兄弟之一做东。”子良、子安与离开大陆的两个姐姐也是时有联络的。蒋记政权败退台湾后，宋美龄因公或因私多次赴美，只要可能，他们均会前往迎接。1952 年 10 月，随蒋退居台湾后的宋美龄第一次访美，宋子良夫妇与孔祥熙、宋子文夫妇及国民党在美官员等一起前往机场迎接宋美龄。1954 年 7 月，宋美龄赴美就医，此行她是悄然至纽约，除子安外别无他人前去迎接。当时，蒋介石正考虑让顾维钧回台任考试院长，“驻美大使”一职另委其人，宋子文认为此举不妥，他请子安转请宋美龄把他的想法转告蒋介石。可见子安与三姐美龄关系之亲密。

俗话说，“度尽劫波兄弟在，相逢一笑泯恩仇”。宋子文与孔祥熙、宋霭龄夫妇却是积怨难消。宋霭龄与宋子文的姐弟情谊早因孔、宋间的权力争夺而趋于淡化，关系几至冷漠。1949 年以后，客居美国的宋霭龄把自己裹得更加严实，可以说她过的是一种与世隔绝的隐居生活，只是当妹妹美龄来美后，她偶尔会随妹妹一同与“驻美大使”顾维钧见面，听他谈美国的政局及有关的中国问题。同在美国当“寓公”的孔祥熙与宋子文，虽结束了政治生涯，但有着 20 多年政治生涯并曾掌握至高权力的孔、宋二人，对政治、对蒋介石集团仍有着割不断的“情”，政治依然无孔不入地介入他们的感情交流；虽然他们已不再为权、为财而争，但积怨甚深，以致同在美国纽约却形同路人，不相往来。50 年代初，时在美国的于凤至（宋母的干女儿、张学良的发妻）曾到长岛拜见干姐宋霭龄，她与宋氏三姐妹及宋子文的交情均不错，从孔祥熙口里她听说宋子文也在美国，欲细打听，孔却只说宋子文在美国西部经商，做着石油的生意，其他的则支支吾吾、语焉不详。其实当时宋子文也在纽约，于凤至不久在路上巧遇了宋子文夫妇。可见宋、孔关系之紧张。不过，宋美龄访美时，孔、宋二人还是会坐在一起，宋子文也会暂时抛开恩怨，赴孔家参加招待美国友人的宴会。除此之外，孔、宋二人全无交往。1967 年 8 月 15 日，孔祥熙因病去世，同住一城的宋子文没有去参加姐夫的葬礼。“孔祥熙的葬礼是在纽约的第五街马布尔联合教堂举行的。宋美龄带着一个五人护旗队和蒋纬国从台湾乘飞机到纽约参加孔祥熙的葬礼。参加葬礼的还有美国政界要人尼克松、红衣主教斯佩尔曼、参议员埃弗雷特·德克森等人。在这众多人之中，却没有看到身在美国的宋子文的影子”。四年以后，宋子文去世，同在美国的大姐宋霭龄也未去参加葬礼。无论是何原因，也无论宋霭龄当时的内心感受如何，在外人眼里姐弟亲情几近断绝。

1949 年以后，远离故土的宋氏姐妹兄弟中，走得最近的要数宋霭龄、宋美龄姐妹俩。一直以来，宋美龄与大姐宋霭龄的感情最为深厚，对霭龄的孩子，宋美龄视同已出。孔家的孩子能在社会上"出人头地"，即得益于小姨宋美龄的关照与庇护。还在宋美龄 1942 年出访美国时，应大姐宋霭龄的要求，其长子——已获得哈佛大学经济学硕士学位、正滞留美国无事可干的孔令侃被任命为宋美龄的私人秘书，参与决策和安排访美期间的一切重大活动。宋美龄还带着他到美国各地周游访问，不失时机地把孔令侃介绍给美国各界名流，帮助孔令侃开辟了生财渠道。孔令侃与他的妹妹孔令伟日后成了宋美龄的左右手，只要是重大事情，外面的通常交由孔令侃去办，官邸的内部事务则交由孔令伟去办。所以，虽然孔祥熙与宋子文一样躲在大洋彼岸，奉召不回，同样被开除了国民党党籍，不再为国民党及蒋记政权效力，但最终蒋介石还是原谅了孔祥熙，关键即在于夫人宋美龄做了许多工作。

蒋孔关系的破裂据说发生在 1949 年。蒋介石下野退居溪口后，孔令侃曾奉父母之命送去 10 万美金，在此之前，宋美龄刚从蒋经国手下救下了外甥孔令侃，蒋经国的打虎行动因此失败，孔氏夫妇此举之用意无疑是多方面的，但被蒋毫不客气地拒绝了，从此，孔蒋两家有很长一段时间互不理睬。不过宋美龄与姐姐、姐夫的关系似乎未受影响，1949 年以后宋美龄的每次访美，无论因公因私皆让孔祥熙或其子女负责联络与接洽。若妹妹前来就医，宋霭龄会亲赴檀香山等候妹妹，并陪其同赴美国大陆。宋美龄还与孔祥熙、宋霭龄夫妇一起在美国购置房产。据说"宋霭龄与宋美龄合资在蝗虫谷（坐落在纽约长岛北岸）购买了 37 英亩的土地，兴建了一组庄园式豪华建筑。主建筑共有 3 幢，每幢的房间在 30 套左右。其中的 1 幢由宋美龄居住，其余 2

幢由宋霭龄、孔祥熙与子女们居住。3 幢房屋都坐落在林荫深处，距小马路最近的距离也在 500 米以上，所有路人只能从大门口远望而无法近观。”

在宋美龄的影响下，蒋介石对孔祥熙、宋霭龄夫妇的态度渐趋好转。1963 年，受蒋介石、宋美龄夫妇的邀请，也是经妹妹美龄的长期劝说，孔祥熙、宋霭龄抵达台湾，孔祥熙并担任总统府资政、国民党中央评议委员等职务。1966 年，孔祥熙“宿疾复发”，重返美国医治，宋霭龄同往。孔祥熙去世后 6 年，即 1973 年 10 月，85 岁高龄的宋霭龄在纽约哥伦比亚长老医院去世。在宋霭龄弥留之际，小妹美龄匆匆赶往美国，与大姐作诀别。对任何名人的去世都大加报道的《纽约时报》，对宋霭龄的去世只刊登了一个简短的讣告。美国作家西格雷夫对宋霭龄的一生作了这样的评价：“这个世界上一个比较令人感兴趣的、掠夺成性的居民，就这样在一片缄默的气氛中辞世了。这是一位在金融界颇有成就的妇女，她的财富仅次于她的弟弟宋子文。她也许是前所未有的最富的女人。她的钱财全靠她的狡黠积累起来；美龄和蒋介石的婚姻是她从中撮合而成的；她是宋氏传奇的主要设计者，她是宋家王朝在权力上扶摇直上的真正策划者。”

在人们眼里，宋氏家族第二代的辉煌是他们的后代所无法企及的。宋家的第三代，准确地说应是宋氏三兄弟的儿女。宋子文育有 3 个女儿，在他出任行政院长期间，他曾带长女出席过一些重要的社交活动，但不久宋子文即因聚敛财富之臭名被赶下台。宋子良有一个女儿，宋子安有两个儿子，他们二人皆在抗战时期结婚。宋家三兄弟的孩子显然没有宋霭龄的孩子“幸运”，他们没赶上宋氏家族的辉煌时期，自然沾不到宋家的光。在目前已出版的著述中都很少提到宋家的第三代，宋氏家族的美名或臭名应该说皆止于宋氏第二代。

4. 宋美龄：宋家唯一跨越三个世纪的人

如今，宋氏家族曾经拥有的辉煌已成历史，宋子文与他的两个姐姐和两个弟弟已先后追随父母而去，宋美龄成为宋家唯一的百岁老人，虽然深居简出，仍令世人关注。

自与蒋介石结合后，宋美龄一直活跃在政治的前台，直至1975年蒋介石去世，她是宋氏三姐妹中位居“执政者”地位最久的。与两个姐姐一样，宋美龄是丈夫最好的助手。有作者如是评价宋美龄：“蒋夫人在各种问题上，尤其是在凡与外交，外国人士，外国各种组织方法和实施方案，以及外国技术专家的利用有关系的问题上，都足以贡献出实际的助力。从她们结婚的日子起，蒋夫人帮助着蒋委员长实现谋求人民福利的各种工作计划，并且当她和蒋委员长一起出发旅行，作各种活动和工作的时候，由于实际跟民众接触之故，便获得了人民问题的直接知识。那些旅行，往往十分险峻，且须冒生命和肢体的危险。蒋夫人对于生活和劳动的勤奋，虽然很影响了她的健康状态，但她始终是不避艰险，这可说是对于蒋委员长的一种幸运。”

一位外籍作家这样评价宋美龄：“凡是蒋夫人巡游所及的各省，她没有一处不是留下了一个明澈的印象，被人们认为是一个又热心又能干的贤妇，她总是怀着激越的热忱和伟大的纯正目的，而为中国国民的福利而工作的。”

对于“第一夫人”宋美龄与宋氏家族的关系，有书作了如下评说：“孔宋财团在抗战期间的聚敛行径，以及姊夫孔祥熙、哥哥宋子文在身任高官之后，种种令国人不能谅解的施政表现，虽然与蒋夫人全无直接关系，但却常令她处于尴尬的境地。基于亲缘关系，有时她也不得不对孔、宋曲予回护，甚至因此而曾与蒋公发生意见龃龉的情况。就一个政治人物而言，这是对蒋夫人最不利的一点。好在政府迁台之后，孔、宋二人完全退出政坛，蒋夫人不再受到他们牵累。从五十年代至一九七五年，二十余年间，她以她雍容亲切的第一夫人形象，襄赞蒋公的革新再造政策”。此段文字意在肯定宋美龄，但其中揭示的事实恰恰为人们客观评价宋美龄提供了依据。

1949 年以后，在离开大陆的宋家成员中，唯有宋美龄还活跃在政坛上。政治上的失意自不待说，兄弟姐妹一个个地先她而去，令宋美龄深感悲痛，她在 1975 年赴美前发表的文告中表露了她的伤痛：“近数年来，余迭遭家人丧故，先是姐夫庸之兄去世，子安弟、子文兄相继溘逝，前年霭龄大姐在美病笃，其时总统方感不适，致迟迟未行，迨赶往则姐已弥留，无从诀别，手足之情，无可补赎，遗憾良深，国艰家忧，接踵而至，二年前，余亦积渐染疾，但不遑自顾，盖因总统身体违和，医护唯恐稍有怠忽，衷心时刻不宁。……余日梦侍疾，祷望总统恢复健康，掌理大事，能多一年领导，国家即能多一年扎实根基，如是几近二年，不意终于舍我而去，而余本身在长期强撑坚忍，勉抑悲痛之余，及今顿感身心俱乏，憬觉确已罹疾，亟须医理。”

1975 年 9 月，宋美龄赴美就医。1976 年 4 月，宋美龄由美国返回台湾参加蒋介石去世的周年纪念活动；8 月，宋美龄再度赴美就医，此后一直在纽约长岛休养。1986 年宋美龄回台湾参加纪念蒋介石百年诞辰的活动。这一次，她没有即刻返美，而是留下来协助蒋经国开展政治革新，主要是帮助做元老们的工作。

众所周知，在宋氏三姐妹中，唯有宋霭龄育有儿女，宋庆龄、宋美龄虽没有自己亲生的孩子，但同样得到了儿孙们的爱戴。就宋美龄来说，她与蒋经国的关系是最不好处理的。宋美龄与蒋经国在大陆时期的关系是较为淡漠的，彼此间均保持矜持。蒋经国在遵从父命下，对宋美龄尽到了最起码的礼貌与尊敬，宋美龄则还以作为“母亲”的礼数。自 1949 年 1 月蒋介石宣布下野后，宋美龄与蒋经国的关系才开始有所改善与拉近。时在美国的宋美龄常与随侍蒋介石左右的蒋经国通信，交流信息，交换意见。宋美龄还因她滞留美国一事请蒋经国帮忙劝说蒋介石。蒋介石去世后，宋美龄赴美就医，有一种说法是宋美龄因与蒋经国发生权力上的冲突而不得不离台赴美。权力上的争执或许有，但二人在生活上彼此发自肺腑的关心也是不争的事实。在《蒋夫人在美与经国先生来往电报录底影印》中，有两类关系宋美龄与蒋经国亲情的记录值得一述：

一类是蒋夫人常在圣诞节及经国先生生日的时候赠送礼物，经国先生则更是不定时的敬献时果珍馐，以表孝思。蒋夫人赠送给经国先生的礼物，有皮鞋、大衣、放大镜、饼干，及糖食等；经国先生敬献的时果珍馐，则有冬笋、柿子、柚子、芋头、枇杷、西瓜、梨、荔枝、肉松、燕窝、梨山特产，及水年糕、米拌粜粉等家乡味食品。每年蒋夫人的寿辰，经国先生除了贺电遥祝外，都要孝勇先生全家作代表，专程前往问安拜寿。另一类是蒋夫人与经国先生对彼此健康状况的关怀。蒋夫人除了有皮肤过敏、牙疼、颈背酸疼僵硬、重听，及车祸旧伤的宿疾外，曾经得过行疹症、胃溃疡、左腿神经痛、腰伤、晕眩症、重感冒、肺炎、右手发麻、血栓症、高血压，及脾骨折伤等。每次蒋夫人有恙，经国先生都孺慕至深，除了遥祝早日康复、加倍珍重外，常常以未能随侍左右而内疚。蒋夫人罹患血栓症时，经国先生想派医护人员前往照料，但请示后，被蒋夫人劝止。其后蒋夫人折伤脾骨，开刀治疗，经国先生不胜惊忧，遂不待请示，即派孝勇先生及当时的骨科权威邓述微医生前往。至于这段时间经国先生的健康状况，则可以“百病缠身”四字来形容，较严重的有糖尿病、摄护腺肥大、左眼玻璃体出血、视网膜剥离、足末梢神经炎、白内障、心律不整等。经国先生的糖尿病非常严重，不时复发，而且会引起许多的并发症，久久不愈，却仍然要力疾从公，竭忠谋国，因此最让蒋夫人挂心，常常劝经国先生：“希汝于周末离台北，以便多加休息，不宜过劳。”“欲达报国之愿，务需珍惜身体。”“余隔重洋，虽卧病榻，亦不断以国家前途、汝身体健康为忧。盼节力珍摄，耐心调养。”“须牢记……养病如养虎之要谛，切勿……又过操劳。”“凡中年以上者……体力方面，不宜时常透支。”“汝不可终日涵于各种公务作业……希能拨冗作较轻松之消遣……以平衡气质。”“希于汝者，能牢记多多休息，不为琐事所羁，亦不必事事躬亲，留诸精神，针对前途之崎岖。”“汝能不稍存懈怠，固属可嘉，但谚云年龄不饶人，故仍须积力，以延为国家人民服务之时。”“闻出巡视察时，均与当地民家餐叙，固甚可嘉，惟今已非能与三十年前壮头矫健身体可比……故仍以谨慎饮食为宜。”“祝……汝身体健康，恢复爽旺，俾为主义国家民族多多服务为愿。”“希仍多休息，节省精神，只办理重要公务为要旨。”这些亲切的关爱与叮咛，在蒋夫人给经国先生的函电中实在无法数记，经国先生虽然谨受教，为了国事，却未必全都遵行。以往经国先生接到蒋夫人的手书时，必定会以墨笔楷书的亲笔函敬覆，但是自从左眼相继玻璃体出血、视网膜剥离后，视力大受影响，只好藉诸电报回禀。经国先生为此深深感到不安，一再请蒋夫人鉴谅，蒋夫人则在“既感且憾”下，要经国先生不必介意，并劝经国先生：“我母子不必拘泥于此一形式。凡能节省汝目力体力，及增加汝之健康处，皆是对余之孝心切实表现。”

宋美龄与蒋经国之间的母子深情，足可由此而见一斑了。

在1976—1986年的10年中，宋美龄是身在美国，心系台湾。在宋美龄离开台湾的10年间，她与蒋经国之间的鱼雁函电往来频繁。《蒋夫人在美国与经国先生来往电报录底影印》中收录的函电共有763件，其中宋美龄致蒋经国的有247件，蒋经国上宋美龄的有497件，其余为蒋经国致孔令侃、令杰的2件，宋美龄致蒋孝武、蒋孝勇的6件，孝武、孝勇上宋美龄的11件。内容除报喜、报平安、报行止、贺节庆寿辰与问安、问疾、互诉对蒋介石的思念哀情与励志外，凡是有关岛内外的重大事件，蒋经国均一一禀报。岛内重要事务有第六、七任总统选举、历次中国国民党全会与中全会、“中央”与地方选举、重要人事任免、重要经济建设、军事会议、教育改革、双十“国庆”盛典，及天然灾害损失、党外人士政治活动等；对外事务主要有台美关系的调整、日韩政情变局、驻外使馆绩效等；对大陆事务有宋庆龄去世、廖承志电报、两岸军事对峙、海峡封锁、香港回归等。对于蒋经国禀报的重大事件，宋美龄往往提供意见供其参考。

1988 年 1 月蒋经国去世后，宋美龄再度离台赴美，从此过着恬淡的生活，不再过问政治。作为一个经历过二战的年逾古稀的老人，和她同时代的风云人物已寥若星辰、屈指可数了，当宋美龄在美国出现于公众场合时，仍会吸引人们的关注，一些媒体也不时地会报道她的情况。

1995 年 7 月 26 日，美国众议院多数党的领袖及许多国会议员，在美国国会山庄举办纪念第二次世界大战结束 50 年的周年纪念兼向蒋夫人致敬的酒会。有台湾学者认为，“这可以说是蒋夫人一生当中最荣耀的一次，而且也是罕见的一次，这可以说肯定了蒋夫人一生对于世局、对于国际、对于美国、对于中华民国的贡献”。

1996 年美国纽约大都会艺术博物馆从台湾故宫博物院运来 450 件中华奇珍异宝。3 月 11 日，在名为“中华奇观”展览会预展上，宋美龄来到了现场，由纽约大都会博物馆馆长蒙特贝洛陪同，参观中华瑰宝展，这是她赴美后第一次在公众场合露面。许多人尤其是中外记者既慕“中华奇观”之名而来，更为了一睹已近百岁的宋美龄的丰采。从美联社提供的资料照片上看，已 99 岁高龄的宋美龄仍然健康美丽。蒙特贝洛对她的评价是：她是一个贵夫人，一个镇定自若、宁静祥和的人。

恭祝宋美龄的百年华诞，是近年来为宋美龄举办的最为隆重而热闹的一项活动。1997 年 3 月 20 日，是宋美龄的百年华诞。早在生日的一星期前开始，台湾及美国宋美龄的居住地纽约华侨即为宋美龄举办了各种庆祝活动，在美国享有盛名的《华盛顿时报》于 3 月 14 日以相当大的篇幅，专文报道了宋美龄富有传奇色彩的一生。该报指出，“蒋夫人在人生的高峰阶段，是一位充满权力与魅力的人物”，“蒋夫人的美丽、智慧、流畅的英语、与动人的口才，使她为五六十年代的中华民国，赢得国际舞台上举足轻重的地位”，并指出“身为二十世纪最伟大的人物之一，蒋夫人也是头一位应邀到美国国会演讲的非政府官员”。

3 月 19 日晚，宋美龄的外甥女孔令仪夫妇在曼哈顿自家寓所为宋美龄举行了一场家庭暖寿宴，出席者共 50 余位。参加者除了蒋、孔、宋家族成员包括蒋纬国夫人丘如雪及公子孝刚夫妇、大孙媳妇蒋徐乃锦、三孙媳方智怡及其诸子友柏、友常、友青、宋子安之子宋仲虎及孔令杰之子孔德麒等人外，蒋家至友如俞国华、郝柏村、沈昌焕（前“总统府”秘书长）夫妇、妇联会秘书长顾严倬云等亦应邀参加。宴会主持人说，席间宋美龄对所有亲友的近况殷切垂询，并一再表示对大家远道聚集纽约为她庆生很高兴，欢乐的气氛也使她胃口较平日好得多。

3 月 20 日中午，即将结束的为期一周的祝寿活动达到高潮。50 余位宋美龄的至亲、故旧齐聚宋美龄的寓所，在周联华牧师主持下，以做感恩礼拜、唱诗、读经、祈祷的方式庆祝宋美龄的百岁华诞。随后，宋美龄兴致勃勃地与他们共进午宴。据报道，席间宋美龄精神极佳，与当年得力干部、亲友及家族晚辈等畅叙亲情，并合照留念，过了一个热闹快乐的生日。宋美龄的生日聚会实亦是近年来蒋、宋、孔家族三代亲友难得一见的大聚会。

热闹、欢乐的气氛转瞬即逝，孑然一人客居他乡的宋美龄，寂寞与孤独将伴她度过余生。据说在美国，宋美龄大部分时间都用来看书、看报、画画、写字，她对生命充满信心。她曾说：“上帝让我活着，我不敢轻易去死；上帝让我去死，我决不苟且地活着。”

宋氏家族已成为历史，它的兴盛与衰落无不与中国的政治有关。因为政治，他们有了掌权聚财的机会，成为中国的显赫家族，宋家的家事，也几乎件件与政治挂钩；又因为政治，宋氏家族四分五裂，成为旧中国臭名昭著的四大家族之一。

宋子文大事年表

1894 年

12 月 4 日,宋子文生于上海同仁医院。

1902 年

宋子文进入圣约翰大学少年班,他在该校度过了从少年班到大学班的学习生涯。

1912 年

10 月,宋子文前往美国留学,在哈佛大学攻读经济学硕士学位。

1915 年

宋子文毕业于哈佛大学,获经济学硕士学位。而后他前往纽约,一面在纽约的国际银行实习,一面在哥伦比亚大学听课,攻读经济学博士学位。

1917 年

宋子文毕业回国,先在汉冶萍公司任职,后相继到联华商业银行、大洲实业公司、神州信托公司等处任职。

1923 年

3 月,宋子文南下广州,追随孙中山,由此开启了他的政治生涯。

5 月,宋子文被任命为筹备中的中央银行副行长,负责中央银行的筹建工作。

1924 年

8 月,宋子文出任中央银行行长。

1925 年

3 月 12 日,孙中山去世时,宋子文以见证人之一的身份,在孙中山的两份遗嘱上签字,这大大提高了宋子文在国民党内的地位。

9月，宋子文被任命为国民政府财政部长兼广东财政厅长，由此开始主持整理广东省财政的工作。

1926年

11月，国民党中央决定迁都武汉，宋子文与其二姐宋庆龄等一行人先期离粤北上，以作筹备。

12月，宋子文一行途经江西九江。在一个偶然的机会，宋子文结识了九江富商张谋如年轻貌美的女儿，二人一见钟情，很快定下终身。

1927年

3月，宋子文离汉赴沪，执行统一江苏、浙江财政的使命，这一去，开启了他政治生涯的另一个起点。

12月，以主婚人的身份，出席其妹宋美龄与蒋介石的婚礼。

1928年

1月，宋子文接任南京国民政府财政部长职务。从此，他得以在更大范围内对中国财政进行整理。

11月1日，宋子文偕夫人张乐怡，与孔祥熙夫妇、宋子良等人赴上海火车站，迎接自宁赴沪的国民政府主席蒋介石及夫人宋美龄。上午9时，与蒋介石、孔祥熙等抵上海外滩银行，出席中央银行开幕典礼和中央银行总裁、副总裁、理事、监事就职典礼。宋子文以中央银行总裁身份率全体职员宣誓。中午，宋子文举行午餐会招待来宾，并致词。当天下午起，中央银行正式开始营业。

1929年

5月31日，下午1时，以总理葬事筹备处委员的身份参加公祭；1时20分，宋子文以总理奉安委员会的身份参加公祭；2时30分，宋子文偕夫人张乐怡，参加宋子文主持的家族公祭（共50人余人）。各界公祭毕，宋子文以国民党中央委员的身份参加封棺礼仪。

8月6日，宋子文因军费的限制问题得不到解决而宣布辞去财政部长职务。13 日,在蒋介石的劝留及上海金融、工商界人士的挽留下,宋子文宣布复职。

1930 年

在宋子文的参与及主持下,中国实现了关税自主。

1931 年

7 月 23 日,宋子文由南京抵上海,出站时遭身份不明者枪击,未中。随行的秘书中弹身亡。同日,宋子文母亲因病去世。

8 月 18 日,宋子文与兄弟姐妹一起参加宋母出葬仪式。

9 月,“九一八”事变发生后,南京政府成立了特种外交委员会,宋子文兼任该会副会长,负责对日外交的交涉与处理。

12 月 20 日,为配合蒋介石下野,宋子文向国民政府呈请辞行政院副院长及财政部长本兼各职。

1932 年

1 月 28 日,蒋介石复出后,南京国民政府重新任命宋子文为行政院副院长兼财政部长。

同日,一二八事变发生,宋子文留驻南京、上海,负责处理一二八事变。期间,他一方面多次与英、美等国洽谈,谋求西方诸国出面调停;另一方面积极支持中国军民的抗日行动,他曾调财政部所辖的税警团参加淞沪抗战。

6 月,宋子文因与蒋介石在“剿共”军费问题上争执不下而宣布辞职。经蒋介石的挽留与让步,宋子文很快答应复出。

1933 年

2 月,宋子文北上亲自部署抗战。在华北的 10 天中,他进行了多项活动:积极筹款以支持热和抗战;与前线将领磋商抗日计划;亲自巡视前线;多次发表公开演讲,鼓舞北方军民的斗志。

3 月,在宋子文的直接主持下,上海首先进行币制改革,试行废两改元。

4 月 5 日,在南京出席国民党中央政治会议,提议自 4 月 6 日起在各地实行废两改元,当经决议通过。宋子文又提出辞去中央银行总裁一职,并请行政院长汪精卫保荐孔祥熙继任。

4月6日,国民政府颁令,准宋子文辞去中央银行总裁、中央银行理事。孔祥熙接任中央银行总裁,同时被特派为中央银行理事。

同日,宋子文以财政部长名义颁发废两改元布告。

4月17,宋子文受命出席华盛顿会议,这是宋子文加入南京国民政府后,第一次以官方身份代表政府出访。临行前,特赴上海宋庆龄寓邸辞行。

6月,宋子文抵达英国伦敦,出席伦敦世界经济会议。

8月,宋子文结束历经4月的欧美之行,凯旋归国。

10月,宋子文辞去行政院副院长兼财政部长职务,从此宋被摈弃于国民党政权决策核心之外,时间长达7年之久。

1934年

4月,为开发西北,特赴西北进行考察。由其随员告知记者:全国经济委员会主要工作,即为开发西北,此次前来视察,不在城市,将深入农村,实地考察民间真相,以定开发标准。

5月31日,在上海召集中国建设银公司发起人会议。

12月,据目前英国公布的档案资料看,宋子文于当月开始参与策划中国币制的第二次改革,经过近一年时间的准备,国民政府于1935年11月宣布实施法币政策。

1935年

4月1日,在上海中国银行总管理处会议室出席该行增加官股后首次董事会议。经选举,宋子文等4人被增选为常务董事(均为官股);经财政部长孔祥熙指派,宋子文出任中国银行董事长。

1936年

12月,西安事变发生后,宋子文成为国民党内主张和平解决事变的代表,往来于南京与西安之间,对西安事变的和平解决,发挥了重要的作用。

1937年

4月27日,南洋兄弟烟草公司举行第17届股东会议,宋子文被选为董事。

4 月 28 日，出席南洋兄弟烟草公司第 18 届第 1 次董事会议，被推为公司董事长。

6 月，参加蒋介石与周恩来举行的会谈。

1938 年

1 月，国际反侵略总会中国分会在武汉成立，宋子文出任会长。

4 月，保卫中国同盟在香港成立，应宋庆龄的邀请，宋子文担任该会会长。1941 年皖南事变发生后，宋氏姐弟的合作因政见分歧而发生分裂，宋子文于同年 5 月宣布退出保卫中国同盟。

1940 年

6 月，宋子文以蒋介石“私人代表”身份赴美，专门负责接洽美国援华事宜。

10 月，经宋子文几个月的游说活动，中美签订了 2500 万美元的钨砂借款合同，这是宋子文赴美后达成的第一笔借款，也是抗战以来美国向中国提供的第一笔现金贷款。

11 月，在宋子文的力争下，罗斯福总统宣布向中国提供 1 亿美元信用贷款，这是抗战以来中国获得的最大一笔美国贷款。这笔贷款由美国进出口银行提供的 5000 万美元和美财政部提供的 5000 万美元共同构成。进出口银行提供的 5000 万美元由中美双方于 1941 年 2 月签署《金属借款合同》而实现；财政部提供的 5000 万美元由中美双方于 1941 年 4 月签订平准基金协定而实现。

1941 年

4 月，经宋子文与英国财政部副部长费立浦的洽谈，中英双方在华盛顿签订 500 万英镑的平准基金协定。

5 月，宋子文被国民政府指派为根据“租借法案”接洽援华事宜的中国代表。

12 月 23 日，国民党五届九中全会通过决议，任命宋子文为国民政府外交部长。此项任命标志着宋子文正式重返国民党中央政权的决策层。

1942 年

1 月 1 日，宋子文在华盛顿代表中国政府在《联合国家共同宣言》上签字。

2 月，应蒋介石的要求，经由宋子文与美国军部的数度接洽，史迪威赴华任职。

3 月 21 日，经宋子文与美方的反复交涉，中美达成 5 亿美元的借款协定。这是抗战以来中国从美国获得的最为优惠且数额最大的一笔借款。

6 月 2 日，宋子文和美国国务卿赫尔签署《中美租借协定》。该协定的签署使中国在无偿获得美国大宗军事援助方面，有了充分的法律依据。

1943 年

1 月 11 日，在宋子文的协调与指导、审议下，中美双方在华盛顿签署了《关于取消美国在华治外法权及处理有关问题之条约》及换文。同日，经宋子文与英方的谈判，宋子文与英国驻华大使薛穆分别代表两国政府在重庆签署《关于取消英国在华治外法权及其有关特权条约》及换文。

5 月 17 日，宋子文应邀出席英、美联合参谋长会议，并作了发言，这是中国第一次得到战略发言的机会。

7 月，应英国政府邀请，宋子文对英国进行了为期近 3 周的正式访问。期间，他与英国政界、商界要人进行了多次会谈，拜访了部分友邦驻英人士，并发表了公开演说，召开了记者招待会，还接受了 BBC 的广播访问。

10 月，宋子文陪同英国海军中将、东南亚战区统帅蒙巴顿返抵重庆。此后，因种种原因有近 1 年的时间滞留国内，并一度“失宠”于蒋介石。

1944 年

2 月 5 日，财政部特任孔祥熙为中国银行董事长，宋子文从此不再担任中国银行董事长。

9月至10月，在蒋介石与史迪威矛盾日益激化的情况下，宋子文参与了迫使美国政府召回史迪威的全部过程。

12月，宋子文出任国民政府行政院代院长。

1945年

4月，宋子文率领中国代表团赴美出席旧金山会议，参与联合国的筹建工作。会议期间，宋子文曾两度赴华盛顿与美国总统杜鲁门举行会谈。

5月，宋子文正式就任行政院院长职务，并兼任外交部长，至此达到了他在国民政府中担任的最高职位。

6月10日，宋子文因政务急需返回国内，旧金山会议中国首席代表由顾维钧代理。

6月27日，宋子文受命率团赴莫斯科，与斯大林就中苏缔约进行谈判。6月30日至7月12日，为中苏第一阶段之谈判。

7月，在中苏会谈进入高潮之际，宋子文趁斯大林赴波茨坦开会之际，以“回渝请示”为由返回重庆。经宋子文的要求，国民政府国防最高委员会于7月30日改组行政院，同意宋子文辞去外交部长兼职，由王世杰接任。

8月，宋子文与新任外交部长王世杰一行，离渝赴苏，与苏方进行第二阶段之谈判。宋子文仍为谈判之主角。14日，中苏签订《中苏友好同盟条约》，苏方签字人为苏联外交部长莫洛托夫，中方签字人为国民政府外交部长王世杰。

同月，宋子文完成了与斯大林的谈判后，直接从莫斯科飞赴美国，一是向杜鲁门报告与斯大林的会谈情况，二是与美方商洽援华事宜，这是宋子文离开大陆前的最后一次访美。

9月，宋子文离美回国，开始处理国内的经济问题。

10月，宋子文在行政院下面设立了一个专门的接收敌伪产业机构——行政院收复区全国性事业接收委员会，由此将接收与处理敌伪产业的大权集中置于自己直接控制的行政院系统。

10月9日，以行政院长的身份，参加蒋介石宋美龄在重庆林园为毛泽东举行的午宴。

1946 年

1 月 11 日,宋子文、宋美龄兄妹同其他党、政、军要员共 82 人,被授予“忠勤勋章”。

7 月 9 日,与孔祥熙等 17 人,被国民政府特派为国父陵园管理委员会委员。

8 月 22 日,在南京与马歇尔会谈,称希望见到周恩来,以便对当前的局势做更全面的会谈;并表示,他希望与周恩来保持私人层面上的联系,不会对报界发布任何公开声明。同日,在南京私邸会见周恩来。另向报界表示,他与周恩来晤谈,纯为私人接触,未负有商谈任务。

8 月 29 日,以行政院长的身份,在南京接见司徒雷登,这是司徒雷登出任驻华大使后首次正式拜访活动。

1947 年

3 月 1 日,在舆论的普遍攻击之下,宋子文被迫辞去行政院长职务。

9 月 20 日,宋子文被任命为国民党广东省政务委员兼省主席。

10 月 1 日,宋子文正式赴粤就任国民党广东省主席,在广东主政了 16 个月。

1948 年

12 月 25 日,中共以“某权威人士”的名义,提出了 43 人的“头等战争罪犯”名单,宋子文排列第 10 位。

12 月 31 日,在南京会见美国大使司徒雷登,告知美方他与蒋介石进行了长时间的谈话,蒋介石并无引退的任何打算。宋子文并要求司徒雷登转告美国国务院,希望美国国务院发表声明,以阻止共产党渡过长江。

1949 年

1 月 21 日,蒋介石宣告“引退”,宋子文于同日提交了辞呈,再次与蒋介石“共进退”。

6 月,宋氏夫妇赴美定居。刚抵美时,宋子文曾以非官方身份继续为蒋介石效力。随着中华人民共和国的成立,蒋介石政权的败退大陆,以及美英等国对华政策的改变,宋子文逐渐脱离了蒋介石集团。

1953 年

宋子文被开除国民党党籍。

1958 年

12 月,宋氏夫妇在美国居住 9 年之后,突然回到香港。据他自己说,是为了"看朋友、度圣诞"。

1963 年

2 月,宋子文应蒋介石的邀请,赴台湾小住了几天。这是宋子文赴美后第一次也是最后一次访台。

1969 年

宋子安因脑溢血在香港病逝。3 月 5 日夜,宋子文由美国飞抵香港,翌日在一基督教堂参加其弟的安息礼拜仪式。这是宋子文生前最后一次踏上国土。

1971 年

4 月 24 日,宋子文在旧金山的一个老朋友家里用餐时,因食物进入气管导致心力衰竭而猝然去世,时年 77 岁。尼克松总统给蒋介石夫妇发去了一封唁电,高度称颂了宋子文的一生,特别是他在二战期间的贡献。

5 月 1 日,在纽约市中心的一个教堂举行了宋子文的追思礼拜。参加者有宋子文的遗孀张乐怡和 3 个女儿、他的弟弟宋子良(小弟宋子安已于两年前去世),以及顾维钧、台湾驻美"大使"刘锴等数百人。宋子文的 3 个姐妹因故均未参加。

后 记

宋子文是宋氏三兄弟中唯一受过父亲特殊熏陶的男孩，也是三兄弟中唯一活跃于民国政坛的人物，唯有他可与宋氏三才女相“媲美”；而宋子文在民国政坛的崛起，及其政治生涯的大起大落，无不与他的三个姐妹有关；宋子文所以成为民国政坛的显赫人物，最终又沦为中国共产党抓捕的战争罪犯，是与他所代表的宋氏家族密切相关的。

作为民国政治舞台上横跨政经界的显赫家族，宋子文的家事与国事可谓“纵横交错”、“纠缠不清”，宋子文与其姐妹兄弟的手足之情也不能不受民国政治的影响。因此，宋子文的家事，既展示了宋子文与其兄弟姐妹成长的经历，又展示了他们在旧中国历史舞台上的表演，也展示了近现代中国风云变幻的历史画卷。

杨 菁

2002 年 4 月于浙江大学